책 속으로 난 길 | 이 훈 산문집

책머리에 책 속으로 난 길

책 속으로 난 길을 따라가 본 결과가 이 글들이다. 그러므로 내 생각의 주체는 책이다. 여기에 옮긴 좋은 글을 안내자 삼아 글을 쓰는 즐거움을 누렸다. 그러나 글에 담긴 소중한 뜻을 제대로 읽지 못하거나 심지어는 해치기도 했을 것이다. 전적으로, 눈이 짧고 생각이 얕은 내 탓이다. 두루 용서를 빈다.

2006년 여름
이 훈

차 례 책 속으로 난 길

04부 : 자연, 오래된 것

05부 : 나, 개인주의

6부 : 시 몇 편 읽기

책 속으로 난 길

01부 : 사람들

사람이 하는 일 / 수해와 매니큐어 / 친절에 대하여 / 저마다 소중한 삶 / 빛나는 사람들 / 놀이 / 멋진 신부님 / 우리는 모두 천재다 / 두 부류의 사람 / 죽는 순간에 하는 말 / '여자예요?' / 그래도 살아 볼 만하다 / '고맙습니다'와 '감사합니다' / 불신의 자발적 중단 / 다르게 보기-감기 예찬 / 부러운 사람 / 장영주의 바흐 / 괴짜 심판 / 파격을 보는 즐거움 / 바둑 기사 이창호의 인간적인 깊이

사람이 하는 일

말은 달리기를 한다. 사람은 뭘 할까? 이에 대한 멋진 대답을 소개한다.

> 우리의 짧고 덧없는 삶은 살 만한 것으로 만드는 것은 고립된 자신을 벗어나 손을 뻗쳐 서로에게서, 그리고 서로를 위해서, 힘과 온기를 발견하는 능력이다. 이것이 인간이 하는 일이다. 이것을 위해서 우리는 사는 것이다. 말이 달리기를 위해 사는 것처럼.
>
> (마사 베크, 김태언 옮김, 『아담을 기다리며』, 녹색평론사, 2002, 147쪽)

하버드의 학생 부부, 마사와 존이 본의 아니게 둘째 아기를 임신한 사실을 알게 된 순간부터 그들의 생활은 고통과 절망의 연속이 된다. 성공해야 한다는 강박관념에 사로잡힌 이 박사 학위 후보자들에게 아기를 또 갖는 것은 재앙이었다. 거기다가 검사 결과 뱃속의 아기—아담—는 다운 증후군이 있다는 것을 알게 된다. 주위 사람들은 한결같이 이들에게 임신중절을 해야 한다고 경고한다.

아이를 갖기 전에는 마사도 그렇게 생각했다. 그런데 아이를 가진 지금은 임신중절을 생각만 해도 분노가 끓어오른다. 결함이 있으면 중절을 해야 한다는 남편에게 마사는 결함의 정도를 어떻게 결정하느냐고 묻는다. "아기가 얼마나 똑똑해야 부모가 받아들일 수 있는 거야? 얼마나 잘생겨야 돼? 얼마나 건강하고 얼마나 튼튼해야 되는 거"냐는 것이다. 남편은 "아기가 기형이라든지 그런 것이라면 중절이 모두에게 고통을 면하게 하는 한 방법"이라면서 중절은 "다리가 부러진 말을 쏘아 죽이는 거나 같은 일"이라고 대답한다.

> "다리를 다친 말은 천천히 죽거든." 존이 말했다. "심한 고통 속에서 죽

> 어. 그리고 달릴 수 없으니까 죽지 않는다고 해도 삶을 즐길 수는 없어. 말은 달리기 위해 살아. 달리는 게 말의 삶이야. 만일 아기가 다른 사람들이 하는 것을 하지 못하도록 태어난다면, 아기의 고통을 연장시키지 않는 것이 낫다고 생각해." (145 – 6쪽)

다시 마사는 묻는다. "사람이 하는 일은 뭐지? 말은 달리기 위해 사는데, 사람은 뭘 하려고 사는 거야?" 이 결정적인 물음에 대한 대답이 처음에 인용한 문장이다. 사람끼리 연대하는 것이 사람이 하는 일이라면 기형인 아이라고 해서 중절을 할 수는 없다. 경쟁을 강요하고 외면적인 능력을 강조하는 현실에 대한 통렬한 비판이라고 할 수 있다. 사회적인 약자나 외국인 이주 노동자에 대해 우리와 다르면 그것을 비정상이라고 하면서 차별하기를 주저하지 않는 우리의 잔혹한 측면을 되돌아볼 것을 요구하고 있기도 하다. 마사가 "중국에서는 순전히 여자 아이라는 이유로 수많은 태아를 임신중절했다는 거 알아?"라고 묻는데, 가슴이 뜨끔했다. 중국을 한국으로 바꾸어도 맞는 말이기 때문이다.

수해와 매니큐어

> 재해를 당한 사람들이 잃어버리는 것은 유형의 재산만이 아니다. 그들은 자신의 기억과 시간을 모조리 앗긴 사람들이다. 그들의 어려움을 도울 때는 단순한 '피해자'로만 보아서는 안 된다. 어떤 상황이든 그들의 '존재'를 존중하는 태도가 필요하다. 당시 외국의 적십자사를 방문했을 때 그곳 구호품 상자 안을 살펴보았다. 지금까지도 기억에 남는 물품이 있다. 매니큐어 세트였다. 물난리를 당했건, 불이 나서 집이 몽땅 타버렸건 간에 '당신의 존재를 우리는 온전히 기억하고 있습니다'라는 표시 같았다. 담요 한 장으로 잠자리를 만들고 라면을 받아먹는 상황이지만 한 인간의 모든 면모를 간직하시라는 메시지 같았다.
>
> (권은정, 「수해와 매니큐어」, 『한겨레』 2002. 9. 7
> http://www.hani.co.kr/section-001057000/2002/09/001057000200209062031526.html)

지난 여름 막바지에 불었던 태풍은 저절로 하느님도 무심하다는 소리가 나오게 할 정도로 그 피해가 컸다. 가난한 사람들에게 특히 그러했다. 자연재해라고 하지만 모든 사람들에게 그 고통이 골고루 가는 것은 아니다. 늘 못사는 사람이 당하는 것이다. 따라서 불가피한 재해는 아니라고 할 수 있다. 나라가 평소에 세금 같은 것을 잘 걷어서, 무슨 큰일이 생기기만 하면 사회적 약자가 당하는 일이 없도록 해야 한다.

매니큐어 얘기도 내 가슴을 친다. 우리는 우리와 다르면 이상하게 다시 말하면 비정상인 것으로 생각한다. 거기다가 힘이 없을 때는 노골적으로 얕보면서 괴롭히기까지 한다. 이와는 반대로 그런 사람들도 우리와 마찬가지로 욕망과 존엄성을 가진 존재라고 생각해야 옳다. 아무리 어려운 환경에서도 사람은 자신의 몸을 가꾸고 자기 존재를 긍정하고 싶어하는 마음을 지니는 것이다. 늘 명심해야 할 얘기다.

그런데 이 글을 소개하는 것은 무엇보다도 그 자체로 읽을 만해서이지만 아울러 다음과 같은 기사가 불러일으킨 착잡한 기분 때문이기도 하다.

> 지난 9일 오후 강릉시청 1층에 마련된 수재의연품 접수처 공무원들은 한 수재민의 거친 항의를 받았다. 다 찢어진 홑이불 하나를 들고 시청을 찾은 이 수재민은 "수해로 모든 생필품을 잃고 곤란한 처지가 되긴 했지만, 이런 이불을 어떻게 덮고 자란 말이냐"고 공무원들을 다그쳤다. 한 시간쯤 뒤 이번에는 서울에서 꽤 잘산다는 동네 부녀회가 트럭 두 대와 함께 도착했다. 트럭에 실린 보따리 사이로 삐져나온 솜이불은 누렇게 빛이 바래, 누가 봐도 장롱 속에 오랫동안 방치됐던 폐품일 거란 짐작이 들게 했다. 담당 공무원이 짐을 내리기도 전에 난감한 표정을 지었지만, 짙은 화장에 고급 양장을 차려입은 부녀회장은 "대치동, 압구정동 등에서 모은 것들이라 전부 고급메이커 제품"이라며 인상을 찡그렸다.
>
> (석진환 기자, 「이런 구호품은 보내지 마세요」, 『한겨레』 2002. 9. 11.http://www.hani.co.kr/section-001033000/2002/09/001033000200209101810348.html)

이럴 때 사람들은 유구무언이라고 하는가 보다. 이때다 하고 쓰레기장에 뭘 버리듯 하는 마음으로 구호품이랍시고 쓰지도 못할 물건을 보내는 행위를 보자 나도 저들과 같은 인간이 아닌가 하는 서글픈 느낌은 물론이고 인간 자체에 대한 불신감을 물리칠 수 없었다. 왜 이렇게, 그렇지 않아도 아픈 사람의 가슴에 못을 박는 일을 보란 듯이 함부로 하는지 모르겠다. 잘사는 사람의 눈에는 같은 사람으로 보이지 않아서일까?

친절에 대하여

어떤 사람을 친절하다고 할 때 무엇을 기준으로 하여 그렇게 판단하는 걸까? 이익에 관계없이 자발적으로 우러나오는 배려의 마음씨라고 할 수 있을지 모르겠다. 그런데 어떤 소설에 이에 대한 그럴 듯한 주장이 있어서 소개한다.

> 참된 인간적 친절이 절대적인 순수성과 자유를 지니고 나타날 수 있는 것은 오직 어떠한 힘도 갖지 않은 사람들에 대해서뿐이다. 인류의 참된 도덕적 시험, 가장 근본적 시험은(이것은 인간 내면에 그토록 깊은 곳에 닻을 내리고 있어 우리들의 눈에는 보이지 않는다) 인간들에게 내맡겨져 있는 것들, 즉 짐승들에 대한 인간의 관계에서 나타난다.
>
> (밀란 쿤데라, 송동준 역, 『참을 수 없는 존재의 가벼움』, 『세계의 문학』 49호, 1988. 가을, 532쪽)

새겨들을 만한 말이라고 생각한다. 사람들 사이의 관계가 대체로 경쟁과 이익을 위주로 이루어지고 있는 게 현실이기 때문이다.

예를 들어 짐승이나 자연처럼 친절을 베푸는 대상이 아무런 힘이 없을수록 그 친절이 순수해지고 따라서 아름답게 보이는 것은 당연한 일이다. 친절해서 얻을 이익이 직접적으로 나타나지는 않기 때문이다. 말하자면 그 자체가 좋아서 하는 무상의 행위라고 할 수 있다. 사람이 할 수 있는 최고의 경지라고 할 만하다.

그런데 잘 생각해 보면 아무런 이익을 얻지 못하는 것이 아님을 알게 된다. 오히려 그 반대라고 해야 한다. 먼저, 좋은 일을 했다는 만족감을 무시할 수 없다. 친절을 베풀어서 기분이 좋아지는 것은 나도 나쁘지 않은 인간이라는 일종의 자족감에서 오는 것일지 모른다. 더 나가면 은근히 남에게 보이고 싶은 마음도 아주 없지는 않을 것이다. 나쁘게 보자면 인간은 이렇게 알팍한 존재라는 말도 된다. 그래서 이런 것을 경계하여 한 손이 한 일을 다른 손이 모르게 하라는 말이 있는 것인지 모른다. 그렇지만 알팍한 면이 있다고 하여도 친절을 베푸는 일을 부정적으로 볼 필요는 없을 것이다.

쿤데라가 말하는 참다운 친절에는 더 적극적인 뜻도 있다는 점을 놓치지 말아야 한다. 예전에도 그랬지만 특히 요즘은 공부를 가지고 아이들을 학대하는 때라 놀면 쓸데없는 일을 한다고 꾸중한다. 놀이는 얼른 보아 이익을 내지 못하는 것이라 그야말로 쓸모라곤 없다. 그렇지만 잘 놀아야 마음과 몸이 두루 건강한 사람으로 자랄 수 있다. 이와 마찬가지로 그 자체가 좋아서 베푸는 친절은 궁극적으로 내가 행복해지는 데 이바지한다. 이를테면 자연에 대해 배려하면 그만큼 자연이 건강해질 테고 그것이야말로 우리의 행복이라고 해도 좋다. 여러 가지 예를 들 것도 없이 싱싱하게 자라는 나무는 우리를 편안하게 한다.

힘없는 것을 다 사랑하는데 무슨 말을 이렇게 하느냐고 하실 분이 계실지 모르겠다. 집에서 애완동물이나 난초 같은 식물을 키우기도 하니까 말이다. 그런데 이 경우에 힘없는 것 자체에 대한 연민이라기보다는 자기 것이니까 그런 것이 아닌지 생각해 볼 일이다. 그래서 내 편견이기를 바라고 또 그럴 테지만 내게는 애완동물을 과도하게 사랑하는 것이 좋게 보이지 않는다. 과연 그만한 정성을 내 것이 아닌 것에다가도 쏟느냐는 의문이 들기 때문이다.

요즘에 탈민족주의를 얘기하는 사람이 많다. 그전에는 힘이 없는 나라의 민족주의는 저항 민족주의라고 해서 긍정적으로 보는 것이 일반적이었는데 민족주의 자체에 자기 민족 중심주의라는 것이 존재해서 같은 민족 구성원이 아니라는 이유로 차별하고 억압하는 행태를 보인다는 게 그 이유이다. 특히 우리의 경우 수긍이 가는 측면이 있다.

동남아에서 온 외국인 노동자에 대한 푸대접이나 학대에 대해서 여기저기서 듣는다. 심지어는 같은 동포인 조선족에게도 고통을 준다는 얘기는 너무 많이 들어서 이제는 심상하게 되었을 정도이다. 물론 강대국 그 가운데서 특히 미국의 횡포라고 부를 수밖에 없는 이라크 침공이나 북핵 문제에 대한 일방적 태도를 생각하면 민족주의가 불가피하게 요구되는 측면이 있다. 우리의 경우는 통일이라는 민족의 대과제를 해결해야 하니 더욱 그렇다. 그러므로 민족주의를 벗어나야 하느냐보다는 내부적으로는 민족 구성원들이 조화롭게 공존하면서 밖으로는 민족의 자존심을 살리고 아울러서 다른 민족의 그것도 공평하게 인정해 주는 열린 자세를 갖는 것이 더 중요하다.

이 세계화 시대에 우리를 내세우면서 남과 우리를 배타적으로 구분하는 일은 한마디로 촌스런 일이 아닐 수 없다. 서로 다른 사람들이 한 울타리 안에서 평화롭게 살아가는 일이야말로 우리가 꿈꾸는 이상 세계다.

이익을 고려하지 않는 순수한 친절과 오히려 이익을 얻기 위하여 행하는 비인간적 행위 사이에는 얼마나 큰 거리가 있는가! 아무튼 우리로 말미암아 불행한 사람들이 존재하는 한 참다운 행복을 얘기하는 것은 낯뜨거운 행태일 수밖에 없다. 점차로 황폐해져 가는 자연에 대해서도 꼭 마찬가지의 얘기를 할 수 있다고 생각한다. 숲이 사라져 가는데 편리해지고 물질적으로 잘 산다고 한들 그게 무슨 의미가 있는지 곰곰이 따져 봐야 할 것이다.

저마다 소중한 삶

황석영의 단편소설에 「몰개월의 새」(1976)가 있다. 여러분도 다 아는 저 유명한 「삼포 가는 길」(1973)의 자매편이라고 할 수 있다.

'나'는 군인이다. 내일이면 베트남전쟁에 참전하기 위해서 떠나야 하는 처지에 있다. 또 술집 작부인 미자라는 여자도 나온다. '나'는 미자가 술에 취해 시궁창에 쳐 박혀 있는 것을 부축해서 그녀가 일하는 갈매기집으로 데려다 준 적이 있다. 그렇게 해서 이들은 마치 식구처럼 되어서 "먹지 못하게 무관한 사이가 된"다. 월남으로 떠나기 이틀 전에 '내'가 미자에게 들렀을 때 그녀는 '내'게 가엾다고 말한다. 그렇지만 '나'는 코웃음을 쳤다. 아마 '네 처지에 나를 불쌍하다고 할 수 있느냐'는 마음이 시킨 일이었을 것이다.

마침내 부대를 떠나는 날이 왔다. 부대 주변의 싸구려 술집이 몰려 있는 몰개월의 작부들, 다시 말하면 새들이 모두 나와 있다. 이들은 "갈 데 없어 막판까지 밀려와, 전장에 나가려는 병사들의 시달림을 받"는 "전국에서 가장 깡다구가 센 년들이란 소문이 자자"하다. 그런 여자들이 전장에 나가는 병사들을 보내기 위해 제일 좋은 옷을 입고 길 좌우에 늘어서 있는 것이다. 병사들이 탄 차가 달려나가자 이 여자들이 무엇인가를 던지면서 뒤쫓아온다. 미자도 '내'게 무엇인가를 던진 것은 물론이다.

> 나는 승선해서 손수건에 싼 것을 풀어보았다. 플라스틱으로 조잡하게 만든 오뚝이 한쌍이었다. 그 무렵에는 아직 어렸던 모양이라, 나는 그것을 남지나해 속에 던져 버렸다. 그리고 작전에 나가서 비로소 인생에는 유치한 일이 없다는 것을 알았다. 서울역에서 두 연인들이 헤어지는 장면을 내가 깊은 연민을 가지고 소중히 간직하던 것과 마찬가지로 미자는 우리를 모두들 제것으로 간직한 것이다. 몰개월 여자들이 달마다 연출하던 이

별의 연극은, 살아가는 게 얼마나 소중한가를 아는 자들의 자기표현임을 내가 눈치챈 것은 훨씬 뒤의 일이다. 그것은 나뿐만 아니라, 몰개월을 거쳐 먼 나라의 전장에서 죽어간 모든 병사들이 알고 있었던 일이었다.

(황석영, 「몰개월의 새」, 『돼지꿈』, 민음사, 1980, 94쪽)

그런데 '나'는, '나'를 가엾게 여긴 미자가 던져 준 오뚝이 한쌍을 바다에 버린다. 유치하다는 것이겠다. 그런데 작전에 투입되고 바로 죽음이 눈앞의 현실이 되자 삶의 조그만 편린 하나하나가 의미 있게 여겨진다. 그리고 얼른 보기에 하찮은 다른 사람의 삶도 그 어느 것 하나 소중하지 않은 것이 없다는 점을 깨닫게 된다. 죽음에 가까이 가 본 사람들이 체험을 통하여 얻은 실감일 테니 아마 진실일 것이다.

미국이 이라크를 공격하여 드디어 당당하게 승리를 선언했다. 이번의 침공은 야만적인 행위였다. 저마다의 삶이 소중하다고 생각했다면 도무지 있어서는 안 될 일이 일어난 것이다. 앞으로는 생명의 존엄성을 자신 있게 얘기하기가 힘들어져 버렸다. 벌거벗은 힘이 지배하는 곳에서 생명은 너무나 연약한 존재일 수밖에 없다. 이 세계를 어떻게 해야 하는 걸까?

빛나는 사람들

책을 읽는 기쁨 가운데 하나는 다른 사람과 더불어 읽고 싶은 구절을 만나는 데 있다. 최근에 이런 행복을 누렸다. 『몽실 언니』 등을 쓴 작가 권정생의 인간적인 위엄에 대해 말해 주는 글을 봤던 것이다. 글을 쓴 이는 『녹색평론』의 발행자인 영문학자 김종철이다.

> 권정생 선생님이 쓰신 『우리들의 하느님』이란 책 아시죠? 녹색평론사에서 나온 책인데, 출판사에 관계없이 좋은 책이에요. 그런데 얼마 전에 MBC 방송의 '느낌표'라는 독서권장 프로그램에서 그 책을 다음번 선정도서로 하겠다는 연락이 저희에게 왔어요. 그 프로그램은 꽤 호평을 받고 있는 모양인데, 물론 그 나름대로 의미있는 거라고 저도 생각해요. 근데 저 자신은 텔레비전 자체에 대해서 워낙 부정적인 사람이기 때문에 제가 출판한 책이 그런 프로그램에 선정되었다는 게 달갑지 않아요. 물론 책이 그렇게 방송을 타면 꽤 많이 읽히겠죠. 출판사나 저자에게도 적지 않은 수입이 생길 것도 틀림없고요. 방송국에서 처음 연락하면서 당장 20만부쯤 준비를 해두는 게 좋다고 그랬어요. 그런 걸 보면 거의 폭발적인 수요가 생긴다는 게 맞는 말이지요. 그러나 저는 싫다고 했습니다. 그랬더니 방송국 쪽에서 좀 당황했던 모양이에요. 출판사 측에서 거부하리라는 예상은 하지 못했을 거고, 프로그램 녹화 예정 날짜는 잡혀있을 테니까 일정에 차질이 생기기도 했을 거니까요. 그래서 방송국 사람들이 저자에게 직접 연락을 취했던 모양이에요. 아마 선생님 책을 이런 식으로라도 독자들에게 널리 알리는 게 좋지 않으냐 하고 설득하려 했겠지요. 하기는 저도 그런 생각을 안한 것이 아니고, 또 적지 않은 인세수입이 생기면 권선생님의 아무 대책 없는 노후생활에도 좀 도움이 될지 모르겠다는 생각도 했습니다. 그렇지만, 어쩐지 그렇게 하기가 싫었어요. 나중에 들은 얘기지만, 권선생님 반응도 명쾌했다고 그러더군요. 방송국 사람에게 한마디로 느낌표 도서로 선정되는 게 싫다고 말씀하셨다고 합니다. 그러면서 무슨 말씀

을 하셨느냐 하면, 아이들이 자라면서 가장 행복한 경험은 책방에서 자기 손으로 책을 고르는 일인데, 왜 그런 행복한 경험을 없애려는 거냐, 그러셨답니다.

(김종철, 「왜 자치, 자율의 삶이 필요한가」, 『녹색평론』 2003, 7－8, 21－2쪽)

우리 시대의 총아를 방송과 돈이라고 해도 크게 반대할 사람은 없을 것이다. 대단한 경지에 있지 않고서는 거스를 생각조차도 하지 못하게끔 하는 막강한 영향력을 갖고 있다.

그런데 놀랍게도 이런 흐름에 몸담는 것을 의식적으로 거부하는 사람도 있다! 방송에 소개되자마자 책은 잘 팔릴 테고 돈방석에 앉게 되어 여러 가지 어려움을 쉽게 풀 수 있을 것인데도 의연하게 거부한 것이다. 그 이유를 보건대, 김종철의 경우는 텔레비전 자체에 대해서 부정적인 입장이기 때문에 비록 널리 책을 읽히려는다는 목적이 좋다고 해도 나쁜 수단을 이용하는 것을 허용할 수 없었다는 것이다. 작가의 경우는 무엇이든지 스스로 결정해야 된다는 점을 중요한 것으로 여기니까 아이들이 텔레비전의 영향을 받아서 자기 책을 읽는 것이 마뜩치 않았던 모양이다.

돈에 대한 욕심(두 사람에게 욕심이라고 하면 정확하지 않지만)과 마찬가지로 자기 글과 자신을 다른 사람들에게 알리고 싶은 마음은 누구에게나 있는 아주 보편적인 욕망이라고 할 수 있다. 보편적인 만큼 아무나 물리칠 수 없는 것이다. 그런데 이들은 한마디로 뿌리쳤다. 위대한 경지다. 놀라울 뿐이다. 어떻게 하면 이런 무욕의 삶이 가능한 것일까?

놀이

놀이에 대해서 생각해 보자. 놀이라고 하면 누구에게나 공통적으로 떠오르는 것이 있다. 어린 시절, 즐거움, 고스톱 – 이것에 대해서는 사람마다 생각이 다를 것이다 – 같은 것들이다. 그 반대말을 생각해 보는 것도 이 놀이를 파악하는 데 큰 도움이 되는데 이 목록에는 공부, 일(노동), 효용성 등이 들어간다. 무엇보다도 우리가 어렸을 적에, 저녁도 거른 채 시간 가는 줄 모르게 동네 아이들과 놀다가 집에 돌아오자 어른들이 우리들에게 하시던 말씀이 놀이의 정수를 담고 있다고 해야 할 것이다. 무슨 말? '쓸데없이 뭐 하러 돌아다니느냐?' 이런 얘기를 안 듣고 자란 사람은 없을 것이다. 물론 요즘은 그 양상이 크게 달라진 듯하지만.

쓸데없다! 이것이야말로 놀이의 핵심을 이루는 것이다. 방 한구석에 소중하게 보관해 놓은 구슬, 딱지들을 어디에다 써먹겠는가! 어른이 보기에는 쓰레긴데, 놀이의 당사자들에게는 보물이다. 그런데 쓸데없는 것이 즐겁다니? 쓸데없기 때문에 즐거운 것이다. 아버지가 아들에게 이렇게 명령했다고 생각해 보자. 이러이러해서 딱지가 필요하니 딱지치기해서 많이 따 오라고 말이다. 이때 아버지의 명령을 이행하기 위한 딱지치기는 놀이가 아니라 노동이 되어 버린다. 따라서 즐겁기는커녕 괴로운 일이 된다. 똑같은 딱지치기인데도 그 목적에 따라서 아주 다른 것이 되는 것이다. 그 자체로 즐거운 것, 좀 어려운 말로 하면 그 자체 이외의 외부적인 목적을 갖지 않아야 즐거운 것이 놀이다. 요컨대 놀이는 쓸데없는 것이고 그 때문에 즐거운 것이 된다. 친구들과의 만남을 기리기 위하여 하는 고스톱은 즐거운 놀이지만, 돈을 따는 일이 목적이 되면 노름이다. 문학을 즐기는 것에도 분명히 이런 측면이 있다. 그냥 즐거운 것이다.

그런데 정말 놀이는 즐겁기만 하고 쓸데는 없는 것일까? 그래서 어른들은 놀지 말고 공부하라고 하는 것일까? 한편으로는 이런 말도 들어 본 적이 있다. 공부만 하고 놀지 않은 아이는 바보가 된다는 외국 속담 말이다. 공부만 하면 바보가 된다. 그러니 바보가 안 되도록 하기 위해서는 놀아야 한다! 이렇게 생각하면 놀이가 쓸데가 없는 것이 아니라는 정반대의 주장에 이른다. 그렇다. 얼른 보기에 쓸데없지만 쓸데없기 때문에 참말로 쓸데가 있는 것이 놀이다. 이러니 놀이에 대해서 더 살펴보아야겠다.

놀이는 몇 가지 성질을 갖고 있다. 첫째로 놀이는 몸의 움직임을 요구한다. 가만히 앉아서 하는 놀이도 잘 들여다보면 몸의 어느 부분을 활발하게 활용하고 있음을 알 수 있다. 젖먹이들이 손을 움직여 어떤 일을 하는 것을 유심히 본 적이 있는가? 예를 들어 뾰족한 것을 구멍에 맞게 끼우려고 애쓰는 것을 보면 그 일이 그 젖먹이에게 얼마나 어려운 일인가를 안다. 끊임없는 노력과 실수의 반복을 거치고 난 다음에야 겨우 성공한다. 그런데 이 일을 잘할 수 있도록 하기 위해서 엄마가 아이에게 공부를 시킨다고 생각해 보자. 아이는 물론이거니와 엄마에게도 할 일이 아니다. 그런데 잘 놀면 이것이 쉽게 해결되어 버린다. 왜 놀이는 몸을 움직이는 것이니까. 고무줄놀이나 구슬치기를 생각해 보라. 그러므로 놀이는 우리 몸을 우리 마음대로 움직일 수 있도록 하기 위하여 즐겁게 하는 공부라고 할 수 있다. 그렇다면, 놀이야말로 정말로 쓸데가 있는 공부가 아닌가!

둘째로 놀이에는 규칙이 있다. 이 규칙은 놀이에 참가하는 사람들이 반드시 지켜야 하는 것으로 누가 그것을 위반하면 놀이가 성립하지 않는다. 이 규칙을 준수하는 일은 인간이 살아가는 데 기본적으로 수용해야 할 사회적인 약속을 미리 자연스럽게 내면화하는 것이라고 할 수 있다. 그러니까 놀이는 앞으로 그 속에서 살아가야 할 사회의 축도인 셈이다. 그러니 놀이가 얼마나 중요한가! 인간으로서 가장 기본이 되는 것들을 자기도 모르는 사이에 익히고 있으니 말이다.

셋째로, 사실은 이것이 가장 먼저 이야기되어야 하는 것인데, 놀이는 자유를 필수적인 사항으로 전제한다. 의무적으로 놀아야 한다는 말을 들어 본 적이 있는가! 의무가 되면 놀이가 아니다. 하고 싶어서 하는 것이어야 놀이고, 그래서 즐거움을 만끽하게 되는 것이다.

> 모든 놀이는 우선적으로 먼저 하나의 자유로운 행동이다. 명령된 놀이는 놀이가 아니다. 그러한 놀이는 아무리 잘된 것이라 해도 우격다짐의 모방에 지나지 않는다. 바로 이 자유의 성격 때문에 놀이는 자연이 가는 길과는 구별된다. 놀이는 자연의 과정에 부가되는 것이며 아름다운 의상처럼 그 위에 입혀지는 것이다.
>
> (요한 호이징가, 권영빈 역, 『호모 루덴스』, 홍성사, 1981, 16쪽)

우리는 여기서 일도 얼마든지 놀이로 전환시킬 수 있다는 것을 확인해두자. 하고 싶어하는 것으로 만들면 되는 것이다. 그때 일은 즐거운 놀이가 된다.

넷째로 놀이는 한 사람보다는 여러 사람이 어울려서 해야 놀이답다. 앞에서 놀이는 규칙을 필요로 한다고 했는데 그와 비슷한 맥락이다. 다른 사람과 함께 놀아야 하니까 내 마음대로 할 수는 없는 일이다. 다른 사람의 의향을 고려하면서 놀아야 하는 것이다. 일종의 사회생활인 셈이다. 그러니 이런 놀이를 쓸데없다고 할 수 있겠는가?

지금까지 이야기한 것을 요약하면 놀이는 사람이 살아가는 데 가장 기본적인 것들을 의식하지 못한 채 즐겁게 배우는 것이라고 할 수 있다. 그러니 공부만 하는 아이가 바보가 된다는 말은 맞다. 학교에 갔다와서도 또 학원에 가 학교에서 배운 것들을 다시 공부하는 요즘의 아이들을 우리는 바보로 만들고 있는 것이다. 아이들을 마음껏 놀게 만들어야 한다. 그래야 사람이 된다.

멋진 신부님

요즘은 신문 읽기가 겁난다. 왜 이렇게 살아야 하는 거냐는 질문에 맞닥뜨리게 하는 기사가 많기 때문이다. 그 한 예로, 젖먹이의 엄마를 죽이고 그 다음에 무엇을 하고 하는, 소설보다 더 복잡한 내용의 기사는 우리를 충분히 절망하게 했다. 그래도 우리가 희망을 가질 수 있다면 피에르 신부님 같은 분도 계시기 때문일 것이다.

> 어느 날 나는 한 부인이 세 아이와 할아버지 한 분, 그리고 두명의 남편과 함께 오는 걸 보았다. 그들은 불법으로 살고 있던 빈 집에서 막 쫓겨났노라고 내게 설명했다. 임시로 나는 유스 호스텔로 개조한 뇌이-플레장스의 내 집에 그들을 머물게 했다. 크리스마스 연휴 때였다. 눈이 내리고 있었다. 숙소는 독일인, 프랑스인, 영국인들로 만원이었다. 그 가족에게 내어줄 자리가 없었다. 달리 도리가 없기에 나는 예배실의 예수님상을 들어내 다락 한쪽으로 치우고, 그곳에 그 기이한 가족의 거처를 마련했다.
>
> 때때로 나는 노숙자들을 위한 우리의 투쟁이 이처럼 널리 발전하게 된 것이 우리 집에 계시던 예수께서 맨 먼저 당신의 자리를 집 없는 가족에게 내놓으셨기 때문이 아닌가 생각한다!
>
> (피에르 신부, 백선희 옮김, 『단순한 기쁨』, 마음산책, 2001, 35쪽)

멋진 신부님이다. 나는 종교가 없지만, 가난한 사람의 편에 섰던 예수님의 정신을 실천하는 이런 이를 보면 무언가를 믿고 싶어진다.

또 한 분의 신부님은 현실의 존재가 아니다. 공지영의 소설에 등장한다. 역시 아주 멋진 분이므로 소개하겠다.

> 내가 신학생 때 한번은 그 분(주교, 내가 소개하려는 바로 그 신부님이다-인용자)이 우리 몇몇을 부르셨지. 술을 사주고 싶은데 조용한 데가 좋으냐,

시끄러운 데가 좋으냐? 그때는 그분이 신학대학 교수 신부님이셨는데 신학생에게 그런 말씀을 하시니까 잔뜩 긴장할 수밖에...... 그래 대답을 못하고 있었는데 그럼 조용한 데 갔다가 시끄러운 데를 가볼까, 하셨어. 그분이 우리를 데리고 간 곳은 젊은 여자 둘이 써빙을 하는 카페였어. 맥주를 시켜놓고 써빙을 하는 짧은 치마의 여자들을 바라보면서 그 신부님 말씀하셨지. 저애들 참 이쁘지 않냐? 젊고 참 이쁘지? 그런데 니들 지금 기도하고 있는 게냐? 왜 그렇게 꿔다놓은 보릿자루처럼 굳어 있냐? 이쁜 건 좋은 거야. 이쁜 건 이쁘다고 아름다운 건 아름답다고 할 줄 알아야 좋은 신부가 되는 거야...... 신학교에 계신 다른 신부님이 보았으면 징계감인 일을 그분은 우리들에게 하신 거야. 그러고는 노래방으로 우리를 데려가셨지. 이번에는 시끄러운 데 갈 차례였으니까. 그분은 마이크를 들고 '사랑해!'라는 노래를 열창하셨어. 왜, 아냐? 한국에 이런 노래가 있거든. 사랑해 당신을 정말로 사랑해! 아름답고 자연스러웠지, 자연스러워서 아름다웠고...... 자유로워 보였어.

그런데 한달 전쯤 그분이 돌아가셨어. 설암이셨는데(중략). 아는 수녀님이 어제 전화를 하셨는데...... 그때 이야기를 하시더구나. 돌아가시기 전 그렇게 우셨대. 칠십이 넘은 노인네가 간호해주시는 늙은 간호사 수녀님의 손을 붙들고 그렇게나 많이 우셨다는 거야. 아기처럼, 두려움에 가득 찬 아기처럼.....
(공지영, 「열쇠」, 『별들의 들판』, 창비, 2004, 145－6쪽)

종교에 대해서는 제대로 아는 게 없지만 대체로 종교는 욕망의 제어와 깊은 관계가 있는 것 같다. 예를 들어, 불교 같은 데서는 욕망을 모든 고통의 원인이라고 보고 있다. 마음의 평정을 누리자면 욕망을 통제하고 더 나아가서 그것에서 자유로울 수 있어야 하니까 당연하다. 이 자유야말로 위대한 영혼이 추구하는 경지다. 간디 같은 이는 발가벗은 채 역시 그렇게 한 젊은 여자와 잠자리를 같이하면서도 마음이 들뜨지 않아야 된다고 하면서 실연하기도 했다. 유치하게 굳이 그럴 것까지야 뭐 있냐는 생각이 안 드는 것은 아니지만 그가 얘기하려는 것이 무엇인가는 조금 짐작이 가기는 한다.

소설에 나오는 우리 주교님도 그런 자유로운 경지를 추구하는 분이었나 보다. 욕망의 존재는 물론이고 그 자연스러운 발산까지도 인정하는 것에서부터 수도나 진리의 길이 뚫린다는 것이다. 보통의 연약하고 굳은 정신은 엄연히 존재하는 욕망을 무시하거나 아예 없는 것처럼 군다. 뭘 하지 말라는 말만 늘어놓는다. 그러니 욕망에 넘어가기 쉬운 보통 사람들에게는 설득력 있게 들릴 수가 없다. 그런데 그런 얘기를 하는 사람일수록 욕망의 노예가 되어 있기가 쉬운 것은 참 역설적인 현상이다. 멀리 갈 것도 없이 교회를 자식에게 물려주려고 하는 목사님네들의 도대체 신앙인 같지 않은 행태를 떠올리면 된다. 예수님이 살아 계시다면 틀림없이 이런 이들을 가장 먼저 혼낼 것이다.

그런데 모든 것에서 자유로울 것 같은 주교님이 죽음을 맞이하는 순간에 운다! 나도 울 뻔했다. 그분은 죽음이 두려워서 그랬지만 나는 우리 주교님의 인간적인 모습에 감동해서 그랬다. 이분의 말을 따라 하면 두려운 것은 두려운 것이다. 그래서 자신의 처지—아마 제삼자나 신도들이 상상하는, 다시 말하면 현실적으로 존재하는 것과 많이 다른 그런 것이라고 해야 정확할 것이다. 우리는 얼마나 많이 남의 눈을 의식하고 거기에 맞춰 사는 것인지!—에 관계없이 자연스럽게 마음이 흐르는 대로 간 거지요. 그런 점에서 '아기처럼'이라는 말은 그럴 듯한 데가 있다. 아무튼 거의 일생에 거쳐서 생각했을 죽음에 대해서 초연하지 못했던 것이다. 이게 인간의 벌거벗은 진실이다.

종교도 마음의 단련도 이런 궁극적인 사실에서 출발해야 조금 그럴 듯한 말을 할 수 있다고 생각한다. 인간은 욕망의 존재일뿐더러 그것을 초월하기가 아주 어렵다는 것을 솔직하고 겸허하게 인정하는 데서 시작해야 한다. 그런데 자신의 비루한 욕망의 실체를 인정하는 것부터가 얼마나 어려운가!

우리는 모두 천재다

계절의 여왕 오월이다. 신록이 벌이는 황홀한 색깔의 잔치를 보노라면 아름답다는 감탄이 절로 나온다. 식물로 치면 새싹인 어린이가 자라나는 모습도 그런 느낌을 갖게 한다. 특히 아기가 기분이 좋아 그야말로 온몸으로 활짝 웃는 것을 보는 어른은 행복의 실체가 손에 잡히는 것 같은 기분을 느끼게 된다. 젊은이도 다를 것이 없다. 50대의 내 눈에 우리 대학생들은 샘날 정도로 찬란하다. 내 젊음도 그랬을 게다. 이렇게 오랜 시간이 지나고 나서야 아무렇지 않게 그냥 흘려보내고만 것이 아주 소중했다는 것을 깨닫게 된다. 다시 아기 이야기로 돌아와서 어떤 나이 든 작가는 아기의 천진난만한 모습을 천재에 비기고 있다.

> 아기는 식구들과 동네 사람뿐 아니라 꽃과 나무와 멍멍이도 좋아했다. 아기가 좋은 것을 보고 온몸으로 좋아한다는 감정 표현을 할 때 인간이 행복이라 부르는 것의 원형을 보는 것 같았다. 나는 우리 아기가 천재라고 생각했다. 좋은 것을 향한 감수성이 활짝 열린 아이. 그 이상 무엇을 바라겠는가. (박완서, 『그 남자네 집』, 현대문학, 2004, 244–5쪽)

우리는 천재 하면 아마 거의 다 자동적으로 공부에 관련된 방면만 떠올릴 것이다. 그런데 여기 엄마는 아이가 온몸으로 행복을 느끼고 드러내는 것을 두고 천재라고 부르고 있다. 신선하다. 우리는 감정을 솔직히 드러내는 것을 좋게 보지 않는다(거꾸로 되도록 감정을 제어하고 합리적으로 접근해야 할 때는 감정적으로 나가기가 일쑤다). 정직성이라는 덕목은 윤리적인 측면에는 물론이고 대상을 보고 느끼는 감정에도 꼭 같이 적용되어야 한다. 무의식적인 습관의 힘에 눌려 감각 기관이 진상을 수용하는 일을 자신도 모르게 방해하고 있는지도 모르기 때문이다. 따라서 본의 아니게 거짓말쟁이로 살아가는 것이 아닌가 돌아봐야 한다.

얘기를 좀 돌려서 나도 저 아기와 같이 천재인 것만 같다. 좋은 것을 보면 참지 못하고 즐거워하고 행복해한다. 특히 맛있는 밥 같은 것을 앞에 두고는 정신을 못 차릴 정도로 그런다. 그런데 이와는 정반대로 일상의 일에 심드렁해하거나 심지어는 시큰둥하게 반응하여 그런 일에 대해 한참 재미나게 얘기하는 사람들을 열없게 만들어 버리는 사람도 있는데 그런 이는 분명 둔재이다. 우리 삶이란 게 별것 아닌 것으로 이루어진 보석인 수가 많다. 우리 눈이 잘못 되어 그런 것을 알아채지 못하는 것뿐이다. 눈을 크게 뜰 일이다.

우리도 이제는 꼭 공부만이 아니라 여러 방면에서 천재가 있을 수 있다는 생각을 자연스럽게 할 수 있었으면 좋겠다. 이렇게 된다면 사람마다 나름대로 다 천재인데 그 잠재력을 제대로 발휘하지 못할 뿐이라고 생각할 수도 있게 된다. 그러므로 나라나 사회는 그런 능력이 드러날 수 있도록 하는 데 힘을 쏟아야 한다. 이렇게 가치의 다양성을 당연한 것으로 여겨야 사람다운 삶이 가능해진다. 최고의 가치가 하나만 있다면 우리 삶은 필연적으로 획일화되고 무미건조해진다. 정반대로 여러 가지 꽃이 저마다의 아름다움을 뽐내며 어울려 피어 있는 꽃밭을 상상해 보자.

두 부류의 사람

사람을 두 부류로 나눌 수 있단다. 매우 낯선 관점이지만 이른바 문명인이 지니고 있는 문제를 예리하게 건드리고 있어서 들어 볼 만하다.

> 세계에는 두 부류의 사람이 있다. 먹는 물에다 똥을 누는 사람과 그렇지 않은 사람－서양인들은 앞쪽에 속한다. 우리는 먹을 수 있도록 정수된 물에 배설을 한다. 깨끗했던 물이 배설물로 오염된 다음 우리는 더 많은 물로 그것을 씻어내린다. 그것이 어디로 가는지도 알지 못하고 또 신경을 쓰지도 않는다.
>
> 수돗물에 용변을 보는 이 같은 관습은 서양세계의 표준 양식에 맞는 것이다. 수돗물에 용변을 보지 않으면 비문화인, 이방인, 또는 가난에 찌든 사람으로 간주된다. 즉 사회에 적응하지 못하는 극단주의자로 보일 수도 있다.
>
> 그러나 인간의 배설물을 물에다 버리는 것은 확실히 수질을 악화시킨다. 물에다 배설함으로써 우리는 물을 오염시킨다. 우리가 변기를 씻어내릴 때마다 18－20리터의 오염된 물을 환경에다 쏟아내는 것이다. 그것은 마치 사무실에 있는 19리터 물통을 아무도 마시기 전에 쏟아 부어버리는 것과 같은데 소변을 볼 때도 꼭 같다. 매일 여러 번씩 이 짓을 해대는 사람이 미국 한 나라만 해도 2억5천만 명이다.
>
> (조셉 젠킨스, 이재성 옮김, 『똥 살리기 땅 살리기－인분 핸드북』, 녹색평론사, 2004, 39쪽)

우리가 아주 당연히 여기는 수세식 변소를 쓰는 사람에 대한 얘기다. 위에서는 서양인이라고 했지만 이제는 대부분의 우리들도 여기에 포함된다. 저자는 똥을 이렇게 폐기물로 버리는 것이 아니라 잘 썩혀서 퇴비로 쓰면 정수할 물도 필요하지 않고 환경은 물론이고, 유기농산물을 먹을 수 있으므로 몸도 깨끗해진다고 주장하고 있다. 그런데 우리는 물을 일부러 더럽혀 놓고 다시 깨끗하게 만드는 일을 발전으로 여긴다. 그러므로 문명인이 하는 일은 다음과 같이 풍자적으로 요약할 수 있다.

> 내가 물 주전자에 담긴 물에 오줌을 눈 다음 목마를 때 그것을 마시면 사람들은 돌았다고 말하겠지. 만약, 마실 물에다 오줌과 똥을 섞어 넣는 비싼 기술을 개발하고 그 물을 다시 마실 수 있는 물로 정화할 수 있는 더 비싼(그러나 확실히 믿을 수 없는) 기술을 발명해낸다면 더욱 미쳤다고 할 것이다. 정신과 의사는 왜 애당초 마실 수 있는 물을 엉망으로 만들고 야단인가 하고 물을 것이다. (웬델 베리의 말, 위의 책, 113쪽에서 인용)

한마디로 우리는 미쳤다. 어렸을 때 사람의 똥을 먹는 돼지를 자연스러운 것으로 받아들였던 내게는 그렇게 보인다. 똥돼지를 키우던 이들이야말로 서양인과는 대비되는 부류였다. 그들은, 음식 찌꺼기와 쌀겨는 물론이고 똥까지 다 먹어치우고 그 나머지는 거름을 만들어 곡식을 자라게 해 주는 돼지를 길러 쓰레기가 하나도 없는 세상에서 자연과 더불어 산 지혜로운 사람들이었다. 그런데 이제 우리는 그들을 촌스럽다고 한다.

덧/붙/임

1. 오늘(2005. 5. 6) 『한겨레』에서 읽은 내용이다. 우리나라에서 20년 동안 고아를 돌보면서 산 스위스인 할머니 인진주(60 · 본명 마가레트 닝게토)씨는 한국에 지금 처음 왔다면 아마 이곳에서 살지 않았을 것이라고 하면서 다음과 같이 말했다.

> "예전에는 가난했지만 나보다 조금 더 가난한 사람한테 밥 한끼라도 먹여주고 그랬잖아요. 요즘 텔레비전 광고 보면 너무 한심해요. 내 아이랑 남편 잘 돌보고, 좋은 집이랑 자동차 사고 그러려면 아내인 내가 건강해

야 한다고 나오죠? 나만, 우리 가족만 잘살면 된다는 거예요."

(http://www.hani.co.kr/section－005000000/2005/05/005000000200505051956001.html)

이게 촌스러움에서 세련된 모습으로 발전한 모습이 지니고 있는 뜻 가운데 하나라는 점을 부정하기는 어려울 것이다. 이 할머니의 말씀을 뒷받침하는 공선옥의 말도 들어 보자.

> 내 기억 속의 60년대와 70년대는 가난했다. 가난했지만 나름대로 따스했다. 그것이 단순히 내 유년시절이었기 때문만은 아닐 것이, 그때, 가난한 우리 집 주위에는 우리 집처럼 가난한 이웃들이 서로 인심을 나누며 살았기 때문이다. 늘 배가 고팠지만, 외롭지는 않았기 때문이다.
>
> (공선옥, 「가난과 빈곤」, 『사는 게 거짓말 같을 때』, 당대, 2005, 91－2쪽)

이와 이어지는 것으로 가난과 행복의 깊은 연관성에 대한 김종철의 주장도 귀담아 둘 만하다.

> 아프리카의 킬리만자로 산 자락에 있는 궁벽한 토착마을에 미국의 한 사회학자가 방문한 일이 있었다. 그때 마을사람들은 말로만 듣던 부자나라 사람에게 여러 가지 궁금한 것들을 질문했다. 미국에는 집집마다 텔레비전과 전화기와 자동차가 있다는 데 사실이냐. 집집마다 하나가 아니라 몇 대씩이나 있고, 전화는 개인마다 휴대전화라는 것을 가지고 있다는 답변에 그들은 놀라서 입을 다물지 못했다. 그들에게 미국은 천국임이 분명했다. 그러나, 미국 사람들은 친척이나 이웃사람들과도 거의 만나는 일이 없고, 친구 집에도 미리 전화로 약속을 해놓고 찾아가야 한다는 이 사회학자의 부연설명을 듣고는 그들은 경악했다. 그들은 이구동성으로 그런 곳이라면 자기들은 미국에서 살고 싶지 않다는 것이었다. 그들의 생각에는, 사전약속을 해야 하는 사이라면 그것은 친구가 아니었다.
>
> 이 일화는 인생에서 무엇이 가장 소중한지 돌아보게 한다. 그런데 여기서 주의해야 할 것은 이 아프리카 토착인들이 미국인들보다 자기들이 더 행복하다고 여길 때 거기에는 그들의 가난이 중요한 몫을 하고 있다는 사

실이다. 가난하기 때문에 그들에게는 서로 돕지 않으면 안 되는 생활방식이 유지되어온 것이다. 확실히, 부유한 사람들이 타자에 대한 동정적 상상력을 기르는 것은 쉬운 일이 아니다. 오죽하면 부자가 천국으로 들어가기는 낙타가 바늘구멍으로 들어가는 것보다 더 어렵다고 했겠는가. 결국, 상호부조나 협동과 같은 '삶의 지혜'는 어느 정도 '결핍'의 산물이라고 할 수 있다.

(김종철, 「근대화의 완성과 자멸」, 『한겨레』, 2005. 7. 29.
http://www.hani.co.kr/kisa/section－paperspcl/book/2005/07/000000000200507281929249.html)

2. 다음과 같은 구절도 음미할 만하다.

특히 현대 주택은 막대한 양의 물을 사용하도록 설계되어 있다. 특히 가까운 장래에 물을 둘러싼 전쟁이 일어날 것이라고 예언되고 있는 이 시대에 일본 주택처럼 먹을 물을 수세식 변기, 청소, 빨래, 정원 물 주기까지 말 그대로 그야말로 물을 물 쓰듯 펑펑 쓰고 있는 곳은 세계 어디에도 없을 것이다.

(츠지 신이치, 권희정 옮김, 『슬로우 이즈 뷰티풀』, 빛무리, 2003, 235－6쪽)

아마 지은이가 일본인이기 때문에 일본을 든 것이겠다. 일본인들이 물을 얼마나 쓰는지는 모르겠으나, 현대주택에 사는 우리도 남들에게 그리 뒤떨어지지는 않을 것 같다.

3. 돋통의 추억

비가 오거나 눈이 오면 지붕이 없는 화장실－내가 어렸을 때에는 다른 집과 비교하여 그리 가난하지도 않았는데 우리 집 '돋통'(화장실)에는 지붕이 없었다－에는 가기가 싫었다. 특히 겨울에 엉덩이가 시렸던 것이 지금에도 생생하다. 반면에 바로 그곳에서 쳐다보는, 달이 높이 뜨거나 별이 총총히 빛나는 밤의 황홀경이라니! 이런 장면을 생각하면 내가 시인이 아닌 게 좀 이상하다.

죽는 순간에 하는 말

사람은 왜 살까? 여러 대답이 나오겠지만 가장 그럴듯한 것은 죽는 순간에 회한 비슷하게 떠올리는 그런 것일 것 같다. 거꾸로, 흐뭇하게 생각하는 일도 유력한 답일 수 있겠다. 우리는 죽을 때 어떤 말을 남기게 될까? 먼저, 얘기하지 않을 것 같은 내용을 들어 보자.

> 가끔 저는 내 자신이 죽을 때를 가상해서 뒤에 남은 가족이나 내 자식들에게 무슨 말을 하고 죽을까를 생각해봅니다. 임종시의 말이라는 건 자기의 인생을 요약하는 것이니까 거기에 위선과 거짓이 끼여들 틈이 없죠. 그러니까 사람이 자기에게 가장 진실한 이야기를 솔직하게 할 거란 말이에요. (중략)
>
> 그런데 가만 생각해 보니까 다른 사람들도 마찬가지겠지만 저 같은 경우에도 죽을 때, 평생 동안 돈을 많이 벌지 못한 것에 대해서 후회하거나 유감스러울 것 같지는 않아요. 또, 내가 살아있는 동안에 출세를 못한 걸 억울하다고 생각하면서 죽을 사람도 없을 거예요. 내가 권세가 많아서 남들을 좀 부려먹지 못하고 가는 게 아쉽다고 생각하는 사람도 있을 것 같지 않아요. 그리고 또 평생 좀 건강하고 기운도 세게 지냈더라면 하고 회한의 눈물을 흘리게 될 것 같지도 않습니다. (중략) 그런데 이 모든 것도 죽는 순간에는 하나도 중요하지 않단 말이에요.
>
> (김종철, 「흙의 문화를 위하여」, 『녹색평론』 63호, 2002, 3－4, 15－6쪽.)

죽으면서, 돈을 많이 못 벌어 억울하다는 얘긴 하지 않을 것 같다. 끼니를 거르지 않고 그 사회의 평균적인 생활을 영위할 수 정도의 돈만 있으면 된다. 집을 몇 채씩 가진 사람들이 있다는데 도대체 그렇게 많은 돈을 가져서 뭘 하자는 것일까? 출세해서 이름을 널리 떨치는 것도 길게 보면 그리 대단한 일은 아니다. 세계를 호령하다시피 하는 미국의 대통령도 그만두고 몇 년 지나지 않아서 그 이름조차 기억하지 못하게 된다. 장관이면 우리 사회에서 꽤 출세했다고 할 수 있을 텐데 그 자리에 있는 사람의 이름을 몇이나 아는지 손꼽아 보자. 아마 다섯 손가락도 다 채우지 못할 것이다. 이게 우리가 부럽게 여기는 출세의 실상이다.

그러면 무슨 말을 하게 될까? 지금 죽는다고 생각하고 상상해 보자.

> 대체로 숨을 거두기 직전에는 누구든, 사람들하고 좀더 잘 지냈으면 좋았을걸, 누구에게 그렇게 박절하게 하지 않았어야 옳았는데, 그러니 너희들은 사이좋게 잘 지내고 남들에게 친절하게 해라 등등, 이게 고금동서를 막론하고 인간이 생의 마지막 무대에서 내뱉는 공통된 대사입니다. (중략)
>
> 제일 중요한 건 결국 사람과 사람과의 관계, 우정입니다.(17쪽)

어울려 살아야 사람이다. 인간(人間)이란 말은 사람들 사이라는 뜻이다. 건강을 유지할 수 있을 정도로 먹으면서 가까운 이들과 오순도순 살면 그게 가장 멋진 삶이다. 이렇게 하는 데 많은 돈이나 권세가 필요한 것은 절대로 아니다. 다른 사람이 알아봐 주는 것은 전혀 중요하지 않다. 이런 생각은 개인의 행복한 삶은 물론이고 우리 삶의 터전인 이 지구의 지속가능성을 위해서 아주 중요하다. 오늘날처럼 물질적으로 풍요한 생활을 인류 모두가 영위할 수 있으려면 지구만 한 것이 몇 개 있어도 모자라다. 세계 인구의 53%가 하루 생활비 2달러 이하로 살고 있다는 사실을 알면 지나친 풍요로움은 큰 죄악을 저지르는 것이라는 생각을 하지 않을 수 없다.

'여자예요?'

어제 저녁, 아내와 함께 차를 타고 어디를 갔다오고 있었다. 나는 면허증도 없고 앞으로도 그걸 가질 생각이 없으니까 아내가 운전하는 옆 자리에 앉아 있었다. 좁은 골목에 들어섰는데 차가 마주 왔다. 그런데 우리 차가 있는 데는 세워 둔 차가 있어서 차가 끼어들 만한 공간이 없는데도 그 차는 거침없이 파고들었다. 그 차가 멈췄다면 그쪽에는 지나갈 여유가 생기는데도 그랬다. 뭐, 여기까지는 충분히 그럴 수 있는 일이다.

지나갈 수 없으니 다 움직이지 못한 채 멈춰 있을 수밖에 없다. 그런데 맞은 편 차의 운전사가 하는 말이 "여자야?"다. 옆에 탄 사람에게 우리 차를 모는 사람이 여자냐고 묻는 것이겠다. 참 기분이 묘했다. 그런데 이번에는 우리 뒤의 차의 운전사가 내리더니 맞은 편 차의 운전사에게 "여자예요?"라고 묻는 게 아닌가!

아주 많이 양보하여, 내가 아내 편을 들어 정체의 원인이 상대방에게 있다고 판단한 것이 잘못이라고 해도, 이렇게 된 게 여자와 도대체 무슨 관계가 있다고 첫말부터 "여자예요?"일까? 나도 저들과 같은 남자고 한국 사람인데 저런 물음이 뜻하는 바를 왜 모르겠는가? 여자는 남자와 비교하여 차를 제대로 몰지 못한다는 것이겠다. 거기다가 여자가 건방지게 운전을 하다니 하는 마음보도 아주 없다고는 못하겠지. 남자들끼리 여자를 따돌리려고 하는 못된 짓도 확연히 들어온다. 어려울 것 없다. 거의 자동적으로 해석할 수 있는 우리 사회의 문화적인 약호(코드)인 것이다. 어이가 없지만 상대할 마음이 없어서 그냥 가만있었는데 아내에게는 미안했다.

며칠 전에 읽은 김선우의 글을 떠올렸다. 고속철의 여승무원을 비정규적으로 충원하는 데서 나타나는 여성 차별적인 행태를 비판하는 내용이었다. 내 기득권을 당연한 것으로 여기면서 거기서 배제된 사람을 무시하는 태도가 우리에게는 몸에 배어 있다고 해도 좋을 정도로 자연스럽게 나오는 것 같다.

> 노조든 시민단체든 정부든 권력의 맛을 본 조직의 상층부는 어떤 조직을 망라하고 스스로 엄정한 자기성찰 능력을 전면가동하지 않으면 썩어간다. 상대적 약자의 입장과 시선으로 자신을 끊임없이 성찰하지 못하면 권력에 편승하고도 그것이 편승인지 모르는(모르고 싶은!) 경우가 허다하게 발생한다.
>
> (김선우, 「'여승무원'이라는 이름의 기이한 직제」 : http://www.hani.co.kr/arti/BOOK/110722.html)

최연희 사태를 보면서 나는 그 국회의원이 우리 남성 – '대부분'이라는 말을 삽입해야 정확할 것이다. 여성을 차별하지 않는 멋진 남성이 아주 없는 것은 아니니까 – 을 대표하는 희생양이라고 생각했다. 가까운 이에게 그렇게 얘기한 적도 있다. 솔직히 나는 그에게 돌을 던질 수가 없다. '너는 성차별적인 행동에서 자유로운가?'하는 물음에 아니라고 자신 있게 대답할 수가 없기 때문이다. 그래서 뭐라고 하고 싶은 마음이 있었는데 내 부끄러운 생각과 행동을 드러낼 용기가 도무지 안 나서 그만두고 말았다. 이런 맥락에서 다음의 글의 필자는 참으로 우러러볼 만하다.

> 친구들과 삼겹살에 소주를 마셨다. 이차를 어디로 갈까 정하는데, "맥주나 마시러 가자"는 내 의견을 한 친구가 반박한다. "야, 우리끼리 더 할 얘기가 어디 있냐?" 말인즉슨 남자들끼리 앉아서 얘기해 봤자 무슨 재미가 있겠느냐, 그러니 아가씨들이 도우미로 나오는 곳에 가자는 얘기였다. 대세를 좇아 끌려가긴 했지만 내내 마음은 불편했다.
>
> 친구의 말마따나 그런 곳에 가면 우리끼리의 대화는 실종된다. 불려나온 도우미들과 블루스를 추거나 몸을 더듬느라 바빠, 대화할 새가 없어지기 때문이다. 남자들은 그렇게 함으로써 '스트레스를 푼다'고 강변하지만, 꼭 그렇게 저급한 방식으로 풀어야 하는지 의문이다. 자기들의 아내가 호

스트바에 가서 회포를 풀겠다고 우기면 순순히 허락해 줄까? 그렇게 두 시간쯤 노는 데 드는 돈은 일인당 20만원쯤, 콩나물을 사면서도 몇백원을 아끼려는 아내가 그 사실을 안다면 억장이 무너질 일이다. (중략)

기자들과의 회식 자리에서 일어난 최아무개 의원의 성추행은 이런 식의 술자리 문화가 뼛속까지 스며들어 일어난 결과며, "술집 주인인 줄 알았다"는 그의 변명은 그 사실을 단적으로 드러내 준다. 잠적 소동 이후에도 의원직 사퇴를 거부하며 버티는 것도 "사과한다"는 말과는 달리 '그까짓 게 무슨 잘못이냐?'는 생각을 하고 있기 때문이 아닐까. 여성들뿐 아니라 많은 남성도 최 의원의 행동을 비난하지만, 남성들 중 그런 술 문화에서 자유로울 사람이 얼마나 될지 모르겠다. 돈을 냈다는 것만 다를 뿐, 상당수는 이런 식의 단체 성희롱 경험을 한번쯤은 갖고 있지 않을까? 껴안고 가슴을 만지는 것과는 비교도 안 될 성적 착취가 일상적으로 벌어지는 술집이 이 나라에는 셀 수도 없이 많으니 말이다.

(서민, 「수다로 풀자」, 『한겨레』 : http://www.hani.co.kr/arti/opinion/column/110381.html)

이런 글을 두고 좋다고 해야 하리라. 무엇보다도 자기 성찰과 비판이 작동하고 있기 때문이다.

이런 글에 기대어서야, 그것도 아내가 당하는 자리에서는 아무 소리도 못한 주제에, 겨우 얘기를 꺼내는 나는 뭔가? 나야말로 바로 그 남자 운전사, 더 아프게 말하면 최연희가 아닌가!

그래도 살아 볼 만하다

삶은 착각인지 모른다. 늘 경험하는 바로서 열의를 가지고 무엇을 새롭게 시작하지만 그리 오래 가지 못한다. 용기도 끈기도 없기 때문이다. 그리고 뒤에서야 오는, 내 능력을 벗어나는 일을 하고 있다는 깨달음도 한몫한다. 착각한 것이다. 그래서 우리 인생은 헛된 수고가 된다. 이런 관점도 있을 수 있다.

물론 이와는 다른 생각도 얼마든지 있다. 버트런드 러셀의 자서전을 그 예로 들 수 있다. 그는 그의 삶을 지배한 세 가지 열정을 "사랑에 대한 갈망, 지식에 대한 탐구욕, 인류의 고통에 대한 참기 힘든 연민"(러셀, 송은경 옮김, 『러셀자서전』(상), 사회평론, 2003, 13쪽)이라고 정리하고 난 뒤에 그 결과로 사랑을 찾았으며, "많지는 않으나 약간의 지식을 얻"었다(14쪽)고 자평하고서는 인류에 대한 연민에 대해서는 다음과 같이 이야기하고 있다.

> 사랑과 지식은 나름대로의 범위에서 천국으로 가는 길로 이끌어 주었다. 그러나 늘 연민이 날 지상으로 되돌아오게 했다. 고통스러운 절규의 메아리들이 내 가슴을 울렸다. 굶주리는 아이들, 압제자에게 핍박받는 희생자들, 자식들에게 미운 짐이 되어버린 의지할 데 없는 노인들, 외로움과 궁핍과 고통 가득한 이 세계 전체가 인간의 삶이 지향해야 할 바를 비웃고 있다. 고통이 덜어지기를 갈망하지만 그렇게 하지 못해 나 역시 고통받고 있다.(14쪽)

이 글이 원래 1967년에 나온 것이니 거의 40년이 흘렀지만 지금도 인간의 고통이 크게 줄었다고 하기는 어려울 것 같다. 멀리 갈 것 없이 아무 이유도 없이 다치고 죽는 이라크 사람들을 생각해 보면 된다. 삶의 보람을 찾기는 힘들어졌고 주어진 것이니 그냥 살 뿐이라고 생각하는 사람이 많이 늘어났을 것이다.

그런데 러셀은 이렇게 고통이 사라지지 않는 세상에서 영위하는 삶을 어떻게 결산했을까? 그는 기회가 주어진다면 다시 살 것이라고 얘기하고 있다.

> 이것이 내 삶이었다. 하지만 나는 그것이 살 만한 가치가 있다는 것을 알았으므로, 만일 기회가 주어진다면 기꺼이 다시 살아 볼 것이다.(14쪽)

지금까지의 내 삶을 정리하면 어떻게 될까? 틀림없이 보잘것없는 결산서가 나올 것이다. 그래도 나는 러셀 편에 서서 삶은 살 만한 가치가 있는 것이라고 주장하고 싶다. 세상에는 돈과 힘이 진리가 되고 따라서 모든 것을 지배한다고 주장하는 사람들만 있는 것은 아니기 때문이다. 이런 이들에 맞서서 묵묵히 사랑을 실천하는 사람, 빼어난 글을 쓰는 사람, 아름다운 자연과 음악이 있는 한 살아 볼 만하다. 내 삶이 비록 헛수고라고 해도 그들을 보고 듣는 즐거움은 누릴 수 있을 테니 말이다.

여러분의 삶은 어떤가?

'고맙습니다'와 '감사합니다'

오늘(2006. 3. 31.) 『한겨레』에 다음과 같은 글이 실렸다.

> 어렸을 땐 어른들이 용돈이나 선물을 주면 두 손으로 받고 공손하게 고개를 숙여 '고맙습니다'라고 말했다. 그러나 살면서 언제부터인가 '감사합니다'라고 말할 때가 더 많아졌다. 마치 그렇게 말하는 게 고마운 마음을 더욱 잘 나타내는 것 같았다. (중략)
>
> 돌아보면 우리 사회에서 언제부턴가 한자말을 쓰면 더 공손한 느낌이 들고 예절을 잘 갖추는 것처럼 여겨졌다. 글 쓰는 사람들이 오랫동안 그렇게 써왔고, 지식인들이 온갖 한자말을 갖다 붙여서 남들보다 더 고상하게 말하기를 즐겼고, 좀 더 유식한 티를 낸 탓이다. 그러나 어려운 한자말을 한다고 해서 더 유식하거나 고상한 건 아니다. 사람 됨됨이는 그 마음가짐과 바탕이 착하고 깨끗해야 하기 때문이다.
>
> '고맙습니다'라는 말을 즐겨 쓰면서 참 느낀 게 많다. 먼저 퍽 살갑다. '감사합니다'라고 말할 때보다 더욱 가깝게 느껴지고, 내 마음에서 참으로 고마움이 솟아난다고 해야 할까? 또 '감사합니다'보다 덜 공손하거나 예절을 갖추지 않았거나 고상하지 않은 것도 아니다. '그까짓 말 한 마디가 뭐 그리 대단해서 고마우면 어떻고, 감사하면 어때!'라고 말할 사람도 있겠지만, 오늘부터라도 '감사합니다'보다 '고맙습니다', 또는 또래라면 '고마워요' '고마워'라고 말해 보자. 더욱 살갑고 가깝게 느껴질 것이다.
>
> (손현희, 「'고맙습니다'라고 말해보세요」, 『한겨레』 : http://www.hani.co.kr/arti/opinion/readercolumn/112271.html)

국문과에 있다 보니 연설문을 고쳐 달라는 부탁을 많이 받게 된다. 그런데 그 글들의 마지막은 꼭 '감사합니다'로 채워진다. 나도 고집스럽게 반드시–이 문맥에서는 '반듯이'라고 해도 좋겠다!–'고맙습니다'로 바꿔 놓는다(이래선지 내게 '감사합니다'는 아주 어색하게 들린다).

순 우리말이어서만은 아니다. 정답게 '고마워' — 내게서 문자나 전자 편지를 받아본 이는 이 말을 많이 봤을 것이다 — 라고 할 수는 있지만, '감사해'라는 말은 쓰지 않는다. 그러므로 '감사합니다'는 나보다 나이나 힘이 비슷하거나 많은 이에게 하는 말이라고 할 수 있다. 이런 쓰임새에 깃들어 있는 권위가 공식 — '형식'이라는 말로 바꿔도 좋다 — 적인 자리에서는 으레 '감사합니다'를 쓰도록 했을 것이다. 그래서 그 뜻에도 무게가 더 실리는 듯한 인상을 심어 주었을 것이다. 그런데 몸도 마음도 무거운 것을 싫어한다. 몸무게가 많이 나가 좋을 게 뭔가? 무거운 마음도 놓아 버리면 즐거워진다. '감사합니다'가 나오는 자리가 웃음과 어울리지 않는 것은 이런 맥락에서 보면 쉽게 이해가 된다.

윗사람에게만 감사할 것이 아니라 모든 것 — 그러니까 자연까지도 포함하여 — 에 두루 고마워해야 맞다. 그래야 고마움이라는 말에 실린 뜻을 제대로 구현할 수 있을 것만 같다.

여러분, 읽어 줘서 고마워요!

불신의 자발적 중단

리차즈라는 영국의 문학 비평가가 있다. 문학 작품을 꼼꼼히 읽는 일을 강조한 사람이다. 그가 이 '꼼꼼히 읽기'(정독)를 잘하기 위해서 내세운 방법은 다음과 같다. 첫째로 말의 뜻을 잘 파악해야 한다. 구체적으로 말의 함축적인 의미뿐만 아니라 말하는 사람이 듣는 사람에게 보이는 태도인 어조, 말하는 사람의 의도를 알아야 한다. 둘째로 감상적인 태도를 배제하여야 한다. 감상적인 태도는 사실에 맞지 않게 지나친 감정을 드러내는 것을 말하는 것인데 대상을 객관적이고 전체적으로 이해하지 못하게 한다. 셋째로 문학 작품에서 교훈을 찾으려고 하지 말아야 한다. 이런 측면만을 강조하면 문학이 갖고 있는 다양한 성질을 제대로 보지 못한다는 것이다. 마지막으로 '불신의 자발적인 중단'(willing suspension of disbelief)이 필요하다.

불신을 중단한다는 말은 작품을 제대로 읽기 위해서는 그것이 내세우는 것이 독자의 생각과 반대된다고 하더라도 일단 반대하는 생각을 유보하고 있는 그대로를 받아들여야 한다는 뜻이다. 흔히 경험하고 보는 일이지만 나와 생각이 다른 사람의 의견을 있는 그대로 수용하기는 참 어려운 일이다. 첨예하게 의견이 맞서는 사안을 둘러싸고 벌어지는 사태를 생각하면 된다. 이런 경우에 상대방의 의견을 경청하기보다는 자기 생각만을 일방적으로 주장하기가 일쑤다.

그런데 이렇게 '불신의 자발적인 중단'이 잘 이루어지지 못한 것은 지나치게 자신의 이익과 감정을 앞세우기 때문이다. 그래서 입에 담기 어려운 말이나 인격을 모독하는 내용이 나온다. 이렇게 도를 넘는 감정은 자기만이 옳다고 생각하는 데서 나오는 것이다. 다 같은 구성원으로서 그 전체를 사랑하는데 그 사랑하는 방법이 다르다는 식으로 여유있게 생각했으면 이런 일은 생기지 않을 것이다. 어떻게 자기의 사랑만이 옳다고 할 수 있는 것인지 자신을 되돌아 볼 일이다. 인간은 수명이나 능력에 있어서 유한하다. 그렇기 때문에 서로가 잘못할 수 있고, 관용이라는 덕목도 필요하다. 나만 옳다고 하면서 상대방을 무시하면 관용은 생기지 않는다.

여기서 '불신의 중단'과 관련하여 시 한 편을 소개하고자 한다. 정현종의 「마음 놓고」다.

> 놓은 줄도 모르게
> 마음 놓고 있으니
> 아, 모든 마음이 생기는구나.
>
> 지금은
> 마음 못 놓게 하는 일
> 마음 못 놓게 하는 자도
> 다 마음 놓이는구나.
>
> 사랑도 무슨 미덕도
> 내꺼라고 안할 수 있을 때
> 나는 싸울 수 있으리
> 내 바깥에서만 피어나는
> 사랑도 미덕도 만나리.
>
> 마음 놓고
> 자꾸 모든 마음이 생긴다면!

마음(욕심)을 버려야 참다운 마음, 혹은 모든 마음에 두루 통하는 보편성을 획득한 마음이 생긴다. 사랑도 마찬가지다. 다른 사람의 사랑은 부정하면서 내 사랑만 옳다고 하면 그것은 진짜 사랑이 아니다. 사랑이 우리들의 것일 때, 서로가 상대방의 진심을 당연한 것으로 받아들일 때 우리는 싸울 수 있다. 인간적인 감정을 다치는 일없이 논쟁을 벌일 수 있다는 말이다. 이때의 논쟁은 유쾌하기까지 하다. 그때 사랑은 내 밖에, 다른 말로 하면 우리들 사이에 아름답게 피어나게 된다.

나와 생각이 다른 사람들도 나와 마찬가지로 진정성을 지니고 있다고 믿을 일이다. 이런 바탕에서만 생산적이고 유쾌한 논쟁이 가능하다.

다르게 보기—감기 예찬

『한겨레 21』(2001. 11. 6. 제 388호)에서 읽은, 재미있는 얘기 소개한다. 재미란 다르게 보는 데서 오는 것이다. 그런데 달리 보는 것은 '비딱한' 마음이 시키는 일이다.

> 인문과학적 마음가짐의 하나는, 속된 표현을 빌리면 '비딱한' 마음가짐이다. 이것은 미국의 비딱한 작가 에드거 앨런 포가 '비뚤어짐의 도깨비 Imp of Perversity>'고 부른 것으로 이성적 계획이면 무턱대고 깨뜨리고 싶은 비이성적 충동이다. 과학기술 발전을 위한 문화풍토의 조성이 불가능한 일이라고 하는 인문학자의 주장은 그러한 충동의 표현에 불과할 수 있다. 그러나 과학적 인간도 도깨비에 끌리는 인간이 아닌지 모른다. (생략) 브로놉스키는 과학적 인간이 근본적으로 '망나니 성품 maverick Personalities'을 가졌으며, '전투적이고 비딱하고, 따지고, 도전적인 belligerent, contrary, questioning, challenging' 인간이라고 말한다. 이것은 진정으로 독창적인 인간과 체제의 관계는 모순의 관계라는 말이 되기도 한다.
>
> (김우창, 「학문의 정열」, 『김우창 전집 4, 법 없는 길』, 민음사, 1993, 402쪽)

도입부가 인용 때문에 길어지고 말았다. 재밌는 얘기 읽어 드리겠다. 제목은 「감기 예찬」이고, 필자는 아주대 의대의 이종찬 교수이다.

> 감기에 걸리는 것을 좋아하는 사람은 없을 것이다. 감기는 우리를 매우 귀찮게 하고 번거롭게 한다. 자신이 마음대로 몸을 움직일 수 없기 때문이다. 그러니 스스로 몸과 마음이 일치하지 않는다. 바쁜 직장생활을 하는 사람에게 감기는 그야말로 불청객이다.
>
> 콧물이나 재채기로 감기에 걸리기 쉬운 환절기가 되면, 아예 약국은 자칭 '감기 환자'들로 북적거린다. 광고에서 듣고 본 대로 자기가 약을 마음

대로 처방하여 무슨무슨 약을 달라고 말한다. 어떤 사람은 당장에라도 나을 수 있도록 약을 '독하게' 지어달라고 약사에게 청한다. 여기에서도 만족을 하지 못하는 사람들은 동네 의원으로 곧장 달려가서 의사에게 한방에 감기가 물러갈 수 있도록 주사를 놓아달라고 떼를 쓴다. '빨리 빨리' 낫지 않으면 의사나 약사를 탓한다. 이처럼 감기는 현대인들에게 마음과 몸의 '적'으로 이해되고 있는 것이다.

과연 감기는 '적'일까? 오히려 친구라고 생각하면 어떨까? 자주 오는 형편도 아니고 1년에 한번씩 찾아오는데, 어찌 며칠 만에 가라고 눈치를 줄 수 있는가. 애써 더 놀다가라고 나는 친구에게 오히려 졸라대는 편이다. 친구는 1년간 내 몸이 어떻게 변했는지가 궁금한지 온몸을 샅샅이 돌아다닌다. 그러니 친구 때문에 몸살이 날 정도이다. 하지만 친구는 다른 친구를 또 찾아 삼천리 방방곡곡 돌아다녀야 한다고 때가 되면 내 곁을 떠나간다. 섭섭한 마음을 금할 수 없다.

하지만 나는 친구 덕택에 지난 1년간 내 삶을 되돌아볼 수 있는 여유를 가지게 되어 오히려 마음이 가벼워진다. 하루하루의 삶에 허덕이다 1년이 어떻게 후딱 지나갔는지 모를 정도였는데, 오랜만에 넥타이와 허리띠를 풀어놓으니 마음이 이렇게 넉넉할 수 없다. 그러니 하루 종일 듣고 싶은 음악을 듣고, 읽고 싶은 시를 읽을 수 있다. 특히 온갖 종류의 차를 가까이 두고도 바쁜 생활로 마시지 못했는데, 이 기간에 다양한 차 향기에 빠져든다. 그러면 친구도 좋은지 나를 보채지 않는다. 이런 가운데 여러 가지 상념들이 맴돈다. 지난 한해 동안 마음속에 맺혔던 것들은 스스로 풀려버린다. 그리고 새로운 생각들이 떠오른다. 삶의 활력이 마음속 깊은 곳에서 샘솟는다. 친구가 떠날 때 즈음엔 환송회를 베풀어준다. 내년에 다시 보기를 기원하는 마음으로. 그래서 나는 11월이 기다려진다.

감기를 통해서 우리는 마음이 몸에 대한 자연치유력을 조절할 수 있는 지혜를 깨달아야 한다. 이것이 바로 감기가 우리에게 주는 삶의 슬기이다. 감기는 사람에게 없어서는 안 될, 삶의 필수적인 요소이다.

'더 많은 약과 주사를 달라!' 현대인들이 이런 맹신에 집착할수록 사람의 몸은 점점 망가지게 될 것이다. 몸은 스스로의 치유 능력을 갖고 있다. 자연치유력이 있다는 것이다. 몸이 자연치유력을 발휘할 수 있도록 자신의

> 마음을 다스리고 조정할 생각을 하기는커녕 약과 주사로 몸을 정복하려고 한다. 그렇게 되면 몸의 자연치유력은 떨어지게 된다. 약과 주사로 몸을 다스리는 사람은 몸의 진정한 주인(주체)이 될 수 없다.
>
> (http://www.hani.co.kr/section-021021000/2001/11/021021000200111060383045.html)

나도 지난주에 독감에 걸려 고생을 한 적이 있는데, 억지로 나으려고 하기보다는 이 글에서처럼 그것을 내 몸의 일부로 받아들이는 것도 좋을 것 같다. 요전에 읽은 것인데 암에 대해서도 그렇게 하는 사람들이 있다. 병이라 생각하여 치료에 전념하는 것이 아니라 마치 친구처럼 여겨 평소에 하던 대로 일도 하며 지낸다는 것이다. 살아 있는 것이 겪어야 할 자연스러운 현상으로 수용하는 것이다. 죽음도 그렇거늘 감기쯤이야 말해 무엇하겠는가! 이렇게 세상과 삶을 달리 보면 전혀 다른 것이 되는 것이 세상사의 이치이기도 하다.

그러나 한 가지 위의 글에 대해 전적으로 흔쾌하게 동의하기 어려운 점이 있는데, 그것은 감기에 걸렸다고 해서 마음대로 쉴 수 없는 사람이 우리 주위에는 많다는 사실에서 오는 불편한 마음 때문이다. 기차를 타러 아침에 서울역을 지나가면 집 없는 사람들이 부수수한 얼굴로 옹기종기 모여 앉아 있는 것을 보게 된다. 무어라 말할 수 없이 참담할 뿐이다. 그런 분들에게 위의 얘기는 모욕일 수 있다.

그래서 위의 글을 옮기는 마음 한구석에는 너는 좋겠다고 하는 차가운 소리가 들리는 것 같다.

부러운 사람

우리나라에서 제일 격이 높은 주간지인 『한겨레 21』에 나온 기사를 소개한다. 시골에서 자연친화적인 삶을 추구하는 사람의 얘기다. 이런 유의 이야기에 관심이 없는 분도 그 삶보다는 삶에서 얻은 지혜를 듣겠다는 기분으로 한번 읽어 보기를 권한다. 다음과 같은 부분을 그 지혜의 예로 들 수 있겠다.

> 처음 호미를 들어 감자를 캤을 때, 진정으로 누구에겐가 감사해야만 할 것 같다는 생각이 들었다. 내가 한 일이라곤 감자 심고 물 좀 뿌리고 김 몇 번 맨 것밖에 없는데, 이 뽀얗고 해맑은 실과는 도대체 어디서 온 걸까. 흙속에서 감자는 무얼 빨아들여 이렇게 탐스런 열매를 만들어낸 걸까. 옛사람들이 겨레마다 '추수감사제'를 만들어낸 그 마음을 이해할 수 있을 것 같았다. 천지신명이든 저 푸른 하늘이든 누군가에게 감사하는 마음이 들지 않는다면 오히려 이상한 사람일 것이다. 칠십 평생 농사일만 해온 할아버지에게서 왜 그렇게 감동스런 얘기가 툭툭 나오는 건지도 이해할 수 있을 것 같았다.
>
> (이상수, 「아! 이게 생명이로구나」, 『한겨레 21』 : http://www.hani.co.kr/section－021076000/2001/12/021076000200112260390004.html)

한마디로 즐거운 노동을 통하여 얻은 경이의 세계다. 이런 사람이 부러운 것은 무엇보다도 그들의 신념 때문이다. 나처럼 이래도 좋고 저래도 좋다고 생각하면서 살아온 사람에게 일관되게 어떤 목적에 합치하는 삶을 살아온 사람은 부럽지 않을 수가 없다. 아마 죽음이 가까워지면 지금껏 살아온 과거를 되돌아보는 엄숙한 순간이 있을 텐데 이런 사람은 자기 신념대로 살았기 때문에 무엇보다 자기 자신에게 떳떳할 수 있다고 생각한다. 이런 자리에서 성공 여부는 전혀 중요하지 않을 것이다. 다른 것다 제쳐 두고 오직 얼마나 성실하게 자기 신념을 살았던가 하는 것이 평가의 기준이 될 것이다. 앞으로 맞이할 마지막의 엄숙한 시간을 그려볼수록 이들이 부러울 수밖에 없는 것이다. 더구나 신념을 실천하려고 하면서 겪은 어려움을 상상하면 존경스럽지 않을 수 없다.

둘째로 이들이 부러운 것은 열린 마음 때문이다. 신념을 가진 사람들은 대체로 굳어지기 쉽다. 자기만이 진리를 알고 있다고 우겨대는 사람들의 행태를 떠올리기 바란다. 심지어 어떤 사람들은 자기 신념이 옳다는 점을 굳게 믿는 나머지 그 신념에 동조하지 않는 사람을 위협하기까지 한다. 왜 이렇게 신념이 독단으로 변하는가? 무오류성을 맹신하는 나머지 반성하는 능력을 잃었거나 욕심을 버릴 수 없기 때문이다. 그런데 자연 친화적인 삶은 자기도 모르게 세상에 대해 마음을 열게 만드는 것 같다.

신념과 열린 마음이 조화를 이루기는 굉장히 어렵다. 그러니 이 어려운 일을 해내는 사람들이 부럽지 않을 수 있겠는가! 이 기사를 읽고서 우리를 곰곰이 들여다보는 시간이 되었으면 한다.

장영주의 바흐

세계적인 바이올리니스트 장영주(20)가 왜 바흐는 연주하지 않느냐는 질문에 다음과 같이 대답하고 있다.

> 누군가가 바흐의 「소나타와 파르티다」를 왜 리코딩하지 않느냐고 물어온 적이 있다. 여섯 살 때부터 바흐를 연습했고, 무대에서 「소나타와 파르티타」를 연주한 적은 있다. 그러나 리코딩은 좀더 신중해야 한다고 생각한다. 첼리스트 로스트로포비치는 바흐의 「무반주 첼로 조곡」을 예순이 넘어서길 기다려 리코딩했다. 그보다 훨씬 젊은 나로서는 좀더 기다려도 될 것 같다.
>
> (『한겨레』, 2001. 12. 20. http://www.hani.co.kr/section－009010000/2001/12/009010000200112192324001.html)

나는 바흐를 좋아하기만 했지 그의 음악에 대해서는 아무것도 모른다. 그래서 언제나 문외한이라는 점을 내세우기는 했지만 대가라고 해도 좋을 전문가들이 바흐에 대해 신중에 신중을 기하는 것을 보면 그 동안 내 입이 너무 가벼웠던 것이 아닌가 하는 자책이 드는 것은 어쩔 수 없는 일이다.

말을 하는 김에 바흐의 『무반주 첼로 조곡』 악보를 처음으로 발견한 첼로의 거장 파블로 카잘스의 얘기를 소개한다.

> 그날 아버지는 나에게 처음으로 풀사이즈의 첼로를 사주셨다. 그리고 우리는 부둣가의 오래된 악보 상점에 들렀다. 악보들을 여기저기 훑어보다가 우연히 낡고 색이 바랜 한 묶음의 악보를 발견했다. 아, 그것은 요한 세바스찬 바흐의 「무반주 첼로 모음곡」이었다. 나는 마치 왕관에 달린 보석들처럼 그 악보를 품고서 돌아와 방에 처박혔다. 그리고 몇 번이고 계

속 탐독했다. 그때 내 나이 열세 살이었지만 그후 80년 동안 그것을 처음 대했을 때의 놀라움은 항상 생생하게 마음속에 남아 있다. 나는 말로서는 다할 수 없는 흥분을 느끼며 이 곡을 연습하기 시작했다. 12년간 매일 밤 그 곡을 연구하고 연습했지만 그 중 한 곡이라도 무대에 올릴 수 있는 용기가 생기지 않았다. 결국 스물다섯 살이 되어서야 비로소 연주해도 되겠다는 용기를 갖게 되었다.

무려 200여 년간이나 먼지 속에 잠들어 있던 악보를 거리의 헌책방에서 발견한 것이다. 나머지 생애 동안에 카잘스는 매일 마치 정신적인 양식(food)인 것처럼 바흐를 연습했다고 한다. 이러한 카잘스의 연구와 노력이 덧붙여져서 이제 이 첼로 조곡은 첼로의 성서가 되었다. 카잘스는 이 곡을 발굴한 지 47년, 공개로 연주한 지 35년이 지난 1936년, 그의 나이 60세에 이르러서야 비로소 녹음을 했다.

나는 이런 대가들에 대한 얘기를 통해서 바흐의 위대함을 겨우 짐작이나 할 수 있을 뿐이다. 도대체 어떤 세계이길래 연주자로서는 최고의 경지에 있는 사람들이 마치 밥을 먹듯이 매일 연습하고 연주하면서도 몇 십년이 지나야 녹음을 하겠다는 생각을 하는 걸까?

물리적으로야 아마 같은 소리일 것이다. 그런데 그것이 사람에 따라 다르게 들리는 모양이다. 어디 음악만 그런가. 문학 작품도 마찬가질 것이다. 같이 세상에 태어나 어떤 사람은 그 깊은 경지를 이해하고 무언가 어울리는 말도 하는데 나는 뭘까 하는 안타까움을 지울 수 없다. 그저 열심히 듣고 읽고 할 수밖에 없다. 이해하고자 하는 노력도 하지 않은 채 무엇을 얻지 못한다고 불평하는 것이야말로 도둑의 심보일 것이다.

괴짜 심판

심판이, 축구 경기에서 너무 큰 차이로 지고 있는 편이 불쌍해 보여서 골을 넣었다. 먼저 기사를 읽어 보자.

> 영국의 「비비시방송」은 지난해 9월 잉글랜드 에섹스 지방에서 열린 아마추어팀인 윔폴 2000과 얼스 콜니간의 경기에서, 18-1로 지고 있던 윔폴 2000팀을 안타깝게 여긴 나머지 직접 발리슛을 날린 브라이언 새빌 심판이 지역 축구협회의 징계에 항의해 사임했다고 15일(한국시각) 보도했다.
>
> (http://www.hani.co.kr/section-006100000/2002/01/006100000200201151829003.html)

심판의 행동을 어떻게 생각하는가? 나에게는 운동이 뭔지를 근원적으로 생각하게 해 주는 아주 통쾌한 장면으로 비친다. 왜 그렇게 보이는지를 생각해 보았다.

우리 조상이 다시 살아 돌아와서 지금 벌어지는 일을 보게 되면 놀랄 일이 한두 가지가 아닐 것이다. 그런데 내 생각에 가장 놀랍게 보일 것 가운데 하나는 틀림없이 운동에 대한 현대인의 생각일 것이다. 아니, 멀리 갈 것도 없이 내가 어린 시절만 하더라도 스포츠만 전문으로 다루는 신문이 나올 수 있으리라고는 도대체 생각조차 할 수 없었다. 예를 들어, 『한겨레 신문』이 처음 나올 때만 해도 기자들이 스포츠 관계 기사를 어떻게 다룰 것인가에 대해 고민하고 그랬던 것을 기사에서 느낄 수 있었다. 이제 신문이나 방송이 스포츠를 다루지 않는다면 바로 망해 버릴 것이다. 이렇게 세상은 엄청나게 변했다.

과거에 운동은 문학과 흡사하게 즐거움을 통해서 신체를 단련하고 협동심을 기르기 위해서 하는 것이었다. 오늘날과 비교하면 굉장히 순수했다고 할 수 있다. 즐거움을 누리는 게 가장 중요한 요소였다. 그 즐거움을 통해서 당대의 사회가 필요로 하는 인간이 만들어졌다고 할 수 있다. 그러므로 건전한 육체에 건전한 정신이 깃든다는 말은 그럴 듯한 전언을 담고 있는 것이었다. 이른바 전인적인 차원에서 운동이 자연스럽게 이루어졌던 것이다.

그런데 이제는 어떤가? 한마디로 운동은 가장 유망한 돈벌이가 되었다. 유명한 선수들의 인기가 높은 것도 이 돈벌이와 깊은 관계가 있을 것이다. 이제 운동은 전인적인 인간을 형성하는 차원에서 행해지는 일이 아니라 돈을 버는 직업이 된 것이다. 그리고 운동을 하는 사람과 어떤 방식으로든지 돈을 내고 그것을 보면서 즐기는 사람이 따로 존재하게 되었다.

이런 세상에서 심판이 자기 기분에 따라서 행동하는 것은 엄청난 사건이 아닐 수 없다. 그런데 운동이 본래 그 운동을 하는 사람이 즐겁기 위하여 하는 것이라는 점을 염두에 두면 이 괴짜 심판의 행동도 얼마든지 호의적으로 평가할 수 있다고 생각한다. 심판도 그랬을 뿐 아니라 나도 덩달아서 신이 난다. 여러분의 생각은 어떤가?

파격을 보는 즐거움

즐거운 아침이다. 개인적으로야 일찍 일어나니 아침을 늘 즐겁게 맞이하는 편이지만 오늘(2005. 8. 27)은 좀 다르다. 다음과 같은 기사를 읽었기 때문이다. 여러분에게도 내 기분을 빨리 전염시키기 위해서 옮긴다.

> 서울 한성여중 고춘식(58) 교장. 그의 삶의 궤적은 여느 교장들과 사뭇 다르다. 그는 다음달 1일이면 교장 임기를 마치고 다시 교단에 선다. 다른 사립학교에서 평교사로 일하다, 공모를 통해 한성여중 교장으로 채용된 지 4년10개월 만이다. 교장을 정점으로 수직적인 위계질서 문화가 여전히 힘을 발휘하는 학교 풍토에서 거의 전례를 찾기 어려운 일이다.
>
> (중략) 그는 교장 재직 중에도 수업에서 손을 뗀 적이 없다. 일주일에 2시간에서 4시간까지 꾸준히 한문 수업을 해 왔다. 일회적인 특강이 아니라, 다른 교사와 똑같이 진도 나가고, 수행평가 · 시험문제 내고, 채점하는 일을 나눠 맡아 왔다. '수업하기 싫어서 교감, 교장 승진한다'는 말이 나올 정도의 학교 문화에서는 '파격'에 가깝다.
>
> (중략) 한성여중은 후임 교장을 임명하는 과정에서 또 하나의 값진 '실험'에 성공했다. 재단에서 그에게 후임 교장을 제청하라고 하여, 한 달 남짓 모든 교직원이 수차례 협의와 토론 과정을 거쳐 만장일치로 후임 교장과 교감을 결정했다. 교직원들은 교장 임기도 단임(4년)을 원칙으로 하기로 합의했다. 사실상 '교장 선출보직제'를 실현한 셈이다. 고 교장은 "교장을 임명하는 과정에서 구성원들이 민주 절차를 경험한 것은 매우 큰 의미가 있다"며 "교장 선출보직제는 돈 한 푼 들이지 않고 학교를 민주 체제로 바꿀 수 있는 탁월한 아이디어"라고 말했다.
>
> (http://www.hani.co.kr/kisa/section－013001000/2005/08/013001000200508261930789.html)

우리나라에서 교장이 어떤지는 잘 알고 있을 것이다. 한마디로 고이면 썩게 마련이다. 이런 문제를 풀기 위해서는 자꾸 물을 갈아 줘야 한다(사실은 어느 분야에서든지 통하는 얘기다). 교장을 하다가 다시 평교사로 돌아가는 것이야말로 이러한 물 갈기의, 우리 사회의 감각으로서는 좀처럼 하기 어려운 구체적인 실천이다. 그러니 이런 얘기를 듣는 사람의 마음이 즐겁고 기쁘고 놀라지 않으면 이상하다!

높은 자리에 오래 있으면 밑에서 일하는 사람의 처지를 이해할 수 없게 된다. 자신이 오래 전에 거쳤으면서도 그렇게 된다. 실감을 주기 위해서 조금 에돌아 군대 시절에 겪은 얘기를 좀 하자. 무슨 무용담은 절대 아니니 군대 문화에 대해서 질색하는 분은 안심하기 바란다.

나는 해병대에서 졸병으로 근무했다. 석사 과정을 마치고 갔으니 나이가 들기도 했거니와 해병대 체질이 아니어서 처음에는 마음고생이 심했다. 특히 태권도 유단자가 되어야 한다면서 연습을 하는 것은 견디기 어려웠다. 발도 잘 올라가지 않고 순서에 따라서 동작을 취하는 것은 영 외워지지 않았다. 이 난경을 어떻게 벗어나나 하는 것이 당시의 내 가장 중요한 과제였다. 고무보트를 저어서 육지에 상륙하는 훈련은 이에 비하면 아무것도 아니었다. 특별한 기술이 필요한 것이 아니어서 그냥 견디기만 하면 되기 때문이다. 그런데 운이 좋은 건지 아무튼 사단의 비서실에 근무하게 되었다. 우연하게 이루어진, 당시의 느낌으로는 그야말로 경사가 아닐 수 없었다. 훈련도 하지 않고 소대 생활도 하지 않게 되니 갑자기 신세가 바뀌어 편하게 되었다. 상사들이 퇴근하면 책도 보게 되었으니 졸병으로서는 아주 큰 호사를 누린 셈이다. 물론 술을 먹으면 이유 없이, 그리고 시간을 끌어가며 끈질기게 괴롭히는 고참 – 나는 이때 이런 인간도 있을 수 있구나 하는 깨달음을 얻었다 – 이 하나 있어 떨기도 했지만 군대에서 그 정도야 몸으로 때우면 되는 일이었다. 참 무서운 말이지만, 사람은 이렇게 환경에 적응하여 그럭저럭 살아가게 마련이다.

물론 군대니까 마냥 편한 것은 아니었다. 그 가운데서 생각나는 것은 한국과 미국의 해병대가 연합하여 상륙 훈련을 하는 즈음의 일이다. 여러분도 이 훈련을 텔레비전으로 본 일이 있을지 모르겠다. 이 행사에는 대통령도 온다. 아주 중요한 의미가 있는 훈련인 모양이다. 이해를 돕기 위해, 군대에서 별이라는 계급은 과장 하나 하지 않고 하늘의 별처럼 높다는 점을 미리 강조해 둬야겠다. 졸병으로서는 가까이서 볼 기회가 거의 없는데 혹시 기회가 되어 앞에 서게 되면 떨려서 감히 마주할 수가 없을 정도라고 알면 된다. 별도 이런데 대통령이야 말해 뭣하겠는가! 따라서 사단 비서실에서는 의전 문제를 비롯하여 여러 가지로 신경을 곤두세워야 한다. 졸병들은 며칠 동안 잠을 제대로 잘 수가 없다. 훈련 하루 정도를 앞두고서는 해병대의 높은 사람들은 거의 다 비서실로 모여든다. 당연하게 심부름은 우리 차지다. 우리라고 해 봐야 비서실 졸병 넷, 민간인 여성 군무원 하나다. 차도 내야 하고 여기저기 연락도 하고 글씨도 보기 좋게 써야 한다.

여기까지 읽으면 뭐가 힘든가 할 것이다. 할 얘기가 조금 더 남았으므로 아직 단정하기는 이르다. 군대에서 밥은 아무 때나 먹는 것이 아니다. 정해진 시간이 있어서 그 때가 지나면 굶어야 한다. 그런데 위에서 말한 심부름을 하다 보면 그 중요한 끼니를 거르게 된다. 특히 저녁에 그렇다. 그런데 높은 분들은 식당에서 맛있는 음식을 우리 비서실에서 시켜 먹는다. 정말이지 아무도 우리에게 먹자는 말을 하지 않았다. 당연하다고 생각 못할 것도 없다. 먹은 줄로 알고 그랬을 것이다. 높은 분이 졸병의 사정을 어찌 알겠는가! 나는 이때부터 이른바 잘나가는 사람들에 대한 불신감을 키워 온 것 같다. 이것으로 하루가 끝나는 것은 아니다. 커피를 가져오라고 한다. 군무원은 퇴근하고 없다. 뭐, 군무원이 있을 때도 커피 심부름이야 했으니 이상할 것은 없으나 문제는 물이다. 군대에서는 수도물도 시간이 지나면 끊어지고 만다. 늘 미리 준비해 놓기는 하지만 커피를 요구하는 사람이 많을 때는 잔을 씻을 깨끗한 물도 남지 않게 된다. 군대에서 못하겠다는 소리는 금기어다. 커피를 대령해야 하는데 어떻게 했을지는 여러분의 상상에 맡기는 것이 좋겠다. 비인간적인 상황에 놓이면 당하는 쪽에 있는 이들도 어쩔 수 없이 그런 행동을 하게 된다는 점만 암

시해 두기로 한다. 아니, 잔을 씻은 물로 커피를 탔다고 해서 그리 욕먹을 짓을 한 것은 아닐 테니 아예 얘기해 버리는 것이 좋겠다.

아직도 다 끝나지 않았다. 두 끼 정도 먹지 못한 배고픔이야 참으면 되며 커피는 내가 마시지 않는 것이니 그냥 넘긴다 치고 정말 심각한 것은 잠을 못 자는 것이다. 앞에서 얘기한 바와 같이 그 하늘같이 높은 별이 뭐를 쓰라고 시키는데도 과장 하나도 안 보태고 한 획을 다 마치지 못한 채로 꾸뻑꾸뻑 졸게 된다. 잠을 못 자게 하는 것이 무서운 고문이라는 점을 직접 겪어 보지 못했지만 미뤄 충분히 짐작할 수 있었다. 그래서 나는 이 고문을 이겨낸 김근태를 존경의 눈으로 보지 않을 수 없다. 마침 리영희가 이에 대해 말한 것이 있어 여기 옮긴다. 언제가 수업 시간에 거의 똑같은 이야기를 한 적이 있어 전폭적인 공감을 가지고 읽은 것이다.

> 나는 나보다 몇 십 배 혹독한 고문을 당하면서 몇 번이고 까무러치는 상태에서, 고문한 그 조사관들의 얼굴과 이름을 다 기억하고, 그 날짜와 시간까지 대충 재생해서 훗날 그들에 대한 법적 징계를 가능케 했던, 서울대 학생 김근태의 초인간적 능력에 오직 감탄할 뿐이에요. 그 고문을 당해본 사람만이 알지만, 생명이 들고 나고 하는 극한 상황에서 김근태같이 적의 정체를 머릿속에 담아두고 있을 수 있었다는 것은 초인간적이라.
>
> (리영희, 임헌영(대담), 『대화』, 한길사, 2005, 476쪽)

잠 며칠 못 잔 것을 두고 이러니 혹독한 고문을 당한 김근태와 비교하면 엄살도 이만저만이 아니다.

나와 처지가 다른 사람을 이해하는 일이 매우 중요하다는 점을 얘기하기 위해서 말을 꺼낸 것인데 좀 엉뚱한 곳에 이르고 말았다. 아무튼 모든 분야가 민주화되어서 눈 높이를 맞추는 일이 쉽게 이루어졌으면 하는 마음이 간절해서 이리 된 것이라고 넓은 마음으로 이해하여 주었으면 좋겠다. 내 열없음을 눙칠 겸하여 구호 두 개 외쳐 볼까 한다. "교장 선출보직제 당장 실시하라!" "졸병의 눈으로 세상을 보자!"

바둑 기사 이창호의 인간적인 깊이

인터넷에서 다음과 같은 기사를 봤다. 읽으면서 이창호라는 인간의, 속이 좁은 나로서는 상상하기조차 어려운 깊이에 머리가 저절로 숙여졌다. 여러 말 말고 기사를 소개하는 게 좋겠다.

> 9월 11일, 중국 후난성(湖南省) 샹시(湘西) 봉황현(鳳凰縣)에 있는 남방장성(南方長城)에서 벌어진 2005 남방장성 특별대국에서 세계 1인자 이창호 9단이 중국의 창하오 9단과 369수까지 가는 접전끝에 4패빅으로 무승부를 이루었다. 하지만 이 대국에는 승부보다는 깨끗한 매너를 중시한 이9단의 깊은 의도가 숨어있었다.
>
> 각자 제한시간 50분 타임아웃제로 벌어진 이날 대국은 초반 이9단의 압도적인 우세가 종반 무렵까지 이어 지던 가운데 하변과 우중앙에서 4개의 패가 나와 두 사람은 순환적인 패싸움을 벌였다. 이때 이9단이 옆에 있던 동생 이영호씨에게 무승부 의사를 밝히자 입회를 맡은 왕루난 중국기원 원장이 계속 진행하면 이9단이 승리를 하니 계속 두려면 두어도 괜찮다고 말했다. 이어 2~3차례의 순환패를 때리다가 결국 두 대국자는 4개의 순환패가 생겼으니 무승부로 판정하기를 합의했으며, 왕원장은 무승부를 선언하였다.
>
> 하지만 수많은 한국과 중국 네티즌들은 이9단이 유리하던 바둑을 일부러 사이좋게(?) 비기도록 만든 것이 아니냐는 의구심을 제기했다. (중략) 이때 함께 현장에서 동행했던 중국 기자들은 "창9단이 얻은 것보다 잃는 것이 더 많은 대국이었다."라고 평했다.
>
> 이와 관련해서 이9단은 "중반까지는 반면으로 내가 약 10집 가량 앞서고 있었던 것 같다. 하지만 종반에 접어들어 시간에 쫓겨 계가가 잘 되지 않았다."라고 말했다. 하지만 세계 최강 이9단이 계가가 잘 되지 않았다는 말에 설득력이 약하여 재차 왜 계가가 되지 않았냐고 묻고 나서야 이9단이 무승부 의사를 밝힌 원인을 알 수 있었다.

사건의 전말은 이랬다. 종반에 접어들었을 무렵 수순이 이미 361수를 넘어가면서 서로의 바둑 돌이 모자라게 되자 상대가 따낸 자신의 사석을 마음대로 집어와서 대국을 이어갔다. 중국룰은 사석이 승부를 판정하는 데 필요없기 때문. 그래서 사석과 집의 수로 형세를 판단하는 데 익숙한 이9단은 시간에 쫓기는 상황에서 일일이 사석의 수를 모두 파악해가며 정확하게 계가를 하기가 쉽지 않았다는 것. 이9단은 "물론 순환패를 해소할 수도 있으나 당시는 종반에 많이 당해서 정확하게 내가 앞서고 있는지 어떤지 몰랐다. 만약 순환패를 해소한 뒤 내가 져 버린다면 그것도 우스운 것 아닌가?"라며 절대 고의적으로(?) 무승부를 만든 것이 아님을 강조했다.

또 하나. 물론 이9단은 이 대국을 이기려고 작심을 한다면 이길 수 있었다. 당시 상황은 이9단이 제한시간 5분을 남겨두고 있는 상태이며, 창9단은 1~2분 가량을 남겨두고 있는 상태. 이 대국은 50분 타임아웃제 제한시간 50분을 모두 소비하게 되면 형세의 좋고 나쁨을 떠나서 시간을 초과하는 사람이 지게 된다. 결국 순환패를 서로 계속해서 따낸다면 결국 창9단은 남은 1~2분을 넘기게 될 것이고 이9단은 2~3분이 남게 되는 것. 이에 기자가 "이런 상황이면 계속 순환패를 진행하면 자동으로 창9단이 시간패가 되는 것 아닌가? 알고 있었는가?"라고 질문을 던지자 이9단은 "알고 있었다. 하지만 그렇게 이기면 좀…이상하지 않는가?"라고 오히려 반문. 그리고 이9단은 "만약 이 대국이 국가 대항전 등 아주 중요한 대국이라면 그렇게라도 이겼을지도 모른다. 하지만 친선 대국이라…"라고 덧붙였다.

(http://www.baduk.or.kr/news/homenews_view.asp?gul_no=507249&gdiv=1&frpg=MN)

흔히 재승박덕(才勝薄德)이라거나 재승덕(才勝德)이라고 한다. 다 알다시피 '재주가 있으나 덕이 거기에 따르지 못한다'는 뜻이다. 나는 이 말이 그리 옳다고는 생각지 않는다. 재주 없는 사람이 시기심에서 하는 말일 가능성이 높다고 생각하기 때문이다. 특히 우리 사회는 튀는 사람에 대한 관용이 아주 많이 모자라기 때문에, 이런 유의 말을 들을 때는 실력이 있는 사람을 따돌리기 위해서 하는 얘기가 아닌지 차분히 따져 보는 것이 좋다. 사실 박덕이라고 할 수 있는 경지에 있지 않고서는 참으로 창조적인 재능을 마음껏 발휘하지 못하는 것인지도 모른다. 남과 다르자면 상식의 차원을 초월해야 되는 것이기 때문이다. 그렇다면, 이상한 논리가 되어 버렸지만, 재능과 덕은 함께가는 것이 아닌지 모른다. 그러므로 어떤 사람이 그 둘을 다 겸비하고 있다면 거인이라 하지 않을 수 없다. 내게는 이창호가 그런 사람으로 보인다.

바둑을 모르는 사람도 아마 이창호라는 이름은 들어 봤을 것이다. 말할 것도 없이 바둑에서는 세계 최고수이기 때문이다. 그런데 그는 인간의 깊이에서도 보통의 경지를 훌쩍 뛰어넘는 것 같다. 이번 시합에서 이긴 사람에게 3만달러를 주기로 했다는데 이창호 같은 사람에게 그 정도의 액수는 아무것도 아닐지 모른다. 그런 경우에 있어 보지 못해서 자신할 수 있는 일은 아니로되 짐작이 아주 불가능하지는 않을 것 같다. 이창호 같은 처지가 되면 돈보다도 이기는 것이 훨씬 더 중요할지 모른다. 명예심이나 좀더 적나라하게 호승심의 차원에서 봐도 그럴 것 같다. 그런데 그는 "그렇게 이기면 좀…이상하지 않은가?"라고 반문했단다.

어떻게 하면 저런 넓은 마음이 몸에 밴 것처럼 자연스럽게 나올 수 있는가? 이창호 같은 이에게 싸움은 궁극적으로 자신과 하는 것인지도 모른다. 상대방은 아예 보이지 않는 것인지도 모른다. 감히 이런 사람과 비교하는 것은 도대체 말이 안 되지만, 사소한 것에 매달려서 일희일비하는 나는 얼마나 작고 불쌍한가! 저 드높아 가는 가을 하늘처럼 넓어지자고 다짐해 본다. 가을 하늘처럼 맑으면 내 안의 탐욕이 조금은 드러날지도 모른다. 그렇다고 해도 그 욕심을 물리치기는 또 얼마나 어려운가. 좁은 나를 생각하면 슬프지만 재주와 덕을 두루 갖춘 사람을 보는 기쁨이 그 슬픔을 누른다.

02부 : 젊음, 열정

상처 입을 수 있는 권리 / 젊음에게 / 태어나려는 자는 하나의 세계를 깨뜨려야 한다 / 궁둥이가 글을 쓴다! / 대학에 대하여 / 해 보지도 않고 어떻게 알아? / 가슴을 뛰게 하는 일 / 청춘에 대하여 / 모험가 / 잘 알지 못하더라도 써 보자 / 즐겁게 춤을 추다가

상처 입을 수 있는 권리

> 젊은 날의 좌절과 방황은 사실 지나고 보면 찬란한 것이다. 아픔 없는 성숙은 성숙이 아니며, 그들이 살아 있는 생명인 한 아프지 않을 수 없다. 살아 있다는 것은 상처 입을 수 있다는 것이며 상처는 살아 있는 자만이 누릴 수 있는 일종의 생명 현상이다. 더구나 어른들보다 훨씬 순수하고 활기 있는 감수성을 갖고 있는 젊은이들이 그들의 독립적인 생의 기간 동안, 그들의 열렬한 호기심과 욕망을 이러저러한 체험을 통해 충족시키지 말라는 법은 없다.
>
> (정현종, 「젊은 날의 사랑 연습」, 『날자, 우울한 영혼이여』, 민음사, 1975, 134쪽)

벌써 가을이다. 지난 여름의 막바지는 정말이지 너무 가혹한 시간이었다. 거듭 닥친 태풍은 말할 필요도 없거니와 그 피해의 정도를 생각하면 도대체 상대가 되지 않아 같이 말하기가 어색하기는 하지만 아폴로 눈병 때문에도 고생을 많이 했던 것이다. 병이 널리 퍼져서 학교가 쉬는 일도 생겼으니 말이다. 그런데 재미있는 것은 눈병에 걸린 학생이 일부러 옮기기도 하고, 심지어 스스로 그 병에 걸리는 일을 마다하지 않았던 학생도 있었다는 점이다. 눈병 걸린 사람을 멀리서 보는 일도 피하고만 싶었던 소심한 어른과는 달리 우리 어린 학생들은 장난삼아 즐거이(?) 병을 앓기도 한 것이다. 자신의 몸을 돌보지 않는 이들의 가벼운 행동에 놀라면서도 한편으로는 상처를 입겠다는 적극적인 태도가 그지없이 통쾌하기도 했다. 그렇다. 젊은이는 뭔가 어른과는 달라야 하는 것이다!

매일 학교에 가는 일이 지겨워서 일부러 앓기도 했을 것이다. 그래도 우리는 그들을 가볍다고만 볼 것은 아니다. 상처를 통하여 학교가 달라져야 한다는 점을 알리고자 했던 것이라고 받아들이기도 해야 한다. 얼마나 못 견뎠으면 그랬을 것인가! 아울러 상처를 입을 수 있는 것은 젊은이에게만 주어진 특권이라고 너그럽게 이해해야 마땅하다.

살아 있는 것치고 아픔이 없이 잘 자라는 것은 아무것도 없다. 태풍의 피해가 말할 수 없이 크기는 했지만 그것을 견딘 나무는 이제 웬만한 바람에는 꺾이거나 쓰러지지 않을 것이다. 사람도 마찬가지다. 그런데 나이가 들수록 상처가 두려워질 뿐만 아니라 어쩌다가 한번 상처가 나면 잘 낫지도 않는다. 몸의 상처도 마음의 아픔도 다 그렇다. 좀 좋게 말하면 안정된 삶을 영위해서, 부정적으로 보면 자신의 건강만을 생각하는 폭 좁은 사람이 됐기 때문이라고 할 수 있다. 어떤 때는 그런 모습이 몹시 서글프다. 이것저것 재지 않고 맹목적인 열정에 뛰어들고 싶은 것이다. 그런데 어른이 그러면 대부분의 경우 다른 사람 – 이를테면 가족이나 가까운 사람에게 큰 피해를 입히고 그 자신도 웃음을 사기 쉽다.

그런 점에서 다시 강조하건대 상처를 받는 것은 젊은이가 누릴 수 있는 복된 권리다. 그러니 우리 젊은이들은 모험이 가져올지도 모르는 실패를 미리 두려워하지 말자. 무모하다싶게 달려들어 보자. 이런 시도가 결코 괜한 낭비만은 아니고 앞으로 할 일을 탐색하는 과정이라고 여기자. 상처를 입어 아프면 어떤가. 젊음의 힘으로 곧 나을 텐데, 그리고 우리를 더 굳세게 만들어 줄 텐데! 젊은이에겐 실수할 수 있는 권리가 있다. 그래서 시인은 젊음을 찬란하다고 한 것일 게다.

젊음에게

대학은 모든 면에서 젊음의 광장이다. 중고등학교도 그렇다고 할지 모르나 대학과 비교하면 아니다. 한마디로 자유가 없다. 이 자유를 동반하지 않으면 젊음이라 하기는 어렵다. 젊음의 본질은 나이가 아니라 자유에 있기 때문이다.

대학은 학문을 하는 곳이다. 따라서 상식이나 편견, 권위에 얽매이지 않고 비판적으로 따지는 일이 무엇보다 필요하다. 대학이 사회에서 가장 자유로운 곳인 이유는 학문 활동에 이 자유가 필수적으로 요구되기 때문이다. 그러므로 대학은 본질적으로 젊을 수밖에 없다.

그래도 대학이 젊음의 공간인 것은 젊은이가 있기 때문이라고 해야 한다. 젊은이들을 만날 수 없다면 대학이 갖고 있는 젊음은 어딘지 공허할 수밖에 없다. 특히 신입생이 없다면 더욱 그럴 것이다.

젊은이에게 들려주고 싶은 구절을 만났다. 젊은이들은 시간이 많이 흘러서야 과연 그랬었구나 하고 후회하는 마음으로 무릎을 치게 되는 그런 것일 수도 있겠다.

> 계집애는 제가 가진 것을 모른다. 제가 지금 얼마나 젊고 싱싱한지, 젊다는 것만으로도 얼마나 달콤하고 경쾌하고 신선한 향기를 뿜는 것인지 모른다. 그것이 어떤 고급향수에 비할까.
>
> (천운영, 「명랑」, 『창작과 비평』, 2003년 봄, 220쪽.)

여기서는 소설의 맥락과 관계없이 '계집애'를 '젊은이' 또는 '대학생'으로 바꾸어 읽자. 사실 젊음은 그 자체로 찬란하고 아름답다. 이런데도 학년이 올라갈수록 화장을 하는 학생이 조금씩 늘어나는 것은, 지나간 젊음을 돌아보아야 하는 처지에 있는 내게는 안타까운 일이다. 젊은이에게 화장은 아름다움을 훼손하는 일이다. 나이가 들어 늘어나는 주름살을 감추고 거칠어지는 피부를 어떻게 할 수 없어서 화장을 하는 것이다. 부디 젊은이들은 화장을 해서 자연스럽게 우러나는 아름다움을 일부러 감추지 말 일이다. 막 세상에 나온 새싹에 인공물감으로 덧칠을 해 놓은 꼴을 떠올리면 그 끔찍스러움이 실감될 것이다.

화장은 내면을 넓고 깊게 하는 데 관심을 쏟아야 할 대학생에게는 특히 어울리지 않는다. 외면과 내면이 따로 노는 것이 아니므로 어느 한쪽을 차별하는 게 부당하지만 이렇게 따지는 것도 내면을 정성스럽게 가꾸고 난 다음에 나와야 그럴듯해진다. 대학에 걸맞은 고뇌와 밤을 새워도 모자란 독서의 열정을 결여한 외면 가꾸기가 무슨 의미가 있겠는가! 외면이 일방적으로 중시되고 상품화까지 진행되는 요즘에 추세에 거스르는 뜻에서라도 화장에 대해서 다시 생각해 볼 필요가 있다.

앞에서 학문과 자유의 연관성을 얘기했는데 내면의 성장이야말로 참다운 자유의 행사다. 자유는 필연성에 대한 인식이다. 날자고 해서 높은 데서 뛰어내리면 죽거나 크게 다친다. 중력의 법칙을 모른 탓이다. 그러므로 자유를 누리자면 세상을 잘 알아야 한다. 독서가 그 가장 좋은 방법이라는 점을 굳이 말할 필요가 있을까?

젊은이들 곁에 있음으로써 나도 덩달아 그렇게 될 것을 생각하면 즐겁다. 부디 대학 시절이 '우리 기쁜 젊은 날'이 되기를!

태어나려는 자는 하나의 세계를 깨뜨려야 한다

3월이다. 새로 시작하는 시간이다. 그래서 오랜만에 헤르만 헤세의 『데미안』(1919)을 펴 본다. 널리 알려진 소설이어서 자세한 소개는 필요하지 않을 것이다. 이 작품의 주제가 '자기 자신에게로 가는 것'이라는 점만을 확인해 두기로 하자.

『데미안』에서 말하는 자기 세계란 무엇일까? 이 작품에서 세계는 두 개로 나누어진다. 밝고 올바른 곳과 이와는 반대로 어둡고 금지된 세계이다. 주인공 싱클레어는 가정으로 대표되는 밝은 세계에서 탈출하여 어두운 세계로 진입한다. 물론 주인공에게 어둠 자체가 추구하는 목표는 아니다. 두 세계를 아우르는 전체성이 이상을 이룬다. 이 소설의 제목이기도 한 데미안이야말로 그런 이상을 구현하는 인물이다.

이 전체성은 보편성의 다른 이름이기도 하다. 쉽게 말하면 양극단을 통합한 자아는 보통의 인간과 전혀 다른 존재가 아니라 같은 성질을 공유하는 개성이어야 한다는 말이다. 요컨대 보편성의 개성이라고 부를 수 있겠다. 참고로, 성장소설의 일반적인 도식인, 탕아의 가출에 이은 귀향이 가능한 것도 이 보편성 때문이다. 탕아는 집이라는 울타리를 벗어나 많은 일을 겪음으로써 성숙한 개인이 되었기 때문에 사회가 그를 따뜻하게 맞이할 수 있는 것이다.

그런데 이 보편성의 세계는 고여 있어서는 안 된다. 주인공이 한때 스승으로 여겼던 피스토리우스에게 환멸 비슷한 감정을 가지게 된 것은 그의 안주 때문이었다. 늘 새로움을 추구하는 패기를 갖지 못한 것이다.

> 새는 알에서 나오려고 투쟁한다. 알은 세계이다. 태어나려는 자는 하나의 세계를 깨뜨려야 한다. 새는 신에게로 날아간다.
>
> (헤르만 헤세, 전영애 옮김, 『데미안』, 민음사, 2000, 123쪽)

진정한 자아는 자기를 스스로 깨뜨리는 고통을 겪음으로써 거듭나지 않으면 안 된다. 그런데 이런 일을 제대로 하기 위해서는 "용기와 스스로에 대한 존경을 간직하는 법"을 익히는 것이 절대적으로 필요하다. 이런 덕목이 없으면 보편성을 추구하는 노력, 구체적으로 얘기하면 비슷한 처지에 있는 사람끼리의 연대나 공동체를 이루는 일은 실패하고 만다. 참다운 의미의 주체적인 개인이 존재하지 않으면 불합리한 패거리주의나 만들어 낼 뿐이다. 우리 사회에서 귀중하게 여기는 가치가 다양하게 공존하지 못하고 서열화되는 것도 주체적인 개인들이 드물어서 나타나는 현상이다. 공부를 잘하면 적성이나 능력, 소신을 고려하지 않은 채 다 법과나 의대로 가는 것을 당연하게 여긴다. 본인이 안 그러면 주위에서 강제로 그렇게 하라고 한다. 천박한 유행을 따르고 외면에 지나치게 집착하는 일도 깊은 내면을 갖추지 못한 것과 깊은 관계가 있다. 또 자기 자신에 대한 존경심이 있다면 함부로 굴 수 없다는 점도 얘기해 두고 싶다. 예를 들어, 자신을 소중하게 여긴다면 불법이나 부정을 저지를 수는 없을 것이다.

『데미안』은 자기 세계를 만드는 일이 무엇보다 소중하다는 점을 역설하고, 또 주체적인 개인의 부재로 말미암아 나타나는 우리 사회의 문제점을 돌아보는 데 참고가 된다는 점에서 다시 꼼꼼하게 읽을 만한 가치가 있다. 특히 인생의 새로운 단계를 맞이한 새내기들에게 권하고 싶다.

궁둥이가 글을 쓴다!

책을 보다가 소개하면 좋겠다 싶은 대목을 만나서 옮긴다. 영원히 젊은 이일 것만 같은데 어느덧 회갑을 맞은 소설가 황석영과 평론가 최원식의 대담 가운데서 나오는 말이다.

> 황석영 : 농담 삼아서 글은 100이면 궁둥이가 60을 쓰고, 40 남은 데서 20은 손이 쓰고, 그리고 남은 20 가운데서 10이 우연이요 나머지 10이 재능이라고 하거든요. 일단 앉아서 작업하는 것이 굉장히 중요하죠. 전에는 안 써지면 예술가연하고 돌아다니면서 충전하려고 애를 썼는데, 이제는 일하는 사람이니까 안 풀려도 일단 앉아서 시작을 해요.
>
> 최원식 : 그렇죠. 일단 앉아서 쓰면 생각이 나잖아요. '글쓰는 행위의 발견적 성격'이랄까요, 쓰다 보면 전혀 예상하지 않았던 것이 나와요.
>
> 황석영 : 맞아요, 참 좋은 말입니다.
>
> 최원식 : 그러니까 책상에 붙어 있다는 것이 굉장히 중요한 것 같다. 글쓰는 사람들은 하여튼 책상이 고향이고 한번 고향을 떠나면 못 돌아오기 십상인데 황선생님은 돌아오셨으니(웃음) 정말 대단하신 거죠. 토마스 만이 그랬다데요. 아침에 책가방 들고 자기 집 서재로 출근했다 퇴근하고.
>
> (최원식, 황석영 대담, 「황석영의 삶과 문학」, 최원식, 임홍배 엮음, 『황석영 문학의 세계』, 창비, 2003, 17쪽)

역시 일류의 소설가와 평론가가 하는 얘기라 귀담아들을 것이 가득하다. 지속적인 되풀이가 중요하다는 점은 평범하지만 깊이 새겨 둘 만하다. 모든 일에서 되풀이는 잘하기 위한 필수적인 사항이다. 젖먹이가 자기 몸을 잘 놀릴 수 있기까지 넘어지고 쓰러지는 그 수많은 반복 과정을 생각해 보기 바란다. 이렇게 열심히 하다 보면 자신도 모르는 어느 순간에 잘하게 되고 그걸 의식하면 그렇게 기분이 좋을 수가 없다. 결국 자발적인 되풀이는 즐거움을 느끼게 한다. 노래의 리듬을 생각해 보라. 규칙적으로 반복되면 외우기도 쉽고 저절로 흥이 나는 것이다. 그러므로 진득하니 책상에 붙어 있으면 틀림없이 뭔가가 이루어진다고 믿을 일이다.

또 자꾸 글을 쓰다보면 참 신기하게도 평소에 하지 못한 생각이 나오게 되는 현상을 겪게도 된다. 사실 글은 이미 가지고 있던 생각만으로는 짓는 것이 아니다. 글 쓰는 일은 발견의 과정인 것이다. 글감을 놓고 따지면 따질수록 평소에는 하지 못하던 생각이 신기하게도 떠오르게 된다. 좀 과장하면 글이 나에게 글을 쓰도록 만들었다고 해야 되는 경우도 생긴다. 사실 사람들이 말하는 영감도 아마 이와 비슷한 할 것이다. 얼른 보기에는 뜻하지 않게 얻은 것처럼 보이는 행복한 표현이 그냥 나오는 것은 아니고 평소에 많이 생각한 결과일 뿐이다. 그러므로 뿌린 대로 거둔다고 해야 옳다. 아무튼 글쓰기에는 즐거운 노동이라고 불러 마땅한 측면이 분명히 존재한다.

지금까지 말한 '글쓰기'를 '공부'로 바꾸어도 큰 문제는 없을 것이다. 공부가 귀찮기도 하지만 참고 지속적으로 되풀이하다 보면 자기도 모르게 즐거운 노동이 되는 순간이 틀림없이 온다. 모르던 것을 아는 것만큼 보람된 일도 그렇게 많지 않다. 특히 학생에게는 그렇다. 자, 궁둥이가 배겨서 아플 때까지 책상에 앉아 보자. 진득하니 책상에 붙어 있으면 틀림없이 뭔가가 이루어진다고 믿고 실천해 볼 일이다.

대학에 대하여

대학은 어떤 곳인가? 그럴듯한 대답이 있어 소개한다.

> 질과 양에서 달리 능가할 바가 없는 대학이라는 제도 속에서 배우는 방법을 배우는 것은 바로 재학 중이거나 대학을 졸업해서 생활하는 데 필요한 '자습 장치', 즉 스스로 배우는 지적 환경을 만들어 내는 것입니다. 배운다는 것은 자신의 물음에 자신이 답하는 것입니다. 고등학교 때까지 배운다는 행위는, 이와 대비적으로 표현해 보면, 다른 사람이 세운 물음과 그에 대한 다른 사람의 모범 답안을 아는 것입니다. 그것이 때로는 재미있게 그러면서도 종종 따분하게 생각되는 이유는 대개 그 물음이 여러분들의 것이 아니어서 마음에 와 닿지 않기 때문입니다. 인수분해도 수학의 역사 속에서는 어떤 사람이 세운 물음이며, 어떤 사람이 풀어낸 대답입니다. 그들은 그 물음과 해법에 흥분했었을 것입니다!
>
> 자신이 물음을 세우고 스스로 해법을 구한다는 것은 어려운 일입니다.
>
> (후나비키 다케오, 「대학에서 배운다는 것」, 고바야시 야스오, 후나비키 다케오, 이근우 옮김, 『지(知)의 현장』, 경당, 2000, 297쪽)

대학은 '자기' 생각을 갖도록 연습하는 곳이다. 교수는 답을 주는 것이 아니라 학생들이 자기 생각을 가질 수 있도록 도와주는 사람이라고 하는 것이 좋겠다. 그러므로 중요한 것은 학생 스스로가 얼마나 열심히 책을 읽고 생각하며 쓰느냐 하는 것이다. 안내를 잘 받기 위하여 질문을 많이 하는 것도 여기에 포함시켜야 하겠다. 그런데 '내' 생각을 갖고 제대로 된 질문을 하자면 상식이나 편견, 권위에 얽매이지 않고 비판적으로 따지는 능력이 필요하다. 사회가 적극적으로 학문 활동의 자유를 인정해 주어야 한다는 점은 굳이 얘기할 필요도 없을 것이다.

요컨대 대학은 학생들이 스스로 알아서 열심히 하는 데다. 이런 과정에서 '나'라는 좁고 주관적인 영역을 넘어서서 다른 '나'와 공유할 수 있는 보편적인 개성을 형성할 수 있게 된다. 이렇게 내면이 넓은 인간은 주체적인 존재이기 때문에 일시적인 유행에 휩쓸리거나 외면을 가꾸는 데 골몰하지 않게 된다. 바로 이게 대학과 학문이 지향하는 바다.

물론 쉽지 않다. 여러 가지 비합리적인 관습과 권위가 자유롭고 비판적인 생각을 가로막는 우리 사회에서는 더욱 그렇다. 고등학교 시절까지 스스로 생각하고 묻고 대답하는 습관을 기르지 못했기 때문에 사정은 더욱 나빠진다. 그렇지만 어렵기 때문에 할 만한 가치가 있다고 생각할 일이다.

위에 인용한 문장 가운데서 "그들은 그 물음과 해법에 흥분했었을 것이다!"라는 부분을 다시 읽어 보자. 느낌표가 생생하게 다가오지 않는가! 질문하고 그 대답을 스스로 알아낸 사람들의 흥분과 설렘과 기쁨이 전해져 오는 것만 같다. 누가 시키거나, 혹은 남이 하니까 억지로 하는 것이 아니라 하고 싶어서 하는 공부에는 이런 요소가 분명히 있다. 놀이를 생각해 보면 이 점을 알 수 있다. 놀이는 그 자체로 즐거워서 하는 것이다. 공부도 제대로 하면 놀이처럼 즐거울 때가 있다. 하고 싶은 공부를 즐겁게 하는 곳, 이게 대학의 이상이다. 현실과의 거리가 얼마나 되는지는 대학의 구성원들이 잘 알 것이다.

해 보지도 않고 어떻게 알아?

학기가 시작되었다. 대학은 늘 젊고 또 그래야 하지만 신입생이 있어 그런 느낌을 강화해 준다. 그러므로 이들의 입학을 축하하지 않을 수 없다. 오늘은 특히, 처음으로 우리 학교의 구성원이 된 새내기들의 새로운 출발에 걸맞을 말을 골라 보았다.

한비야라는 사람이 있다. 아마 다 알 것이다. 난민 구호 활동가인데 먼저 오지 여행가로 이름을 얻었다. 아버지가 일찍 돌아가는 바람에 고등학교 졸업 후에는 몇 년 동안 스스로 돈을 벌어 대학에 들어가고 유학까지 갔다왔다. 여느 사람이라면 여기까지만 해도 대단하다 할 것이다. 그런데 그는 회사에 취직하여 잘 나가고 있는데 어릴 적의 꿈을 이루기 위해 사표를 내고 세계 일주 여행길에 올랐다. 무려 6년 동안이다. 생각만 해도 불가능할 것 같은 일을 그는 실제로 해 낸 것이다. 이런 사람이 허튼 말을 하지는 않을 것이다. 들어 보자.

> '해 보지도 않고 어떻게 알아?'는 지금 내가 아주 애용하는 말이 되었다. 전혀 새로운 일을 시작할 때, 힘에 부칠 것 같은 일을 계획할 때, 혹은 무언가 조금 늦었다고 생각될 때, 그래서 포기하고 싶을 때마다 내가 나에게도 하는 말이다.
>
> 실제로 자신의 능력이 어디까지인지 해 보기 전에는 모르는 경우가 대부분이다. 쉬운 예를 들어 보자. 수영을 못 하는 사람이 물에 빠지면 십중팔구는 허우적거리다가 죽는다. 그런데 사람이면 누구나 물에 뜨게 돼 있다고 한다. 이 경우는 순전히 자기가 수영을 못 한다는 '생각'이 일을 그르친 것이다. 너무 억울한 일이 아닌가. 원래부터 할 수 있는 일이건만 단지 '난 못해' 하는 생각 때문에 할 수 없게 된다면, 그런 억울한 일을 원천봉쇄하는 주문이 바로 '해 보지도 않고 어떻게 알아?'다.
>
> 경험한 사람들은 잘 알겠지만, 일단 해 보자 하고 덤비면 가속도가 붙

> 고 자신도 모르는 괴력이 나온다. 물론 열심히 해 봐도 안 되는 일이 있다. 하지만 사람이 할 수 있는 모든 노력을 다 했다면 적어도 후회는 없는 것이다. 세상에는 하고 후회하는 일보다 하지 않아서 후회하는 일이 훨씬 많은 법이니까. 오래 전부터 하고 싶었지만 여러 가지 이유로 망설이고 있었던 일이 있다면, 지금 한번 해 보라. 눈 딱 감고 저질러 보라. 될지 안 될지 해 보지도 않고 어떻게 알겠는가.
>
> (한비야, 『바람의 딸, 우리 땅에 서다』, 푸른숲, 1999, 30－1쪽)

해 보지도 않고 미리서부터 포기하는 사람이 많다. 해 보지도 않고서 어떻게 하지 못하는지 알 수 있는가? 먼저 부딪쳐 볼 일이다. 특히 젊은이라면 깨지고 나서 후회해도 늦지 않다. 해 본 다음에 못하는 것으로 판명이 난다고 해도 상처에서도 배우는 것이 있기 때문이다. 상처를 입는 것은 젊은이만의 특권이기도 한 것이다.

나이가 어려서가 아니라 생각과 행동이 도전과 열정으로 가득 차 있기 때문에 젊은이다. 무엇이든지, 하고 싶어서 열심히 하는 사람인 것이다. 나도 이번 방학에는 '바람의 아들'이 되어 우리 땅을 걸어서 여행해 볼 생각으로 계획을 짜고 있다. 벌써부터 마음이 설렌다.

가슴을 뛰게 하는 일

한비야라는 멋진 이가 있다. 그녀는 7년 동안 지구 곳곳의 오지 여행을 마치고 이제 완전히 변신하여 긴급 구호 요원으로 활동하고 있다. 전쟁이나 기아, 전염병 들 때문에 생명이 위급한 사람들을 신속히 살려내고 일상으로 돌아갈 수 있도록 돕고 있는 것이다. 물론 죽음을 무릅써야 한다. 그녀에게 왜 이런 어려운 일을 하는지 물어 보자.

> 이 일을 하기로 결정한 직후 한 대학생이 물었다.
>
> "재미있는 세계 여행이나 계속하지 왜 힘든 긴급구호를 하세요?"
>
> "이 일이 내 가슴을 뛰게 하고 피를 끓게 만들기 때문이죠."
>
> 이렇게 대답하고 나서 속으로 깜짝 놀랐다. 긴급 구호 일을 해보지 않겠냐는 제안을 받고 맛보기로 갔던 케냐에서의 일이 떠올랐기 때문이다.
>
> 그곳의 이동 병원에 40대 중반의 케냐인 안과의사가 있었는데, 알고 보니 그를 만나려면 대통령도 며칠을 기다려야 할 정도로 유명한 의사였다. 그럼에도 그런 강촌에서 전염성 풍토병 환자들을 아무렇지 않게 만지며 치료하고 있었다. 궁금해진 내가 물었다.
>
> "당신은 아주 유명한 의사면서 왜 아무도 알아주지 않는 이런 험한 곳에서 일하고 있어요?"
>
> 그러자 이 친구, 어금니가 모두 보일 정도로 활짝 웃으며 말했다.
>
> "내가 가지고 있는 기술과 재능을 돈 버는 데만 쓰는 건 너무 아깝잖아요? 그러나 무엇보다도 이 일이 내 가슴을 몹시 뛰게 하기 때문이에요."
>
> 그 말을 듣는 순간 나는 벼락을 맞은 것처럼 온몸에 전율이 일고 머릿속이 짜릿해졌다. 서슴없이 가슴 뛰는 일을 하고 있다고 말하는 그 의사가 몹시 부러웠고, 나도 언젠가 저렇게 말할 수 있다면 얼마나 좋을까 생각했다. 그런데 내가 방금 그 말을 한 것이다.
>
> 그 의사의 다음 말도 떠오른다. 그는 구호 일은 어떤 교육을 받고 어떤 기술을 습득하느냐보다 어떤 삶을 살기로 했느냐가 훨씬 중요하다고 했다.

거칠게 이분화한다면 이런 게 아닐까. 자기가 가진 능력과 가능성을 힘있는 자에게 보태며 달콤하게 살다가 자연사할 것인지, 그것을 힘없는 자와 나누며 세상의 불공평, 기회의 불평등과 맞서 싸우다 장렬히 전사할 것인지. 혹은 평생 새장 속에 살면서 안전과 먹이를 담보로 날 수 있는 능력을 스스로 포기할 것인지, 새장 밖의 위험을 감수하면서 가지고 있는 능력의 최대치를 발휘하며 창공으로 비상할 것인지.

나는 지금 두 번째 삶에 온통 마음이 끌려 있다. (중략) 새장 밖의 삶을 사는 한 사람으로서, 새장 밖의 충만한 행복에 대해 말해주고 싶다. 새장 안에서는 도저히 느낄 수 없는, 이 견딜 수 없는 뜨거움도 고스란히 전해주고 싶다. 그러니 제발 단 한 번만이라도 자신의 가슴을 뛰게 하는 일이 무엇인지, 진지하게 생각해보라고 권하고 싶다.

(한비야, 『지도 밖으로 행군하라』, 푸른숲, 2005, 12－4쪽)

우리는 어떻게 살고 있는가? 남들이 하니까 부모가 하라고 해서 억지로 하는 것이 아닌가?

우리 젊은이들이 하고 싶은 일을 마음껏 할 수 있도록 어른들이 도움을 줘야 하는데 그렇기는커녕 쓸데없이 학대까지 하고－나는 우리 교육을 아이들을 괴롭히는 일을 하는 것으로 냉소적으로 생각한다. 어른들이 힘을 합하여 특히 초중고에 다니는 아이들을 쓸데없이 학대하고 있다－있는 것을 학부모의 한 사람으로서 크게 슬퍼하고 있다. 글쎄, 고1짜리가 무슨 대단한 일을 한다고 아침밥까지 안 먹으면서 일찍 학교에 가야 하는 건지 이해할 수가 없다. 초중고 때는 열심히 놀고 대학에 와서 부지런히 공부하도록 하면 될 텐데 우리 현실은 완전히 거꾸로다.

우리 아이들이 가슴이 뛰는 일을 하고, 재능을 오로지 돈을 버는 데 바치지 않도록 하게 할 수는 없을까? 머리가 좋은 아이들이 하나같이 의대나 법대로 가야 하는 이상한 사회가 안 되려면 어떻게 해야 하는 걸까?

다른 건 모르겠고 우리가 부모로서 할 수 있는 일은 아이에게 이렇게 말하는 것이다. "네 인생은 네가 알아서 해라. 한 번밖에 못 사는 건데

네가 하고 싶은 일을 하거라." 우리 딸아이에게는 벌써부터 그렇게 얘기해 놓고 앞으로 그 아이가 어떤 일을 하더라도 흔쾌히 받아들일 수 있도록 마음의 준비를 하고 있다.

가슴을 뛰게 하는 일이 무엇인지 알아보는 데 젊음을 바치자. 그런 일을 해야 열정을 기울일 수 있고, 성공 여부와 관계없이 보람도 느끼게 된다.

청춘에 대하여

청춘은 무엇일까? 사전은 "만물이 푸른 봄이라는 뜻으로 스무살 안팎의 젊은 나이를 비유하는 이르는 말"이라고 정의하고 있다. 여기서 나이는 청춘을 이루는 최소한의 조건이라고 해야 할 것이다. 그러면 무엇이 있어야 청춘일까? 어떤 책의 주장이 그럴듯하다.

> 망설임과 방황은 청춘의 특징이자 특권이다. 그만큼 창피한 기억도 많고 실패도 많다. 부끄럼 없는 청춘, 실패 없는 청춘은 청춘이라 이름할 수 없다. 자신에게 충실하고 대담한 삶을 꿈꿀수록 부끄러움도 실패도 많아지게 마련이다.
>
> (중략)
>
> 인생에서 가장 큰 회한은 자신이 살고 싶은 대로 인생을 살아가지 못할 때 생긴다. 얼핏 보면 대단히 성공하고, 무척 행복해 보이는 사람일지라도 자신 바라던 인생이 아니라면, 그 사람은 후회가 남을 수밖에 없다. 또 이와는 반대로 비참한 인생으로 끝나버린다고 해도, 자신의 생각과 선택으로 초래된 결과라면 만족할 수는 없겠지만 체념은 가능하리라.
>
> (다치바나 다카시, 박연정 옮김, 『청춘 표류』, 예문, 2005, 5－8쪽)

이 책은 잘 알아주지 않는 분야에서 온갖 노력과 고생 끝에 일가를 이룬 젊은이 11명의 삶을 소개하고 있다. 지은이는 이들을 만나 무슨 생각으로 그런 분야에 뛰어들어 어떤 과정을 거쳐서 오늘의 위치에 이르게 됐는지를 묻고 있다. 이들은 대체로 공식적인 학교 제도에 적응하지 못한 이른바 열등생들이었다. 문제아도 있다. 그런데도 소믈리에(포도주 감정가), 레코딩 엔지니어, 수할치(매 사냥꾼), 원숭이 조련사, 정육점의 고기 써는 기술자 들로 우뚝 섰다. 그런데 이들의 성공은 통속적으로 생각하는 그런 것과는 거리가 멀다. 고생한 결과로 성공해서 돈을 엄청나게 벌었다는 이야기가 아니라는 뜻이다.

그렇다면 어떤 종류의 성공담일까? 누구보다 고기를 잘 써는 모리야스 츠네요시(33)의 인생 역정을 따라가 보면 안다. 오오이 정육점 도쿄 책임자인 그는 '고기의 신'이라고 불릴 만하다. 소를 잘라 뼈를 발라내고 부위별로 나누는 솜씨가 그야말로 칼과 손끝이 하나가 되는 경지기 때문이다. 그런데 그는 중학교를 마쳤을 때 글도 못 읽고 구구단도 제대로 못했다. 지진아보다도 못한 그는 당연히 진학을 포기하고 정육점에 들어가 2년 동안 하루 열시간 이상 냉동육과 씨름하며 열심히 기술을 익힌다. 손님을 상대하기 위하여 구구단과 글자를 익힌 것도 이때다. 지지 말아야지 하는 마음이 없었더라면 견디기 힘든 시간들이었다. 그러나 그 과정이 순탄할 수는 없었다. 떠돌이 기술자가 되어 도박과 싸움으로 방황하기도 한다. 그런데 스무 군데의 정육점을 전전하던 끝에 그를 알아주는 상사를 만나 한평생 정육점에서 일해야겠다고 마음먹은 뒤로 그는 사람이 확 바뀐다. 일을 열심히 하는 것은 물론이고 고기에 관해서는 최고가 되기 위해서 전문 서적까지 다 공부한다. 거기다가, 고기를 다루는 기술에 대한 책이 없다는 것을 알고 『쇠고기』라는 책을 내기까지 했다.

지진아이자 '양아치'였던 사람이 이렇게 변한 것이다. 이게 청춘이고 진정한 성공이다. 성공하지 못하면 어떠랴! 하고 싶은 일에 열정을 기울이면 되는 것이다. 이렇게, 마음먹기에 따라 청춘은 얼마든지 바뀔 수 있다.

모험가

우에무라 나오미라는 사람이 있다. 북극권 12000km를 1년 반 동안(1974. 12. 29—1976. 5.8) 혼자 개썰매에 의지하여 횡단한 이다. 이것뿐만이 아니다. 아마존강 6000km를 뗏목으로 두 달 동안 역시 혼자 여행한다거나 일본 열도 3000km를 52일 동안 걸어서 종단하기도 하고 5대륙의 최고봉을 세계 최초로 다 오르기도 한 엄청난 업적을 쌓은 분이다. 마지막도 모험가다와서 겨울(1984. 2)에 세계 최초로 알래스카의 매킨리 산(6194m)를 오르는 데 성공하고 내려오다가 실종되고 말았다. 참고로, 우리나라에서는 처음으로 에베르스트를 오른 고상돈도 이 산의 등반을 마치고 하산하다 죽었다.

이 사람의 대단한 기록을 소개하려는 것이 아니다. 이 분이 지은 책이 우리나라에서 어떤 대접을 받는지를 생각하고 싶어서 얘기를 꺼낸 것이다. 우리나라에는 이 사람이 쓴 책 가운데 세 권이 번역되어 있는데 『내 청춘 산에 걸고』(평화출판사, 1994), 『안나여, 저게 코츠뷰의 불빛이다』(평화출판사, 1989), 『아내여, 나는 죽으러 간다』(신원문화사, 2003)가 그것이다. 이 가운데 마지막 것은 모험하는 동안에 아내에게 보낸 편지를 묶어 낸 것인데 지금 서점에서 살 수 있다. 나오미의 저서와 관련 자료를 엮어서 만든 『돌아오지 않는 봄—우에무라 나오미의 모험과 인생』(하창성 엮음)도 있다. 그런데 문제는 앞의 두 권은 절판되어서 책을 구하기가 어렵다는 것이다. 운이 좋게도, 앞에서 말한 북극권 횡단기인 『안나여, 저게 코츠뷰의 불꽃이다』(여기서 '안나' 썰매를 선도한 암캐의 이름)는 우리 동네 도서관에 있어서 빌릴 수 있었다. (내 도보 여행에 함께 가는 유일한 책이 될 것이다) 하창성이 엮은 것도 어렵게 헌책방을 뒤져서 구해 놓기는 했는데 『내 청춘 산에 걸고』는 안보였다. 출판사에 전화해도 없다는 대답을 들었다.

그 많은 대학 도서관 가운데도 소장하고 있는 데가 몇이 안 되었다. 국립중앙도서관에는 있다니까 거기 가서 보려고 한다. 이 책들의 내용이 좋고 나쁨 — 그런데 뛰어난 산악문학을 소개하고 있는 심산의 『마운틴 오딧세이』(풀빛)에는 나오미의 『내 청춘 산에 걸고』가 목록에 당당하게 올라 있다 — 을 떠나 무상의 행위에 목숨을 건 사람의 위대함을 생각해서라도 많이 읽고 가슴이 뛰어야 하는 건데 절판이 되어서 구하기가 어렵다는 사정이 나로서는 몹시 슬프다. 말할 필요도 없이 찾는 이가 없어서 그렇게 된 것이다. 무엇보다, 젊은이의 광장이라고 해야 마땅하고 따라서 모험과 자유를 부추겨야 할 대학에 이런 책이 없다는 것은 할 말을 없게 만든다. 참다운 자유와 주체성은 혼자서 무모할 정도로 뭘 해 보는 데서 생긴다고 난 믿는다. 젊은이에게는 더욱 그렇다. 이런 책을 만나게 되면 젊음의 혈기가 가만히 있게 하지 않을 텐데 매우 안타까운 일이다.

물론 이런 책이 주위에 많이 있다고 해도 우리 젊은이들이 잘 읽으려 들지는 않을 것이다. 이른바 명문 대학에서도 학문을 위한 공부를 하는 학생은 볼 수 없고 다 취직에만 매달려 있는 것이 우리의 현실이니까 말이다. 이렇게 불쌍하게 되어 버렸는데 누가 쓸데없는 일에 시간을 낭비한 저런 사람의 책을 보겠는가?

지난 여름의 열이틀 동안 경기도 안산에서 목포까지 걸어간 일을 생각하면 자족감과 뿌듯함을 느낀다. 올여름의 땡볕 속을 걸을 나를 그려 보면 더욱 그렇다. 아직도 탄 흔적이 남은 다리가 어떻게 저걸 하나 하는 두려움 비슷한 마음을 물리칠 수 없도록 만드니 말이다.

잘 알지 못하더라도 써 보자

어떤 주제를 가지고도 글을 척척 쓸 수 있으면 얼마나 좋을까! 물론 비현실적인 꿈이다. 그런 능력을 지닌 사람은 없을 것이기 때문이다. 우리보다 뛰어나서 여러 방면에 걸쳐서 글을 쓰는 사람도 상대적으로 그러는 것뿐이다. 그러므로 현실적으로 가능하지 않은 것을 기준으로 삼고 자신을 학대할 필요는 없다.

글쓰기 지도를 해 보면 어떤 글감에 대해서는 아주 잘 쓰다가도 조금 다른 것이 주어지면 어렵다면서 쩔쩔매는 수강생을 만나게 된다. 흔한 일이다. 실상은, 그래도 써야 한다고 강요하는 나도 그렇다. 내 영역 밖의 문제에 대해서는 되도록 발을 들여놓지 않으려고 한다. 무엇보다도 게을러서 그렇지만 한편으로는 내 일도 잘하지 못하는데 제대로 알지도 못하면서 주제넘게 무슨 말을 할 수 있겠느냐는 생각이 들기 때문이다.

그런데 다른 식으로 생각해 볼 수도 있다. 소재에 대해 다 알아서 쓴다기보다는 오히려 쓰는 과정에서 미처 알지 못했던 것을 발견하기도 하고 의문을 제기하게 되는 것이라면 잘 모르는 것이라도 달려들 필요가 있는 것인지도 모른다. 글을 쓰기 위해서 조사도 해야 되고 모아 놓은 자료들을 취사선택하고 일정한 질서로 배열하는 과정이 요구되는데 이러면서 공부하게 된다는 뜻이다. 스스로 고민하면서 찾아낸 것이야말로 참다운 지식이다.

이런 말을 하는 것은 다음과 같은 글을 읽었기 때문이다. 아래에 옮길 글의 필자는 젊은 시절에 신문사의 문화부 기자를 하면서 "문학과 학술을 중심으로 하여 종교와 교육 부문까지 포함한 문화계 각 부문의 이런저런 주제들에 대해 청탁받으면 사양하지 않았고 어떤 문제라도 가림 없이 집적거렸다"면서 그 이유를 다음과 같이 설명하고 있다.

내게 생소하거나 내가 잘 모르는 주제를, 취재하고 자료를 보고 분석하며 혹은 글을 쓰면서 해석하는 동안 그 문제는 내 나름으로 정리되는 것이었다. 그것들이 나에게 지적 자산으로 쌓여간다는 것을 그때도 깨닫고 있었다. 그 경험 때문에 나는 후배들이나 인문학 쪽인 우리집 아이들에게, 젊었을 때는 알든 모르든 많은 글들을 쓰도록 권하게 되었다. 그것은 지적 주제에 대한 사유의 폭을 넓히며 다양한 관점에 대한 조정 능력을 키워 주고 또 그 자체가 주제에 따른 글쓰기의 연습이 되는 것이었다.

(김병익, 『글 뒤에 숨은 글』, 문학동네, 2004, 209쪽)

맞는 말일 것이다. 글을 쓰기 전에 다 안다면 왜 고생하여 가며 글을 지으려 책상에 앉아 있겠는가! 글을 준비하고 쓰는 과정에서 얻는 깨달음이 없다면 글쓰기는 그저 힘든 노동일 뿐일 것이다. 시간이 지나 자신의 글을 읽어 보면 왜 이리 거친가 하는 자책이 들면서도 또 한편으로는 이런 생각도 했었군 하는 약간의 자족감을 느끼게도 되는 것은 글을 쓰던 당시에 나름대로는 뭔가 그럴듯한 것을 찾아냈던 것에 대한 놀람이라고 해도 좋을 것이다.

논문을 써야 될 대학원생들에게 내가 늘 하는 말이 있다. 자료를 다 구하고 논문 쓰기를 시작하겠다는 사람은 영원히 손을 대지 않겠다고 하는 것이나 마찬가지라고. 무엇보다도 자료가 끝이 없기 때문이다. 특히 문학의 경우, 인간 삶을 다루는 것이어서 그야말로 인류의 삶 전체가 참고 자료라고 할 수 있는 것이다. 그런데 자료를 한정하고 그것을 다 갖추었다고 하여도 여전히 문제는 남는다. 논문을 써 가는 과정에서 생각하고 풀어야 할 문제들이 수시로 나타나고 그때마다 처음 구상할 때에는 생각지도 않았던 자료를 찾아야 하는 일이 틀림없이 생기는 것이다. 그러므로 어느 정도 자료 준비가 되면 바로 작성에 들어가야 한다. 결국, 글쓰기야말로 참다운 공부라는 결론에 다다르게 된다. 모르던 것을 알아내는 과정인 것이다.

위에 옮긴 글에서 필자는 '젊었을 때'라고 시기를 한정해 놓고 알든 모르든 관계없이 써 보라고 권하고 있다. 전적으로 동감이다. 그런데, 나는 어디에 속할까 하는 자문이 나를 괴롭힌다. 젊다고 하면, 전공하는 것도 제대로 못하면서 아무 데나 달려들 자신이 없고, 늙은 것이라면 스스로는 해 보지도 않고서 젊은 사람들에게 교훈이랍시고 뭐라고 하는 것 같아서다. 부끄럽다.

즐겁게 춤을 추다가

즐겁게 하는 것이 놀이다. 왜 즐거울까? 하고 싶어서 하기 때문이다. 그런데 즐겁게 춤을 추며 노는 아이에게 어른이 다시 해 보라면 하지 않는다. 억지로 시키면 놀지 못하게 되는 것이다. 일(노동)이 되어 버린다. 그러니까 일도 하고 싶어서 하면 놀이가 된다. 예술의 창작이나 감상에는 이런 측면이 있다. 일로서는 고통스럽지만 아울러 놀이의 측면이 있어서 즐거움을 느끼게 된다.

또 놀이가 즐거운 이유는 그 자체에 목적이 있기 때문이다. 좀 어려운 말로 바꾸면 외부적인 목적을 가지고 있지 않기 때문이다. 딱지를 많이 모아 부자가 되기 위해 딱지치기를 한다면 당장에 지겨운 일이 되고 말 것이다. 오로지 그 놀이 자체에 관심을 갖기 때문에 즐거운 것이 놀이다.

물론 이렇게 말하고 말아서는 안 된다. 외부적인 목적이 없다고 했지만 사실은 놀면서, 사회의 건강한 구성원이 되기 위해서 꼭 필요한 일을 자신도 모르는 사이에 배운다는 점을 놓쳐서는 안 되기 때문이다. 개인적으로는 육체의 온갖 기능을 제대로 활용하고, 사회적인 차원에서는 다른 사람과 어울려 사는 법을 의식적으로 배운다는 생각 없이 재미있게 연습하고 있는 것이다. 놀이의 이런 궁극적인 효용성은 다 즐거움이 덤으로 가져다 주는 선물이다. 즐거움이 없다면 일일이 배워야 되는 것들이다. 그러니 많이 노는 게 얼마나 중요한가! 놀지만 않고 공부만 하는 아이는 바보가 된다는 서양의 속담은 귀담아들어야 하는 진리를 담고 있다.

그러므로 무슨 일이든지 즐겁게 해야 성과를 거둘 수 있다. 누가 시켜서 억지로 하는 것들은 당장 효과를 본다고 해도 그게 오래 가지 않는다. 금방 잊어 먹기 때문이다. 우리 아이들이 얼마나 열심히 공부하는가! 그런데 대부분의 경우 하고 싶어서 하는 것이 아니기 때문에 나중에 공부는 지겨운 것이 되고 정작 공부를 죽어라고 해야 할 대학생이 되면 아예 손을 놓아 버린다. 억지로 공부한 탓이다.

그런데 가만히 생각해 보면 공부는 참으로 즐거운 것이다. 눈을 빛내며 모든 것에 대해 호기심을 갖고 질문을 쏟아내는 어린이를 떠올리면 된다. 기본적으로 인간은 자기가 모르는 것에 대해 알고 싶어하는 마음을 갖고 있다. 그 욕망이 충족되면 즐겁다. 그런데 우리는 어디서부터 문제인지 모르겠으나 이 끝없는 호기심을 만족시켜 주지 못함으로써 공부를 억지로 하는 것으로 만들어 버리고 있는 것이다. 앞에서 거론한 것과 연결하여 지적하면, 지나치게 외부적인 목적을 갖고 공부를 대하는 것도 그 이유의 하나가 될 것이다. 이를테면 출세하기 위해서 공부하는 것이다. 책 읽는 재미도 모른 채 대학교 일학년 때부터 고시 공부를 하는 것이다. 불쌍한 일 아닌가!

즐겁게 무슨 일을 할 수 있도록 환경을 만드는 것이 정말 중요하다. 책 읽는 것에도 이런 말이 적용된다. “아이 독서 교육의 가장 큰 원칙은 아이가 관심 있는 책부터 시작하고, 책읽기 자체에서 즐거움을 느끼게 하는 것”이라는 전문가의 조언은 새겨들을 만하다. 독서 지도의 요령을 더 들어 보자.

◇ 책 읽기를 강요하지 않는다 = 책 읽기를 싫어하는 아이들에게 무리하게 책을 읽어야 한다고 강요하면 오히려 역효과만 불러일으킨다. 아이가 관심을 보이고 쉬우면서 재미있는 책부터 접근할 수 있게 해준다.

◇ 주위 아이들과 비교하지 않는다 = 무슨 책을 읽었는가는 경쟁 대상이 아니다. 사람마다 취향이 다르듯이 보는 책도 다르다. 학교에 가면 어느 책 정도는 봐야 한다고 강요할 필요도 없다. 또 같은 책을 읽어도 아이들마다 느끼는 감정에도 정답이 없다.

◇ 학교 공부랑 연결시켜서 이야기하지 않는다 = 책을 좋아하는 것과 공부를 잘하는 것은 다르다. 책을 공부와 직접 연결시켜 읽기를 강요하

거나, 책은 열심히 보는데 성적이 안 좋다고 '구박'하면 아이는 절대 책읽기를 좋아할 수 없다.

◇ 엄마도 아이 책을 함께 읽는다 = 엄마가 아이와 책을 함께 읽으면 일상에서 자연스럽게 아이와 책 이야기를 나누게 된다. 또 엄마와 아이의 공감대도 넓어지고 책도 함께 골라가면서 볼 수 있다. 부모가 책을 읽는 모습을 보여야 아이들도 자연스럽게 책을 읽게 되는 건 물론이다.

◇ 책 읽는 즐거움을 맘껏 느낄 수 있게 해준다 = 책은 읽는 것 자체로 아이에게 즐거움을 줄 수 있어야 한다. 그것은 문학 작품을 읽고 느끼는 가슴 짜릿한 감동일 수도 있고, 답답한 마음을 통쾌하게 풀어주는 즐거움일 수도 있다. 과학이나 역사책을 볼 때도 새로운 걸 깨닫는 즐거움이 있다. 이런 즐거움을 아는 아이는 책을 스스로 찾아 읽는다.

(http://www.hani.co.kr/section－005006001/2004/03/005006001200403210809123.html)

지나친 관심을 쏟아 오히려 정신적인 성장을 가로막아 버리는 부모들에게 이 기사를 꼭 소개하고 싶다. 자발적인 데서 우러나오는 즐거움을 강조하는 곳은 물론이고 부모가 책을 읽어 모범을 보여야 한다는 대목도 썩 마음에 든다. 평생교육원의 논리논술 강의를 시작하는 날이면 아이에게 가장 좋은 교훈은 부모 스스로 모범을 보이는 것이라고 꼭 얘기하곤 한다. 자신은 일주일마다 해야 하는 글쓰기 과제도 하지 않고, 텔레비전의 연속극이나 보고 있으면서 아이에게 공부하라고 하는 것은 스스로 양심에 찔리는 행위일 뿐만 아니라 아이에게도 오히려 반감만 늘린다. 그러므로 아이가 즐겁게 열심히 책 읽고 공부하게 하려면 아무 말 말고 자신부터 먼저 책을 들고 공부하는 것이 최고다.

결론적으로 아이의 자율성과 즐거움을 존중하는 것이 어른이 보여야 할 참다운 관심이라는 점을 명심하자. 읽고 쓰는 것은 무엇보다 그 자체로 즐겁거니와 덤으로 아이를 괴롭힐 시간을 저절로 줄어들게 하는 효과도 얻을 수 있으니 해 볼 만한 일이라는 점도 덧붙여야겠다.

03부 : 사랑, 슬픔, 웃음

깊디깊은 사랑

"임자."

"야."

"가만히."

이불자락을 걷고 여자를 안아 무릎 위에 올린다. 쪽에서 가느다란 은비녀가 방바닥에 떨어진다.

"내 몸이 찹제."

"아니요."

"우리 많이 살았다."

"야."

내려다보고 올려다본다. 눈만 살아 있다. 월선이의 사지는 마치 새털처럼 가볍게 용이의 옷깃조차 잡을 힘이 없다.

"니 여한이 없제?"

"야 없입니다."

"그라믄 됐다. 나도 여한이 없다." (박경리, 『토지』 2부 5편 8장)

『토지』에서 애처로운 사랑을 나누는 사람들을 들라면 자연스럽게 용이와 월선이를 떠올리게 된다. 월선이가 무당의 딸이라는 신분상의 이유로 그들은 결혼하지 못한 채 서로를 애타게 사랑한다. 용이는 강청댁과 결혼하지만 마음에서 우러나오는 애정을 느껴 본 적이 없다. 그런데 무서운 전염병인 호열자로 강청댁이 죽고 나자, 용이는 이 『토지』 전체의 주인공인 최서희의 아버지 살해 사건에 연루되어 죽임을 당한 칠성이의 아내 임이네를 불쌍히 여긴 나머지 관계를 맺게 되고 애정 없는 부부로 같이 살게 된다.

한편 월선이는 용이가 장가를 들자 자포자기하는 마음으로 절름발이인 늙은 등짐장수의 아내가 되지만 견디지 못해 다시 고향으로 돌아온다. 그녀는 용이와의 관계를 운명적으로 받아들이면서 오직 그만을 바라보면서 산다.

최서희 집안이 망하는 과정에서 고향에서 살 수 없게 된 용이네는 간도로 이주하게 된다. 떠돌이 비슷하게 된 용이와 임이, 그 사이에 태어난 홍이는, 삼촌의 도움으로 국밥집을 차린 월선에게 얹혀살게 된다. 용이는 여자에게 의지하고 있다는 것 때문에 자존심이 몹시 상하게 된다. 거기다가 임이네의 탐욕을 견딜 수 없어서 통포슬로 농사를 지으러 떠난다.

그런데 월선이가 죽을 병에 걸렸다. 용이는 농사일을 끝내고 산판에 일하러 가 있다. 월선이가 아프다는 연락이 자꾸 오고 심지어는 아들 홍이가 직접 와서 다 죽어가고 있다는 말을 전하지만 용이는 가지 않는다. 진정으로 사랑하면서도, 따라서 당장 달려가고 싶은데도 끝까지 견디는 용이의 금욕주의는 나 같은 사람의 글재주로서는 도저히 제대로 전할 수 없다. 안타깝다.

겨울 산판 일을 다 마치고 월선이가 죽기 직전에 용이가 찾아와서 마지막으로 사랑을 나누는 장면이 바로 위의 구절이다. 한마디로 그들은 한이 많은 사람들이다. 아마 월선이 쪽이 더했을 것이다. 슬픔, 분노 같은 감정이 압축되어 손에 잡힐 듯한 상태로 남은 것이 한이다. 그래서 한이 맺힌다고 한다. 한은 무겁다. 욕망 때문이다. 그래서 한을 품은 사람을 밑으로 가라앉게 만든다. 몸이 무거우니 행복할 수 없다. 그런데 월선이는 새털처럼 가볍다. 왜? 아프니까 살이 빠져서? 그럴 것이다. 한편으로는 욕망에서 벗어났기 때문에 그렇기도 하다. 그래서 남은 한(여한)이 없는 것이다. 욕망을 초월한 사람은 비상할 수 있다. 그러므로 월선이는 육체적으로는 병들어 무력하고 곧 죽게 되겠지만 위엄을 갖춘 인간이기도 하다. 아름답지 않을 수 없다. 비극이나 그 주인공이 유발하는 카타르시스의 비밀이 이 근처에 있을 것이다. 한마디로 인간의 이상적인 삶의 모습을 건드리는 것은 감동을 주게 되어 있다.

괴로울 때마다 『토지』의 아무 데나 읽곤 하지만, 1, 2부를 읽는 지난 며칠 동안은 눈물을 많이 흘렸고 한숨도 꽤나 쉬었다. 그래서 아마 내 영혼도 조금은 깨끗해졌으리라!

웃음에 대하여

텔레비전에서 웃음이 암을 치료할 수 있을 정도로 몸에 좋다는 얘기를 들었다. 안 보신 분들을 위하여 웃음이 우리 몸에 어떻게 좋은지를 생각나는 대로 설명해 드리겠다.

우리 몸에는 자연 살상(NK : Natural Killer) 세포가 있다. 이 세포는 암 세포를 파괴하는 역할을 한다. 그런데 웃으면 이 세포의 활동이 활발해질 뿐만 아니라 그 수가 알아보게 늘어난다. 그러니 웃음이 암을 치료한다는 게 말짱 헛말일 수는 없다. 또 웃음은 스트레스 호르몬을 현격하게 줄여준다. 웃고 나면 가슴이 시원해지는 게 바로 이런 작용 때문이라는 것이다. 그런데 웃겨서 웃을 때만이 아니라 일부러 또는 억지로 웃어도 효과가 나타난다니 신기하다. 웃음은 또 얼굴뿐만 아니라 몸의 근육을 활발하게 움직이게 하여 운동을 하는 것과 마찬가지의 결과를 가져다 준다.

그런데 얼굴에서 웃음을 결정짓는 것은 입이란다. 입 꼬리가 위로 올라가면 웃는 모습이 되기 때문이다. 일반적으로 우리 한국 사람들은 서양인들에 비해 이 입 꼬리가 조금 밑으로 내려가 있어 평소에 무뚝뚝하게 보인다. 웃을 일에 비하여 신경을 쓰고 마음을 졸여야 할 일이 상대적으로 너무 많기 때문에 그렇게 된 것인지 모른다. 20세기의 역사만 보아도 식민지 경험, 분단, 전쟁 등 결코 웃을 수 없는 굵직굵직한 일로 점철되어 있다.

그렇다고 하여도 늘 무겁게만 살 수는 없다. 아무리 어렵다고 해도 웃음의 시간은 있는 법이다. 더 나아가서 의식적으로 웃도록 노력해야 한다.

그러면 어떤 경우에 웃음이 나오는 걸까?

우리를 웃게 하는 것은 세심한 융통성과 유연한 민첩성이 요구되는 상황에서의 어떤 기계적인 경화(硬化)이다.

(앙리 베르그송, 정연복 옮김, 『웃음— 희극성의 의미에 관한 시론』, 세계사, 1992, 18쪽)

한마디로 여유와 유연한 태도를 가져야 웃을 수 있다. 그러므로 웃음은 어떤 것에 과도하게 사로잡혀 주위의 것을 돌아보지 못하거나 새로운 것을 받아들이는 일에 대하여 완강하게 반대하는 사람들을 비판하고 교정하는 기능을 한다. 이런 점은 희극을 보면 잘 알 수 있다. 희극에서 조롱거리가 되는 인물은 기계적인 인물이거나 편집광이다. 이들은 기계처럼 과거의 것들을 고집스럽게 유지하려고 하면서 새로운 것이 나타나는 것을 방해한다. 이런 고집은 낡은 것을 유지하려는 것이어서 당연히 새로운 세대에게는 엉뚱한 것으로 보인다. 이 엉뚱함이 웃음을 유발하는 것이다.

결국 웃음은 우리 몸과 사회를 다 같이 건강하게 만들어 준다. 웃음이 우리 몸에 하는 일을 희극에 적용하면 자연 살상 세포인 웃음이 암세포인 완고한 태도를 파괴하는 것이라고 할 수 있다.

우리를 즐겁고 황홀하게 하는 교정의 활짝 핀 꽃과 새싹은 자연이 우리에게 보내는 웃음이라고 생각하자. 그러면 공부로 지친 우리 머리가 말끔하게 씻길 것이다. 대학은 기본적으로 진지한 것을 추구하는 데지만 언제나 그렇게만 하면 기계가 되기 때문에 여유와 분방함에서 나오는 웃음이 어디보다도 더 필요한 곳이라고 생각한다.

행복

행복을 느끼는 것은 주체의 중요한 능력이다. 같은 조건에 있지만 어떤 사람은 행복해 하고 어떤 사람은 그런 데에 아예 무감각하며, 또 어떤 사람은 반대로 불행을 느끼기조차 한다. 주체의 태도에 따라 행복과 불행이 갈린다고 할 수 있다. 물론 물질적이고 객관적인 조건을 무시하고 주체의 능력만을 일방적으로 강조하는 것은 옳지 않다. 그 사회가 평균적으로 제공할 수 있는 물질적 조건이 갖추어지지 않은 보통 사람에게 행복할 수 있다고 강변하는 것은 모든 사람이 행복했으면 하는 의도와는 정반대로 사회의 모순을 은폐하고 불행한 사람들을 무시하는 일일 수 있기 때문이다.

이렇게 객관적인 조건도 중요하다는 유보를 달고서, 행복해지기 위해서는 행복을 느낄 수 있는 능력을 키워나가는 것이 중요하다는 점을 강조하고 싶다. 늘 대하기 때문에 아무것도 아닌 것으로 여겨져 그냥 지나치는 대상에 대해 괄목상대하는 것은 아무나 할 수 있는 일이 아니다. 늘 의식적으로 연습해야 얻을 수 있는 것이다.

이런 능력을 키우기 위해서 가장 필요한 것은 마음을 여는 일이다. 다른 말로 편견이나 지나친 욕심에서 자유로워져야 한다. 이런 점에 대해서는 코올리지의 말이 그럴 듯하다.

> 워즈워드 씨는 정신의 시선을 습관의 무감각 상태에서 일깨워 우리 앞에 전개된 세상의 놀라움에 눈뜨게 함으로써 매일매일의 사물들에다 신기감의 매력을 불어넣고 초자연에 비슷한 감정을 유발시키는 것을 자신의 목표로 정하였다. 이 세상의 놀라움이란 무진장한 보물이지만 일상적 친숙의 막으로 덮이고 이기적 탐욕으로 말미암아 우리가 눈이 있어도 보지 못하고 귀가 있어도 듣지 못하며 마음이 있어도 느끼지도 못하고 깨닫지도 못하는 것이다.

(코올리지, 이상섭 역, 『문학적 자서전』, 아리스토텔레스 외, 『세계평론선』(삼성판 세계문학전집 90), 삼성출판사, 1979, 177－8쪽)

그렇다. 세상은 놀라움으로 가득 차 있지만 우리가 그것을 보지 못한다고 해야 옳다. 왜 보지 못할까?

첫째는 낯익은 일상의 세계에 안주하기 때문이다. 편견이나 통념에 얽매여 있으니 세상의 본래 모습이 보이지 않는 것이다. 그러니 대상의 전체적인 성질은 상상력이 새롭게 발견해 낸 놀라운 결과이기도 하다. 이렇게 대상의 객관적인 모습에 가까이 갈수록 행복을 느낄 수 있는 가능성이 높아진다. 우리를 늘 새롭게 만들어야 한다.

둘째는 욕심 때문이다. 이 욕심으로 말미암아 '세상의 놀라움이란 무진장한 보물'을 발견하지 못하게 되는 것이다. 욕심은 그것이 목적으로 하는 측면만 부각시킨다. 세상을 그 자체로서가 아니라 어떤 목적을 이루기 위한 수단으로 여기기 때문에 순수하게 대할 수 없게 되는 것이다. 이를테면 우리를 행복하게 하는 아름다운 자연을 재산 축적의 수단으로 여기면 그 아름다움을 제대로 감상할 수 없다.

결국 주관적인 차원의 행복은 세상을 있는 그대로 허심탄회하게 인정하는 데서 나오는 것이라고 할 수 있다. 그러므로 내 마음을 늘 거울처럼 늘 맑게 닦고 여유를 가져야 한다.

과연 여러분은 행복한가?

생명

지난 2월엔가 선물을 받았다. 배 모양의 화분에 숯도 꽂아 놓고 풀과 나무를 심은 것이었다. 숯이 공기를 정화시키니 방에 놓아두면 좋다고 했다. 안에만 두면 안 될 것 같아 가끔씩 햇볕도 쐬어 주고 물도 주느라고 했다. 내가 잘해서 그런 것인지 아니면 원래 잘 자라는 것인지 모르겠으나 나무 한 그루만 빼고서는 새 잎도 잘 나고 해서 기분이 괜찮았다. 그런데 그 하나가 문제였다. 가져올 때는 다른 것과 마찬가지로 싱싱했었는데 새싹이 나기는커녕 날이 갈수록 이파리 끝이 누렇게 되면서 축 늘어져 가는 것이 얼마 못 가 죽을 것 같았다. 하도 안타까워 파서 봤다. 다행히 뿌리는 썩지 않았는데, 새 것은 나지 않은 상태였다. 처음에 심었을 때 그대로인 것 같았다. 보기 싫어서 버릴까 했다. 그래도 생명인 걸 그럴 수는 없었다. 다시 심었다. 전과 다름이 없었다. 가족들에게는 죽지도 않고 저러고 있는 걸 보면 참 생명력이 끈질긴 종자라는, 안타까움과 감탄이 섞인 말을 몇 차례 했다.

그런데 참 놀라운 일이 벌어졌다. 8월 초에 며칠 집을 비웠다가 돌아와 물을 주려고 화분을 살펴봤더니 글쎄 새 이파리가 예쁘게 나와 있는 것이다. 놀라움과 기쁨의 감탄사가 저절로 나왔다. 생명의 신비한 모습을 보는 듯도 했다. 황석영의 대하소설 『장길산』에서 여환이라는 스님이, 관에 잡혀 간 남편 장길산이 처형당한 줄 알고 죽으려고 하는 묘옥에게 들려 준, 생명의 찬가라고 할 만한 말을 그대로 해 주고 싶었다.

> "목숨이란 돋는 햇빛에 스러지는 이슬과 같은 것이지만 영롱하게 초목을 적시듯 아름답고 귀한 것이오" (황석영, 『장길산』 2권, 현암사, 1984, 106쪽)

이렇게 생명은 저마다 최선을 다하여 살아 내려고 하는 것 같다. 그렇지만 사람은 꼭 그렇지 않은 것 같기도 하다. 특히 요즘 자살이 무슨 유행이나 되는 것처럼 매일이다시피 소식란을 메우고 있다. 사회적 타살이라 할 수 있을 정도로, 빈부의 극심한 격차, 경제 불황, 실업 등 우리 사회가 갖고 있는 문제점에서 나오는 현상이기는 하지만 한편으로는 생명에 대한 의지가 약해진 것이 아닌가 하는 생각도 들게 한다.

물론 생활하기가 어려워서 자살하는 경우에 삶에 대한 개인의 의지만 일방적으로 강조하는 것은 올바르지 않다. 사회적인 차원에서 구성원의 복지에 대한 배려가 함께해야 한다. 내 일을 얘기해서 뭣하지만 때 맞춰 물을 주지 않았다면 제 아무리 생명력이 강하다고 해도 저렇게 새 이파리를 달지는 못했을 것이다. 이렇게 힘을 합하면 다음과 같이 아름다운 광경이 펼쳐지기도 한다.

> "군무(群舞)는 제각기 모양은 다르되 불길이 그런 것처럼, 합쳐지자 땅에서 솟아오르는 거대한 힘의 덩어리인 듯했다. 이 덩어리는 땅이 그 자체에서 아름답게 피워 올린 이삭의 무리처럼 땅에다 뿌리를 대고 있는 생명력이었다."
> (『장길산』 1권, 198쪽)

생명이 그 어머니인 땅을 의지해 힘차게 약동하는 모습이 손에 잡힐 듯하다. 어두운 소식들로 우울한 여름이었지만 그래도 한편에서는 강인한 생명을 확인하는 기쁨도 있다. 힘내자!

마음의 죽음

자기만 생각하는 사람은 죽은 것과 마찬가지다. 마음을 열어 다른 존재와 소통하고 그 과정에서 아픔이나 부끄러움 같은 것을 느껴야 살았다고 할 수 있다.

> 타인과의 감정 교류를 거부하면서 별 뜻 없는 말이나 태도에 "상처받았다"는 말을 연발하는 현대인들. 모두가 병들었는데 아무도 아프지 않다. 마음의 불사, 즉 감정의 마비가 강함으로 평가받는 현대사회는 그 자체로 군대이며 공포물이다. (중략) 감정의 부재는 이데올로기적 질서를 갖게 된다. 명예나 수치와 관련된 감정은 비대하게 발달하는 반면, 자신과 타인의 슬픔과 기쁨의 감정에는 스스로 마취제를 놓는다.
>
> (정희진, 「상처받은 마음이 사유의 기본 조건」, 『한겨레』 2003. 9. 6. http://www.hani.co.kr/section-009100003/2003/09/009100003200309051900127.html)

어느 때보다 마음이 죽은 사람을 많이 만나게 되는 것 같다. 먼저, 정치 개혁을 바라는 국민의 여망에는 아랑곳하지 않는 정치인들의 옮기기조차 쑥스러운 험한 말과 몸싸움을 보았다. 또 음식을 가지고 몹쓸 짓을 하는 사람도 많다. 광우병에 걸린 소의 내장을 빼돌려 음식점에 팔아넘기고, 음식을 만드는 과정에서 공업용품을 사용하다가 구속되었다. 다 저마다 그럴 만한 사정이 있다고 하기에는 너무나 참혹한 지경에까지 왔다.

슬픈 일은 더 있다. 서울 용산초등학교 안에 장애인 시설을 이전하는 교육부 결정에 반발해 자녀들의 등교를 거부하고 있는 용산초등학교 학부모 38명이 9월 3일 초등학생 자녀 20명을 원고로 내세워 "서울맹학교에 대한 학교 시설 사업 시행 계획 승인을 취소하라"며 교육부 장관을 상대로 서울 행정법원에 소송을 냈다. 7월 19일 서울맹학교 이전 기공식이 열리던 날에는 교문을 잠근 용산초등학교 학부모들이 맹학교 관계자들의 출입을 막았고, 학부모들을 따라나온 초등학생들은 어른들과 똑같이 노래 부르며 상대방을 응시했다는 말을 들으면 절망감과 아울러 무력감에서 헤어날 길이 없다. 이렇게 아이들에게 이웃의 고통에 대해 냉정한 태도를 가져야 된다는 점을 가르쳐야 할까?

이와 비슷한 일은 여기서 그치지 않는다. 한창 사스가 문제되었을 때 환자를 격리할 병원을 지정하려고 하자 해당 동네 사람들이 들고 일어나 반대한 적도 있다. 혹시 병에 걸리면 무슨 염치로 다른 동네로 갈 것인지 궁금하지 않을 수 없다. 뻔뻔한 사람들은 병에도 안 걸리는 걸까? 또 집값이 내려간다면서 화장터가 들어서지 못하도록 하여 끝내 성공한 곳도 있다. 죽음이나 병이 삶과는 반대되는 것이기도 하니 유한한 인간으로서 두려움을 느끼는 것 자체를 뭐라고 할 수는 없지만 자그만 이익을 위해서 다른 사람들을 아예 안중에 두지 않고 벌거벗은 채 날뛰는 모습을 보면 같은 인간이라는 사실이 그렇게 슬플 수가 없다. 이들에게는 부끄럽다거나 자신과 다른 처지에 있는 사람이 불쌍하다거나 하는 감정이 아예 없는 것만 같다. 다른 사람의 슬픔과 기쁨의 감정에 공감하여 아프기도 하고 즐거워할 수 있는 능력이야말로 인간을 인간답게 만드는 고귀한 자질이라는 점을 요즘처럼 처절하게 느끼게 하는 때도 없는 것 같다.

그래도 완전히 절망에 빠지지 않게 되는 것은 이를테면 아무도 모르게 가난한 이웃을 돕는 행위에서 보듯이 인간의 선의에 대한 믿음을 잃지 않도록 하는 사람들이 존재하기도 하기 때문이다.

아름다운 나라

우리 정부가 미국의 요청을 받아들여 이라크에 추가로 군대를 보내기로 결정했다. 파병이 중요한 문제가 되면서 나는 김구 선생의 글을 되새기곤 했다.

> 나는 우리나라가 세계에서 가장 아름다운 나라가 되기를 원한다. 가장 부강한 나라가 되기를 원하는 것은 아니다. 내가 남의 침략에 가슴이 아팠으니 내 나라가 남을 침략하는 것을 원치 아니한다. 우리의 부력(富力)은 우리의 생활을 풍족히 할 만하고 우리의 강력은 남의 침략을 막을 만하면 족하다. 오직 한없이 가지고 싶은 것은 높은 문화의 힘이다. 문화의 힘은 우리 자신을 행복하게 하고 나아가서 남에게 행복을 주겠기 때문이다.
>
> 지금 인류에게 부족한 것은 무력도 아니요, 경제력도 아니다. 자연과학의 힘은 아무리 많아도 좋으나 인류 전체로 보면 현재의 자연과학만 가지고도 편안히 살아가기에 넉넉하다. 인류가 현재 불행한 근본 이유는 인의가 부족하고 자비가 부족하고 사랑이 부족하기 때문이다. 이 마음만 발달이 되면 현재의 물질력으로 20억이 다 편안히 살아갈 수 있을 것이다. 인류의 이 정신을 배양하는 것은 오직 문화다.
>
> (김구, 「나의 소원」, 『백범일지』, 범우사, 1984, 313쪽)

마치 파병이 결정되고 나서 한 얘기인 것처럼 들린다. 특히 침략 전쟁을 부인하고, 경제력보다는 문화의 힘을 강조하는 것이 그렇다. 맞다. 경제야 먹고 살 만하면 되는 것이다. 생명을 사랑하며 이웃에게 자비를 베푸는 문화를 만들어 나가는 일이 결정적으로 중요하다. 소중한 생명이 힘이 약한 나라에 태어났다는 이유로 죽어가는데 우리만 잘살면 뭐하는가!

미국의 이라크 침공은 아무 명분도 없는 침략 전쟁이라는 점을 확실히 해 두자. 지구 곳곳에서 미국의 패권주의에 대한 비판이 거센 것은 바로 이 때문이다. 그런데 국제연합의 안전보장이사회는, 미군 사령관이 이끄는 다국적군의 구성을 승인하고 유엔 회원국들에게 이라크 재건 자금 지원을 촉구하는 내용을 담고 있는 결의안을 만장일치로 통과시켰다. 미국의 현실적인 힘 앞에서 이상은 보잘것없는 것이 되어 버렸다. 프랑스 같은 나라도 결국 침략 전쟁을 승인한 것이다. 자기 나라 군대의 파병은 반대하면서도 말이다. 이런 국제 사회의 동향에 비추어 보면 우리 정부가 파병을 결정한 데 대해서 이해가 가는 측면이 아주 없는 것은 아니다. 미국의 영향을 가장 크게 받는 나라들 가운데 하나이기 때문이다.

그렇다고 해도 파병에는 찬성할 수 없다. 특히 경제적인 이익을 들어 찬성하는 사람은 도대체 이해할 수가 없다. 다른 사람의 생명을 놓고 돈을 벌어 보겠다는 생각을 할 수 있는 것인지 어이가 없다. 다시 한번 강조하건대, 먹고 살 수 있으면 되는 것이다. 우리 사정은 그런 돈이 없어서 곤란할 정도는 넘어섰다고 생각한다.

내 생명이 소중하면 마땅히 힘이 없는 사람의 것도 그렇다고 해야 옳다. 이런 원칙을 갖지 않는다면 미국이 우리의 안전을 위협해도 뭐라고 할 수 없게 되고 만다. 그럴 만한 이유를 제시하지 못하는 점령에 가담해 놓고서, 미국의 필요와 이익 때문에 북한을 공격하겠다면 도대체 어떤 논리로 반대하고 국제 사회에 호소할 것인가!

김구가 꿈꾼 아름다운 나라는 어떻게 해야 세울 수 있는 것일까? 오로지 벌거벗은 힘만 통하는 세상에서 그 나라로 가는 길은 아득하기만 하다.

고독에 대하여

가끔씩 외롭다는 느낌을 갖게 된다. 이를테면 이파리를 다 떨어뜨리고 가지만 앙상하게 남긴 나무들이나 실연당한 사람을 볼 때에 그런 감정에 젖는다. 남자와 여자가 사랑에 빠져도 그럴 것 같다. 얼른 보기에는, 두 사람이 함께 있는 것이어서 고독과는 정반대되는 상태일 것 같지만 유행가가 늘 노래하는 바와 같이 사랑이 깊으면 외로움도 그런 법이다. 그러므로 사랑의 실상은 둘이 하나가 되기 위한 눈물겨운 노력이라고 해야 맞을 것이다. 사랑의 유토피아는 김소월의 시에서처럼 늘 '저만큼' 있다. 사랑이 동반하기 마련인 고통은 궁극적으로 인간 존재의 '혼자임'에서 나온다. 혼자 살고 죽어야 한다는 인간의 궁극적인 존재 조건은 어느 누구도 물리칠 수 없다. 몹시 아프거나 죽음을 눈앞에 둘 때가 특히 이런 조건을 절감하게 하는 시간일 텐데 이런 처지에 있는 사람이 절대자를 찾는 것도 그러므로 이해가 간다.

그런데 요즘 들어서 고독이란 말이 좀 고색창연하게 들리겠다는 기분도 든다. 무엇보다도 여러 가지 통신 기구와 교통 수단의 눈부신 발달로 고독을 제대로 느끼기가 어려워졌기 때문이다. 그 전과 견주어 사람들이 훨씬 고독해졌지만 잘 견디지 못한다고 해야 더 정확할지 모르겠다.

> 비탄으로의 길이건 행복으로의 길이건 간에, 고독이 인간을 자연과 대면하게 하는 일은, 그리하여 자연 앞에서 인간이란 무엇인지 반성하게 되는 일은 나날이 줄어든다. 극도로 조직화되고 인공화된 오늘날의 세상에서 고독은 역설적으로 어느 때보다 더 독기를 뿜으면서 번식하긴 하지만, 내심에서 '무르익지'는 못한다. 그것은 경련적인 외침과 몸짓으로, 멍청하게 바라보는 텔레비전으로, 혹은 부질없이 오가는 컴퓨터 통신으로 얼른얼른 쫓아내야 할 마귀처럼 되어버렸다.
>
> (정명환, 『문학을 생각한다』, 문학과지성사, 2003, 197쪽)

교통수단의 발달은 날이 갈수록 길에서 보내는 시간을 줄어들게 만든다. 그만큼 혼자 뭘 생각하는 시간이 없어지는 셈이다. 사랑하는 사람이 보고 싶으면 비행기나 기차, 고속버스, 또 자가용 자동차를 타고 바로 갈 수 있는 세상이다. 상대방의 마음을 짐작하고 혼자 공상하며 사랑의 성을 쌓고 허무는 과정이 짧아질 수밖에 없다. 결국 고독은 더불어 살아야 할 것이 아니라 피해야 할 것이 되어 버린다. 문명이 상징하는 이 속도에게 고독은 물리치지 않으면 안 되는 적인 셈이다.

> 오늘날의 기술 사회는 그 성원으로 하여금 가속적으로 변하는 여건에 신속히 적응하기를 강요한다. 그것은 기술적 진보가 삶에 있어서 무엇을 의미하는지 따지는 여유를 주지 않는다. 비유적으로 말하면, 뭇 사람이 쉴 새없이 걸어 나가고 있는데, 도중에 멈추어 서서 '나는 어디로 또 무슨 이유로 이렇게 가고 있는 것일까'하고 반성하는 사람이 있다면 그는 밀어닥치는 군중에게 치여 죽을 것이다. 궁극적 목적이 상정되지 않은 그 '진보'의 길을 걸어 나가야만 그는 적자생존의 요행을 누릴 수 있는 것이다. 이와 동시에 한가한 시간이 자아로의 회기로, 실존적 질문의 제기로 뻗어가지 않도록 사용되어야 한다. 바로 여기에 대중문화의 기능이 있다. 그것은 우리의 몸에 고인 생의 에너지가 여과나 승화의 과정을 겪지 않고 당장에 소비되도록, 그 순간적인 흥분이 영혼을 앗아가도록 만들어준다. 아찔한 놀이 기구, 폭력과 섹스로 충만한 영화, 광란적인 리듬의 음악 따위가 그 대표적인 예이다. (위의 책, 205-6쪽)

이 기술 문명의 편리함을 한껏 누리는 젊은이들은 손전화로 어딘가 전화를 하거나 자판을 빠르게 두드려 댄다. 지하철 같은 데서 보면 대학생일 것 같은데 만화를 보고 있다. 우리 때는 생각할 수 없는 일이다. 만화를 봐 본 적이 거의 없으니 좋다, 나쁘다 할 수 있는 자격이 없지만 책과 비교하여 특히 그 속도감의 차이가 가장 뚜렷하다는 점은 지적할 수 있다. 그런데 빠른 것은 깊은 생각과 같이 가지 못한다. 책을 읽는 것이 그렇듯이 앞뒤를 되풀이하여 오가며 따지고 다시 확인하는 것이 생각의 일이기 때문이다.

고독한 시간을 견디지 못하는 만큼 개인의 정체성도 희미해져 버리는 것이 아닌지 모르겠다. 글 쓰는 사람이 줄어드는 것도 이런 현상과 깊은 관계가 있을 것이다. 느리게 혼자서 자신과 주위를 골똘하게 살펴야 글이 나온다. 그러므로 고독하지 않고서는 가벼워질 수밖에 없다. 내면은 고독해야 넓고 깊어진다.

물론 늘 무거울 수는 없다. 또 여럿이 모여 즐겁게 노는 광장도 꼭 필요하다. 사실 고독이라는 것도 사람의 일이기 때문에 내 마음속에서 다른 사람을 불러들여 만나는 것이라고 해야 옳다. 정신분석학에서 말하는 초자아라고 하는 것도 실상은 내 속에 들어앉은 다른 사람의 눈이다. 결국 인간은 본질적으로 혼자면서도 그렇게 살 수 없다. 고독이야말로 이런 역설적인 상황의 산물이다. 그러므로 광장을 요즘 말로 물 좋은 곳으로 만들려면 이 고독의 과정을 거치지 않으면 안 된다. 깊은 내면을 갖추어야 집단의 이름으로 행해지는 온갖 우스꽝스런 행태-개인의 자율성과 존엄성을 무시하는 저 지역주의, 권위주의, 국가주의!-를 과감하게 거스를 수 있기 때문이다. 그러므로 고독은 고독한 다른 사람과 제대로 어울려 살기 위해서도 꼭 필요하다. 자유로운 개인들의 논쟁과 설득과 연대!

가을이다. 하늘은 드높게 비어 모든 것을 다 담을 듯하다. 논에는 벼가 다 거두어지고 감나무에는 감만 매달리고 단풍은 곧 지려고 한다. 우리를 보고 고독해야 된다고 부추기는 것만 같다. 내 안을 가만히 들여다보는 시간이 온 것이다.

슬픔에 대하여

먼저, 슬픔을 기리는 시 한 편을 읽어 보기로 하자.

> 고함치며 싸우는 것은 매우 용감하다.
> 그렇지만 내 아느니, 더욱 날랜 것은,
> 마음속에서 돌격하는 슬픔의 군대
> 이겨도 국민은 보지 못하고
> 쓰러져도 누구 하나 지켜보지 않는다.
> 그 죽어가는 눈을, 어느 나라도
> 애국자의 사랑으로 눈여겨보지 않는다.
> 우리는 믿는다, 새 깃털로 단장하고
> 이런 사람들을 위해, 천사들은 행진한다고
> 열을 짓고 발걸음 맞추며 / 백설의 제복을 걸친 채.
>
> — 에밀리 디킨슨, 유종호 옮김, 「고함치며 싸우는 것은」 전문

옮긴이의 해설을 마저 듣는 것이 좋겠다. 전체를 다 옮겨야 하는데 생략할 수밖에 없는 것이 안타깝다. 꼭 찾아서 읽기 바란다.

> 나라 위해 고함치며 싸우는 병사들은 그 용감성을 칭송받고 애국자와 국민들의 주목을 받는다. 그렇지만 고독한 마음 싸움은 혼자서 치러내는 무상(無償)한 전투이다. 저잣거리 세상 사람들의 주목이나 관심의 대상은 아니지만 순백의 제복을 걸친 천사들의 축복을 받으리라고 화자는 믿는다. 그것은 한갓 자기위안일지 모른다. (중략) 그러나 부질없어 보이는 마음 싸움 없이, 다시 말해 슬픔의 백마부대 없이 세상이 맑아지지는 않을 것이다. 슬픔은 지혜를 가져다준다. (중략)
>
> 깊은 슬픔을 통과하지 않은 삶이 피상적이고 얄팍한 것임은 고전비극

이래 그릇 큰 문학이 되풀이 상기시키는 인간사이다.

(유종호, 『시란 무엇인가』, 민음사, 1995, 106－7쪽)

슬픔은 이상적인 상태가 결여되었을 때 드러내는 감정이다. 이를테면 슬픔을 유발하는 비극은 이상적인 것이 현실에 패배하는 내용으로 이뤄져 있다. 더 쉽게 얘기하자. 사랑하는 사람과 헤어지면 슬프다. 왜? 둘이 행복하게 결합하고 있는 이상적인 상태가 사라졌기 때문이다. 이렇게 본다면 슬픔이 소극적이고 부정적인 감정이기만 한 것은 아니다. 왜냐하면 이상을 느끼거나 생각하는 사람이 지니게 되는 게 슬픔이기 때문이다. 그러므로 오히려 슬픔을 겪지 않은 사람은 제대로 살았다고 할 수 없다. 그에게는 이상이 깃들어 있는 내면과 마주 서는 고통스러운 시간이 존재하지 않는다.

슬픔은 우리 마음을 깨끗하게 해 준다. 불쌍한 사람들에 대한 동정의 마음, 자신의 잘못에 대한 솔직한 인정, 인간의 유한성에 대한 공감은 대개 눈물을 불러오게 된다. 슬픔은 지혜를 가져다주는 선물이다. 슬픔이 내 마음 속의 더러운 것을 내 몸 밖으로 버리게(배설하게) 하기 때문이다. 탐욕적인 사람은 슬퍼하지 않는다.

슬픔은 자기의 좁은 영역을 벗어나 다른 사람에게 손을 뻗는 일이기도 하다. 슬픔은 그것을 겪게 하는 이상이 존재하기 때문에 다른 슬픔을 알아본다. 따라서 비극이 불러일으키는 감정 가운데 하나가 동정(연민)이라는 것은 아주 그럴듯하다. 이 동정이 슬픔의 연대를 이루게 하는 것이다. 슬픔이 힘이 된다는 것은 결코 헛말이 아니다.

진리에 대하여

진리는 우리를 자유롭게 한다. 진리에 기반을 둔 말이나 행위는 불합리한 다른 조건에 구애받을 필요가 없으니 그렇다. 그런데 진리에 대한 집착은 주체의 자유를 구속하기도 한다. 어떤 진리를 맹목적으로 믿는 사람은 그 진리가 요구하는 대로 행동할 뿐만 아니라 다른 사람을 무섭게 만들기도 한다. 지하철 같은 데서, 자기네들이 믿는 종교를 소리 높여 선전하는 사람을 생각해 보라. 그네들이 하는 식으로 하지 않으면 지옥에 간다고 승객을 협박한다.

여기 호르헤라는 광신도가 있다. 그는 40여 년 동안 수도원의 주인 행세를 하며 이단으로 금지한 책에 수도사들이 접근하지 못하도록 한다. 그 대표적인 금서가 웃음을 긍정적으로 다루는 아리스토텔레스의 『시학』 2권 – 실제로는, 존재했으리라 짐작되지만 전해지지 않는 – 이다. 대체로 웃음은 진리라고 하는 것을 불손하게 대한다. 그러므로 웃음 쪽에 선 사람은 다음과 같이 생각한다.

> "진리를 위해서 죽을 수 있는 자를 경계하여라. 진리를 위해 죽을 수 있는 자는 대체로 많은 사람을 저와 함께 죽게 하거나, 때로는 저보다 먼저, 때로는 저 대신 죽게 하는 법이다. 호르헤가, 능히 악마의 대리자 노릇을 할 수 있었던 것은, 저 나름의 진리를 지나치게 사랑한 나머지 허위로 여겨지는 것과 몸을 바쳐 싸울 각오가 되어 있었기 때문이다. 호르헤가 아리스토텔레스의 서책을 두려워한 것은, 이 책이 능히 모든 진리의 얼굴을 일그러뜨리는 방법을 가르침으로써 우리를 망령의 노예가 되지 않게 해 줄 수 있어 보였기 때문이다. 인류를 사랑하는 사람의 할 일은, 사람들로 하여금 진리를 비웃게 하고, 진리로 하여금 웃게 하는 것일 듯하구나. 진리에 대한 지나친 집착에서 우리 자신을 해방시키는 일…… 이것

이야말로 우리가 좇아야 할 궁극적인 진리가 아니겠느냐?"

(움베르토 에코, 이윤기 옮김, 『장미의 이름』(하), 1992, 열린책들, 762－3쪽)

대학은 진리를 추구하는 곳이다. 그런데 그 진리라고 하는 것은 어떤 조건에서만 진리가 된다고 생각하는 게 좋다. 특히 인간의 삶을 다루는 분야에서는 그렇다. 이른바 절대적인 진리는 사실에 기반을 둔 것이기보다는 주관적인 신념일 가능성이 높다. 그러므로 평소에, 나와 다르게 생각하는 것이 얼마든지 가능할 수 있다는 유연한 태도를 가져야 한다. 그리고 진리에 대한 올바른 태도는 사실을 섬기겠다는 겸손한 마음에서 나온다는 점도 덧붙여야 한다. 프로이트의 말로 설명을 대신하자.

> 꿈의 해석의 결론이 여러분에게 기분 나쁜 이주 부도덕적인 것으로 생각된다고 하여 그것이 어떻다는 것입니까. 나는 젊었을 때 나의 은사 샤르코 선생이 이와 같은 경우에 '사실이 그런 것을 어떻게 할 수 있나'라고 말씀하시는 것을 들은 적이 있습니다. 즉, 이 세상을 현실에 있는 그대로 알려고 한다면, 겸허한 태도로 자기의 동정심이나 반감을 철회하지 않으면 안 된다는 뜻입니다.
>
> (프로이트, 김성태 역, 『정신분석 입문』, 삼성출판사, 1990, 157－8쪽)

이제, 방학이 끝났다. 많이 읽고, 놀고, 돌아다녀서 세상의 다양한 진리와 적극적으로 만났을 줄 안다. 이럴 때 진리는 우리를 한없이 자유롭게 한다.

슬픔과 외로움에 대하여

박경리의 『토지』는 매력적인 인물을 낳는 기름진 땅이다. 길상과 조병수도 잊을 수 없는 사람들이다. 병수는 길상에 대해 다음과 같이 말한다. "내가 어렸을 적에 나를 알아주던 단 한 사람이었네."(박경리, 『토지』 13, 5부 1권, 솔, 1993, 206쪽) 동병상련의 처지였기 때문에 서로를 알아본 것이라고 할 수 있다.

둘은 먼저 최서희와의 관계에서 갈등을 겪은 처지다. 병수는 꼽추로 서희를 마음속으로는 몹시 좋아하지만 아버지 조준구와 어머니 홍씨가 자신과 서희를 혼인시키고 서희의 재산을 가로채려는 계획을 알자 그렇게 되면 죽어 버리겠다고 한다. 길상도 그 여자와의 관계에서 사랑하는 마음과 자신의 미천한 신분에서 말미암은 복잡한 심리 사이에서 이루 말할 수 없는 갈등을 겪은 바 있다.

또 둘은 예술가라는 점에서 꼭 닮았다. 길상은 관음탱화를 완성하며, 병수는 소목으로서 목공예의 장인이다. 이들이 예술의 높은 경지를 보여줄 수 있었던 것은 앞에서 얘기한 신분이나 불구의 몸에서 오는 괴로움과 절망을 승화시킬 수 있었기 때문이다. 이들은 스스로 어떻게 할 수 없는 선천적인 한계를 지니고 있다. 길상은 부모가 누구인지도 모르는 상태에서 최참판댁의 종으로 지냈고, 병수는 앞에서 말한 대로 꼽추이다. 한마디로 이들은 한을 삭이며 살았다. 그 결과의 하나가 그들이 드러내는 높은 예술성이다.

개인적으로나 사회적으로 어려운 조건에서도 이렇게 훌륭한 소설을 읽을 수 있도록 해 준 작가 박경리 자신도 고통을 창조적인 일로 탈바꿈시켰다는 점에서 이들과 꼭 닮았다고 할 수 있다. 이들을 보노라면 위대한 예술은 고통이 없이는 나올 수 없다는 점을 확인하게 된다. 프로이트 말마따나 예술이나 문화는 욕망의 직접적인 충족을 유예한 대가로 주어지는 고통의 산물이다.

마지막으로, 이들의 맑은 심성도 주목하여 마땅하다. 병수는 나이가 들어서도 여전히 어린이같이 천진무구하며, 할아버지인 길상도 소년 같은 면모를 지니고 있다. 이들이 이럴 수 있는 것은 슬픔과 외로움이야말로 삶의 본질이라는 점을 꿰뚫고 있기 때문이다. 이런 사람들은 절대로 막갈 수 없다. 조준구가 온갖 악행을 저질러도 병수는 생명에 대한 연민으로 묵묵히 감수한다. 구제 받지 못하여 하늘 아래 홀로 서 있는 자, 육체를 안고 버둥거리는 생명에 대한 슬픔을 느끼는 것이다. 길상도 크게 다르지 않다. 미술을 제대로 배우고 화가의 길을 걷고 있는, 길상의 큰아들 환국이 길상이 그린 관음상을 보고 지감과 나누는 대화를 들어 보자.

> "아버지는 참 외로운 분 같습니다."
> 환국이 말문을 열었다.
> "관음상을 본 감상인가?"
> "네."
> "자네 말이 맞네. 원력(願力)을 걸지 않고는 그같이 그릴 수는 없지. 삶의 본질에 대한 원력이라면 슬픔과 외로움 아니겠나?" (『토지』 13, 311쪽)

슬픔의 눈물은 우리 영혼을 맑게 씻어 준다. 또 외로움은 자신의 내면과 마주 서도록 한다. 이들을 만나면 우리도 깨끗해진 영혼을 저절로 갖게 될 것만 같다. 좋은 작품은 영원한 축복이다.

고통에 대하여

지난 여름 방학에 열이틀에 걸쳐서 경기도 안산에서 우리 대학(목포대학교)까지 혼자 도보 여행을 했다. 한비야의 여행기와 몇 권의 히말라야 등반 이야기가 걸어 보라고 부추겼다. 후자가 더 그랬는데, 왜 등반가들이 아무 보상도 바라지 않고 심지어 죽거나 죽을 고비를 무수히 넘기면서 산에 오르는지가 몹시 궁금했다. 고산 등반은 고난도의 기술은 물론이고 강인한 체력과 의지 같은 것이 골고루 갖춰지지 않으면 접근조차 허용하지 않은 그런 차원의 것이어서 산책하듯이 산에 가는 나 같은 사람에게는 도대체 상상조차가 불가능한 세계이다. 그런데도 나는 이들이 겪은 고통의 의미를 알고 싶었다. 독서나 경험을 통해서 어렴풋하게나마 고통이 참다운 인간적 성숙의 뿌리가 된다는 점을 짐작하고 있었기 때문이다. 이를테면, 로맹 롤랑은 베토벤과 같은 영웅(오직 마음으로써 위대하였던 사람)이 겪은 고통(고뇌)에 대해서 다음과 같이 이야기했던 것이다.

> 우리가 여기에 이야기하려는 사람들의 생애는 거의 언제나 기나긴 수난의 역사였다. 비극적 운명이 그들의 넋을 육체적 고통과 정신적 고통—병고와 간난의 철상(鐵床)—위에다가 단련시키고자 하였거나, 혹은 그들의 동포가 뼈아프게 당하고 있는 말할 수 없는 고난과 굴욕의 광경을 봄으로 말미암아 그들의 심정이 갈가리 찢어지고 그로 인하여 그들의 생활이 여지없이 거칠어졌거나, 하여튼 그들은 나날의 시련의 빵을 먹은 것이다. 그리고 그들이 의지력으로써 위대하였다면, 그것은 그들이 또한 불행을 통하여서 위대해졌기 때문이다. 불행한 사람들이여, 그러므로 너무 서러워하지 말라. 인류의 우월한 사람들이 그대들과 더불어 있는 것이다. 그들의 용기로써 우리들 자신을 북돋우자. 인류의 우월한 사람들이 그대들과 더불어 있는 것이다. 그들의 용기로써 우리들 자신을 북돋우자. (중략) 그들의 작품을 묻지 않고서라도, 그들의 목소리를 듣지 않고서라도, 우리들이 그들

의 눈 속에, 그들의 생애의 역사 속에서 읽을 수 있는 것은 – 인생이란 고뇌 속에 있어서 가장 위대하고 풍요하고 행복할 수 있다는 것이다.

(로맹 롤랑, 이휘영 역, 『베에토벤의 생애』, 문예출판사, 1989, 11쪽)

사람들은 고산 등반가가 그러한 것처럼 해결할 수 없는 문제에 부딪혀 보고 싶어하며 일부러 고통을 겪기도 한다. 비극을 읽는 것에도 이와 비슷한 심리적 동기가 작용할 것이다. 그런데 신기하기도 이런 과정에서 카타르시스를 느낀다. 카타르시스는 고통스러운 경험을 통하여 정신적인 자유에 이르게 되는 것을 뜻한다. 피하고만 싶은 고통과 정면으로 마주 서서 그 고통을 객관화시킨 결과이다. 고통의 실체를 들여다보는 과정에서 내 잘못이 보이기 시작하고 마음의 문을 활짝 열어 나를 고통스럽게 한 이 세상을 있는 그대로 바라보게도 되는 것이다. 그러므로 카타르시스는 고통을 자기 것으로 하려는다는 적극적인 태도를 가진 사람만이 누릴 수 있는 특권이다.

내 도보 여행에서 이런 카타르시스를 느꼈는지는 잘 모르겠다. 다만, 무척 즐거워서 이번 겨울 방학에도 또 걷겠다는 말만 할 수 있을 뿐이다.

어머니

행복을 가장 잘 드러내 주는 장면을 그리라면 어떤 그림이 나올까? 나는 엄마 젖을 빠는 아기를 얼른 떠올린다. 전에는 길이나 버스 같은 데서 엄마가 젖을 내놓고 아기에게 빨리는 모습을 흔하게 볼 수 있었는데 이제는 기억으로만 남게 되고 말았다. 젖을 빠는 아이는 미소를 머금은 채 눈을 반쯤 뜨고 있다. 조그만 손은 가만히 있지 않아서 엄마 젖을 만지거나 저 혼자 장난친다. 이 아기를 자랑스럽게 사랑이 듬뿍 담긴 눈으로 지그시 바라보는 엄마는 어떤가?

> 타박네는 영준이(타박네의 소생 – 인용자)로 말미암아 자신의 몸이 숭고하다는 걸 처음으로 알게 되었다. 영준을 보듬고 젖을 물릴 때 모유뿐만 아니라 타박네의 배와 가슴, 몸을 이루는 뼈와 영혼까지도 즙이 되어 영준이의 입 속으로 흘러드는 것만 같았다. 젖이 홀쭉해질수록 가슴속이 시원했다. 내어주는 기쁨이 그토록 큰 것일 줄이야. 통통 불었던 젖이 비워지고 다시 채워지는 과정들이 말할 수 없이 신비하게 느껴지고 몸의 한 기관에 불과하다고 여겼던 자신의 가슴과 자궁을 찬찬히 돌아보는 계기가 되었다.
>
> (이현수, 『신기생뎐』, 문학동네, 2005, 230쪽)

아기와 엄마는 한 몸이 되어 더 바랄 게 없어 보인다. 보는 사람도 저절로 흐뭇해져서 아주 중요하고 신비스러운 일에 참여하는 듯한 기분을 갖게 된다. 행복의 원형이라 할 만하다. 내어주고도 기쁨을 느낀다는 것이다! 세상의 모든 것을 포용할 듯하다.

물론 엄마의 사랑에는 이런 것만 있는 것은 아니라는 점도 꼭 얘기해야 한다. 사랑이 지나쳐서 자기 자식만 생각하는 그악스러운 어머니가 되기도 하기 때문이다. 지하철 같은 데서 자리가 비면 바로 앞에 어른이 있는데도 아이를 앉히려고 하는 엄마를 만난다.

사실, 어머니의 사랑에 내포되어 있는 부정적인 측면은 너무 크다. 어머니가 자식을 위해 자신을 희생하는 밑바탕에는 '자식은 바로 나'라는 무의식화된 생각이 깃들어 있다. 자식을 자신이라고 여기기 때문에 과도한 희생도 억압도 다 가능하다. 이렇게 되면 결국 어머니도 자식도 다 제 삶의 주체가 되지 못한다. 가족을 위하여 희생한 어머니가 나중에 후회하는 것도 이 때문이다.

어머니의 사랑과 가족 이기주의는 아주 가까운 사이다. 사랑은 가족의 울타리에만 한정되어 있다. 그러므로 우리에게 정이 많다는 것은 사실과 크게 어긋난다. 남에게는 그렇게 배타적일 수 없다. 조선족이나 해외 이주 노동자들에 대한 우리들의 태도를 살펴보면 된다. 가족 이기주의가 그 범위를 넓히면 바로 추한 민족주의로 나타나는 것이다. 그런데 정이 없다는 서양인들은 몸과 정신이 온전하지 못한 외국의 아이들을 데려다 키운다.

사랑은 행복에 직결되지만 그 행복이 보편적인 내용을 담을 수 있도록 하지 않으면 안 된다. 그러자면 무엇보다도, 자식을 독립적인 개인 주체라고 생각해야 한다. 자유와 존엄성을 지닌 소중한 인격체라는 점을 받아들이면 사랑의 거룩한 이름으로 자식을 억압하고 괴롭히는 현상은 많이 줄어들 것이다. 어머니 자신을 사랑하도록 하자.

사랑에 대하여

사랑에 따르기 마련인 감정들, 예컨대 설렘, 안타까움, 아픔 이런 것들을 겪어 보지 못한 이는 없을 것이다. 그만큼 보편적인 현상이기 때문에 사랑을 노래하는 유행가들이 우리 마음을 울리는 것이다. 만약 그런 것을 느껴 보지 못했다면 여러 말 할 것 없이 한없이 불쌍한 사람이다.

그런데 사랑은 뭘까? 여러 가지로 설명이 가능하겠지만 상대방과 내가 하나로 되려는 움직임이라고 할 수 있지 않을까. 두 사람이 한 사람이 되는 것이다. 아마 사랑이 완성되기 어려운 것은 도저히 가능하지 않을 일을 꿈꾸기 때문인지 모른다. 서로 다른데 영원히 하나가 될 수는 없다. 그렇다면 사랑의 기쁨은 그저 어느 순간에 잠깐 이루어지는 그런 것인지도 모른다. 내가 너무 건조하게 나가는 것일까?

아무튼 이 동일화라는 것을 잘 들여다보면 결국 그 핵심은 상대방을 내 것으로 만드는 것이다. 애인을 내 마음대로 움직이도록 하려는 욕망이 도사리고 있다는 뜻이다. 이와는 정반대로 상대방에게 완전히 종속됨으로써 동일성을 이루려고 하는 움직임도 있을 수 있다. 그러니까 앞의 것이 사디즘이라면 이것은 매저키즘이겠다.

결국 타자를 나와 완전히 일치되는 존재로 만들려고 하면 타자의 자유를 무시할 수밖에 없다. 그런데 역설적이게도 상대방은 자유가 없으니 사랑의 주체가 될 수 없다. 결국 나 혼자만의 일방적인 사랑이 되어 버린다. 이것을 두고 사랑의 참다운 모습이라고 하기는 어려울 것이다. 사람이 기계와 사랑할 수는 없을 테니까. 아무튼 사랑에는 다른 사람을 지배하고 싶어하는 마음이 깃들어 있다. 이 지배욕을 사랑이라고 좋게 바꾸어 부르는 것인지도 모른다. 자식에 대한 우리 부모의 사랑에 이런 측면이 없다고 자신 있게 말할 수 있는 사람은 그렇게 많지 않을 것이다.

가장 가깝기 때문에 함부로 굴고 상대방을 무시하는 일이 생긴다. 심지어는 사랑이라는 거룩한 명분을 내세우는 종교도 전쟁을 일으킨다. 따라서 이 사랑의 자기 중심주의라고 할 만한 현상은 사랑의 본질을 이룬다고 해야 한다.

> 사랑에는 사랑을 주는 자가 그것을 받는, 흔히는 자신의 뜻과 어긋나게 받는, 자에게 자신의 뜻을 강제하게 만드는 무슨 힘이 도사리고 있다. 그래서 그것은 본질적으로 자기중심적이다. 사랑하면서 폭군이 되고 싶은 충동을 느끼지 않은 남자가, 그리고 질투를 느끼지 않은 여자가 어디에 있는가? 종교적 신념에서 나온 너그러운 사랑이나 사회적 이념에서 나온 높은 사랑일지라도, 그렇다. 종교 재판관들은 '마녀 사냥'으로 불쌍한 노파들을 고문하고 처형하면서 자신들은 그녀들의 영혼들에 대한 사랑에서 그렇게 한다고 믿었다. 그리고 '인류의 이름으로'나 '인민의 이름으로'와 같은 추상적 '사람'에 대한 사랑을 위해 헤아릴 수 없이 많은 사람들이 고통을 받고 목숨을 잃었다.
>
> (복거일, 「사회적 선택과 개인들의 몫」, 『현실과 지향— 한 자유주의자의 시각』, 문학과지성사, 1990, 359쪽)

여기서는 '추상적인' 차원의 인류는 그대로 두고, 날마다 만나는 사람들 사이의 사랑을 생각해 보기로 하자. 가깝다는 것은 그만큼 소중하다는 말이다. 가장 관심을 쏟고 배려해야 할 관계라는 뜻이다. 그런데 거꾸로, 가깝기 때문에 무관심해지기 쉽다. 습관의 힘 때문이다. 낯이 익으면 호기심을 갖기가 어렵다. 그러므로 서로 처음 본 사람들처럼 관심을 보이는 그런 관계가 되면 좋을 것이다.

관계의 기술을 의식적으로 익히지 않으면 안 된다. 먼저, 자신의 감정을 정직하게 들여다볼 수 있는 성숙한 태도가 필요하다. 그래야 사랑에 섞인 지배욕을 가려낼 수 있다. 나를 비우지 않으면 안 된다. 또 상대방이 나를 괄목상대하게끔 나를 바꾸는 노력도 해야 한다. 쉽게 할 수 있는 것은 옷차림이나 화장과 같이 외면을 바꾸는 일이다. 물론 오래 가고 가치 있는 것은 내면의 변화다. 내면의 용량은 무한하다. 참으로 신기하게도, 담을수록 빈 데가 늘어나고 내면은 더 넓어지고 깊어진다. 누가 이런 내면을 지닌 나를 주목하고 사랑하지 않을 수 있겠는가?

모든 좋은 것은 거저 얻지 못한다. 사랑하는 사람이야 말해 뭣하겠는가! 그러니 처음 하는 것처럼 자꾸 배우고 의식적으로 노력하는 수밖에 없다. 그때 아름다운 사랑은 은총처럼 나도 모르는 사이에 찾아올지 모른다. 물론 그 사랑은 고정된 상태가 아니라 늘 완성을 기다리는 과정에 있는 것이겠다.

눈물에 대하여

웃음이 몸에 좋다는 얘기는 많이 듣는다. 과학적으로 증명이 되는 사실이다. 그런데 눈물을 흘리는 것도 웃음 못지않게 좋단다. 좀 뜻밖이겠지만 조금만 생각하면 그럴듯한 바가 있다고 고개를 끄덕이게 된다. 먼저, 우리 소설에서 기억에 오래 남을 아름다운 장면을 감상하고 나서 눈물에 대해 생각해 보자.

> 영달이가 뒷주머니에서 꼬깃꼬깃한 오백원짜리 두 장을 꺼냈다.
> "저 여잘 보냅시다."
> 영달이는 표를 사고 삼립빵 두 개와 찐 달걀을 샀다. 백화에게 그는 말했다.
> "우린 뒤차를 탈 텐데…… 잘가슈."
> 영달이가 내민 것들을 받아 쥔 백화의 눈이 붉게 충혈되었다. 그 여자는 더듬거리며 물었다.
> "아무도…… 안 가나요?"
> "우린 삼포루 갑니다. 거긴 내 고향이오."
> 영달이 대신 정씨가 말했다. 사람들이 개찰구로 나가고 있었다. 백화가 보퉁이를 들고 일어섰다.
> "정말, 잊어버리지…… 않을게요."
> 백화는 개찰구로 가다가 다시 돌아왔다. 돌아온 백화는 눈이 젖은 채로 웃고 있었다.
> "내 이름 백화가 아니에요. 본명은요……이점례에요."
> 여자는 개찰구로 뛰어나갔다.
>
> (황석영, 「삼포 가는 길」(1973), 『삼포 가는 길』, 창작과비평사, 2000, 223－4쪽)

백화는 군인을 상대로 하는 술집 작부인데 고향에 가고 싶어 도망쳐

나왔다. 그 길에서 뜨내기 노동자인 영달이와 정씨를 만나 기차역까지 동행하게 된다. 이들은, 우여곡절이 없지는 않았지만 서로 감출 것이 없는 비슷한 처지라 쉽게 가까워진다. 그래도 백화는 자기의 본명은 얘기해 줄 수 없다는 점을 강조한다. 마지막 남은 자존심인 셈이다. 그런데 소설의 거의 마지막을 장식하는 위의 장면에 이르러서 그녀는 눈물을 보이면서 저 촌스러운 이름을 밝힌다. 마음을 완전히 연 것이다. 눈물이 시킨 일이다. 눈물을 흘린 것과 함께 일어났다고 해도 좋다.

아마 다, 실컷 울고 나면 가슴이 시원해지는 경험을 한 일이 있을 것이다. 이른바 카타르시스다. 원래 이 말은 몸 속에 들어 있는 나쁜 것을 밖으로 배출시키는 설사약을 뜻했다. 지금은 마음을 깨끗하게 해 준다는 의미로 쓴다. 바로 눈물이 이 일을 한다. 눈물은 우리를 불편하게 하는 마음의 때—편견, 헛된 욕망—를 씻어내 자신을 넘어서도록 한다. 불쌍한 이들에 대한 동정심, 자신의 잘못과 한계에 대한 솔직한 인정, 인간의 유한성에 대한 깊은 공감은 눈물을 불러온다. 속이 상해서 흘리는 눈물도 시간이 흐를수록 자신을 반성하는 쪽으로 향하게 한다는 점에서 그리 예외는 아니다. 이러니 눈물이 몸과 마음에 안 좋을 리가 없다.

잘 웃거나 울자면 다같이 마음을 비워야 한다. 무엇에 집착하면 다른 데를 돌아볼 수 있는 여유가 없어서 마음과 몸이 늘 무겁다. 이런 사람은 울지 않는 것은 물론이고 울려고 노력해도 눈물을 흘리지 못한다.

카타르시스 혹은 고통스러운 즐거움

카타르시스에 대해서 생각해 보자. 이 개념이 문학 이론에서 문제되기 시작한 것은 아리스토텔레스의 『시학』에서이다. 그 책의 6장을 보면 다음과 같이 나와 있다.

> 비극은 (중략) 연민과 공포를 환기시키는 사건에 의하여 바로 이러한 감정의 카타르시스를 행한다.
>
> (아리스토텔레스, 천병희 역, 『시학』, 문예출판사, 1977, 57쪽)

그런데 안타깝게도 이 카타르시스에 관해서 아르스토텔레스는 더 설명하지 않았다. 그래서 당연히 후대의 학자들은 이 말에 대해 여러 가지 해석을 내놓았다. 그 대강의 내용에 대해서는 유종호의 『문학이란 무엇인가』(민음사)를 보기를 권하면서 여기서는 거기에 소개되지 않은 하우저의 주장에다 내 생각을 보태기로 하겠다.

> 사람들은 프로이트가 설명한 것처럼, 해결할 수 없는 문제, 제어할 수 없는 위협적인 상황에 다시 부딪혀보고 싶어하며, 거기에 계속해서 직면하고 그것을 직시함으로써 그것을 지배하고자 한다. 비극과 같이 마음을 우울하게 하거나 심란하게 만드는 예술은 일종의 정신분석 치료에 속한다. 즉, 그것은 현존하는 모든 어려움, 괴로움, 갈등, 위험들을 인정하도록 하며, 그것들의 긴장 관계를 우리 내부에서 깨닫게 함으로써, 그리고 그 해결에 대한 일체의 환상과 기만을 거부함으로써 우리의 정신적 자유를 얻을 수 있게 한다. (아놀드 하우저, 황지우 역, 『예술사의 철학』, 돌베개, 1983, 81쪽)

아리스토텔레스는 관객이 비극을 보면서 연민과 공포를 느낀다고 했다. 연민은 그 주인공이 고의로 저지른 일이 아닌데도 그야말로 비극적으로 패배하고 마는 것에 대한 동정심에서, 공포는 그 비극적 결과의 냉혹함에 대한 무서운 느낌에서 오는 것이다. 그런데 관객이 비극을 다 보고 나서는 마음을 깨끗이 씻어낸 것 같은 기분을 갖게 된다는 것이다. 하우저는 바로 이런 상태를 정신적 자유라고 말하고 있는데 이것이 바로 카타르시스이다. 그러니까 이 카타르시스는 고통스러운 경험을 통하여 인간 삶의 진실에 이르는 과정을 말하는 것이라고 할 수 있다. 비극의 주인공이 겪는 좌절과 패배를 통하여 우리는 사태의 진상에 다가서며 궁극적으로 인간의 유한성과 위대성을 동시에 추체험하게 되는 것이다. 여기에서 유한한 인간의 위대성은 주인공이 패배를 예감하면서도 회피하지 않고 끝까지 책임을 지려는 영웅적인 태도에서 나온다.

나는 이러한 경험이 비극에만 한정되는 것이 아니라고 생각한다. 모든 위대한 문학은 고통을 통하여 인간의 진실에 이른다고 얘기할 수 있기 때문이다.

그런데 나는 여기서 이 카타르시스는 위대한 문학 작품을 읽는 일에서뿐만 아니라 글을 쓰는 과정에서도 얻을 수 있다는 점을 강조하고 싶다. 마음의 고통을 이기는 가장 좋은 방법의 하나는 글을 쓰는 것이다. 글쓰기는 내 고통을 분석하는 일이기도 하기 때문이다. 따라서 그 고통과 정면으로 마주 서게 할 뿐만 아니라 그 고통을 객관화시키는 계기를 갖도록 해 준다. 사실, 세상의 많은 고통은 나 혼자만 겪는다고 과장하는 데서 나오는 수가 많다. 그래서 지나치게 비탄의 표정을 만들어 갖게 된다. 그런데 그 고통의 정체를 들여다보는 것이 괴로운 일이지만 진정으로 벗어나자면 이 길을 걷는 수밖에 없다. 이 과정에서 내 자신의 잘못이 보이기 시작하고 더불어서 내 것만을 과장하는 것이 아닌가 하고 반성도 하며, 마음의 문을 활짝 열어, 내게 고통을 준 이 세상을 있는 그대로 바라보게도 되는 것이다.

이렇게 글쓰기는 자신을 똑바로 보게 할 뿐만 아니라 이 세계에 내 마음의 문을 열도록 해 준다. 쉬운 예를 들어서, 실컷 울거나 내 사정을 친구에게 숨김없이 얘기하고 나면 시원하다는 기분을 느낀다. 이 결과로 전과는 다른 새로운 내가 되었다고 해도 좋다. 지금까지 나를 무겁게 했던 원한이라든지 부정적인 감정에서 어느덧 벗어난 자신을 발견하게 되는 것이다. 그리고 내가 더 넓어지고 깊어졌다는 느낌이 즐거움으로 다가오는 것이다. 이게 카타르시스의 요체다.

카타르시스는 고통스러운 즐거움이다. 고통스러운 일을 회피함이 없이 그것과 정면으로 마주 대함으로써 그것을 포함하는 더 높은 진실에 이르게 하기 때문이다. 그러므로 카타르시스는 고통을 자기 것으로 하려는 적극적인 태도를 가진 사람만이 누릴 수 있는 특권이라고 할 수 있다. 좋은 문학과 글쓰기는 바로 이 고통스러운 즐거움을 체험하도록 해 준다.

비틀기—웃음에 대하여

왜 웃을까? 자연스러운 것 또는 정상적인 것을 비틀면 웃게 되어 있다. 예를 들어, 뭘 물으면 당연히 이렇게 대답하리라고 예상했는데 그와는 다른 엉뚱한 대답을 듣게 될 때 웃는 것이다. 이것을 다음과 같이 설명할 수도 있다. 유연성과 융통성이 요구되는 상황에서 기계적으로 반응할 때 웃음이 나온다. 철학자인 앙리 베르그송이 『웃음』(정연복 옮김, 세계사, 1992)이라는 소책자에서 내세운 이론이다. 상황과 관계없이 기계적으로 일정하게 반응하면 엉뚱하게 보이게 마련이다.

예를 하나 들어 보자. 두 사람이 얘기를 나누고 있다. "나는 개혁파야. 넌?" "배고파." 하도 동떨어진 대답이라 가볍게 상대방을 친다. 그 반응이 뭘까? "아파!" 요즘의 우스개에서 많이 듣는, 동음이의어를 이용한 말장난(pun)인데, '파'가 같이 발음되지만 다른 뜻을 지닌다는 점을 이용한 것이다.

그러니까 기대에 대한 배반, 생각지도 않은 엉뚱한 반응이 웃음의 원인인 것이다. 물론 그 엉뚱함이 너무 지나쳐서 듣는 사람으로 하여금 예민하게 반응하도록 하면 나오던 웃음이 멈춰지고 만다. 오히려 웃음과는 사뭇 다른 슬픔이라든가 분노의 감정을 불러일으키기도 한다.

그런데 이렇게 서두를 뗀 것은 웃음을 유발하는 문장을 소개하기 위해서다. 읽어 보자.

> 지혜의 왕 솔로몬이 남긴 최고의 지혜...... 지혜가 많으면 번뇌도 많으니 지식을 더하는 자는 근심을 더하느니라. 네 글자로 줄이면 식자우환이라. 유가에서 지나치지 말라 이른 것도, 도가에서 억지로 떼쓰지 말라 권한 것도, 다 적당히 무지몽매해야 행복할 인간들이 너무 많이 알려고 몸부림치다가 다칠까 봐 걱정이 되어 남긴 필생의 메시지임을 어이 모를쏜

가. 오죽하면 이순신은 자신의 죽음을 알리지 말라는 말을 최후의 명령으로 남기고 죽었으랴. 비록 자신은 너무 많이 알아버려 목숨을 다치게 되었지만, 부하들만큼은 알면 죽게 되는 어리석은 전철을 되풀이하지 말기를 바라는 간곡한 사랑의 유언이 아니었을까.

(이해경, 『그녀는 조용히 살고 있다』, 문학동네, 2002, 59쪽)

누구나 고개를 끄덕일 만큼 그 이름이 드높은 것과 알면 다친다는 속세의 처세를 엉뚱하게 연결시켜 놓고 있어서 웃음을 참지 못하게 한다. 유가와 도가는 잘 모르니 맞는 말인가 하는 의문이 들다가 이순신에 이르러서는 웃기기고자 하는 말임을 확실히 알게 된다.

이렇게 웃음이 비틀기에서 나오는 것이니 기존의 가치에 대한 저항이라는 적극적인 모습을 드러낼 수도 있다. 찰리 채플린의 희극이 그 대표적인 예이다. 또 어떤 경우에는 웃음이 비극적인 정조를 간직할 수도 있다. 웃음으로만 끝나지 않고 웃음의 대상이 되는 것과 웃는 사람이 정서적인 동일성을 느낄 때 그렇게 된다. 김유정의 명편 「땡볕」(1936)을 그 예로 들 수 있다. 이왕 얘기를 시작했으니 이 소설의 마지막 부분을 보자.

덕순이는 고치기 힘든 병이면 대학병원에서 월급을 주며 치료해 준다는 말을 듣고 시골에서 병자인 아내를 데리고 올라온다. 이 남편은 김유정의 전형적인 인물인 바보다. 아내는 열석달째 배가 부른 상태에 있는데 아기가 뱃속에서 나오지 못하고 죽어서 그렇게 된 것이다. 병원에서 월급을 주느냐고 물었다가 무안만 당한 덕순이는 아내를 지게에 지고 병원을 나온다. 길에서, 그동안 고생만 시키고 변변히 먹이지도 못한 것이 후회되어 참외를 먹겠느냐고 아내에게 묻는다. 그러자 아내는 얼음냉수를 가리킨다.

남편이 한푼 더 보태어 담배를 사려던 그 돈으로 얼음냉수를 한 그릇 사다가 입에 먹여까지 주니 아내도 황송하여 한숨에 들이켠다. 한 그릇을

다 먹고 나서 하나 더 사다 주랴 물었을 때 이번에 왜떡이 먹고 싶다 하였다. 덕순이는 이것이 마지막이라는 생각으로 나머지 돈으로 떡 세 개를 사다 주고는 그대로 눈물도 씻을 줄 모르고 그걸 오직오직 깨물고 있는 아내를 이윽히 바라보고 있었다. 그러나 아내가 무슨 생각을 하였는지 왜떡을 입에 문 채 훌쩍훌쩍 울며, "저 사촌형님께 쌀 두 되 꿔다 먹은 거 부대 잊지 말구 갚우." 하고 부탁할 제 이것이 필연 아내의 유언이라 깨닫고는, "그래 그건 염려 말아!" "그리구 임자 옷은 영근 어머니더러 사정 얘길하구 좀 빨아 달래우." 하고 이야기를 곧잘 하다가 다시 입을 일그리고 훌쩍훌쩍 우는 것이다.

덕순이는 그 유언이 너무 처량하여 눈에 눈물이 핑 돌아 가지고는 지게를 도로 지고 일어선다. (중략)

때는 중복, 허리의 쇠뿔도 녹이려는 뜨거운 땡볕이었다.

덕순이는 빗발같이 내려붓는 등골의 땀을 두 손으로 번갈아 훔쳐 가며 끙끙 내려올 제 제 아내는 지게 위에서 그칠 줄 모르는 그 수많은 유언을 차근차근 남기자, 울자 하는 것이다.

(김유정, 「땡볕」, 『한국문학전집 5』, 삼성출판사, 1985, 403－4쪽)

여기서 단단한 것을 녹여 버리는 땡볕이나 뱃속에서 죽은 아이는 극한에 이른 궁핍상을 상징하는 객관적 상관물이다. 김유정은 이런 어려운 현실을 웃음으로 대응하려고 했다. 앞에서 말했듯이 바보들을 등장인물로 삼은 것이다.

여기서 덕순이나 그 아내나 다 바보다. 한마디로 세상 물정을 모르는 사람이다. 이들의 행태가 독자에게 웃도록 만든다. 죽는 마당에 그깟 쌀 두 되가 뭐가 중요한가! 그런데 우리 착한 아내는 그걸 갚으라고 남편에게 유언으로 남기는 것이다. 죽음과 쌀 두 되, 아주 엉뚱한 병치다. 그런데 웃을 만한 조건이 잘 갖추어졌는데도 우리는 웃을 수 없다. 오히려 이들의 눈물에 우리가 전염되고 만다. 결국 바보들이 연출하는 희극적인 상황이 너무 심각하여 비극적인 정조를 지니게 된 것이다.

웃음 하면 요즘의 천박한 것만을 생각하여 가볍게 여기기가 쉬운데 그것은 일부일 뿐이고 비극적인 요소를 품을 수 있을 정도로 그 폭이 대단히 넓다. 웃음이 한없이 가볍고 천박해진 것은 우리 현실의 그러함을 반영하는 것일 것이다.

사랑—진실을 외면하지 않고 정면으로 바라보기

아버지와 딸(미원)이 있다. 딸은 올해 대학 1학년생이다. 그런데 그 둘에게는 깊은 마음의 상처가 있다. 딸의 한 쪽 눈이 안 보이게 되는 사고가 일어났기 때문이다. 딸이 "다섯 살 때 아파트 놀이터의 미끄럼틀에서 떨어졌는데, 땅바닥에 얼굴을 부딪치며 돌부리에 그 눈을 다친 겁니다." 그래서 딸은 지금까지 "한 쪽 눈으로 세상을 바라본 셈"(고종석, 「아빠와 크레파스」, 『동서문학』, 2001, 가을, 107쪽)이 된다.

그런데 이게 웬 일인가. 딸이 단성 녹내장으로 남은 한 쪽 눈의 시력마저 잃게 되었다. 의사가 예상한 대로 수술 결과는 안 좋아서 이제 딸은 시력을 완전히 상실하고 말았다. 그렇지 않아도 아버지는 평소에 딸에게 미안한 마음을 지니고 있었다. 아버지로서 아이와 제대로 놀아 주지도 못했고, 셋방살이를 하느라 집을 자주 옮겼기 때문에 딸은 사교성이 없는 아이가 됐으며, 또 직장 생활 때문에 하게 된 프랑스 생활도 아이에게는 좋지 않았을 거라는 생각 때문이다. 이 때문에 아버지는 딸이 어색했다. 그런데 아버지는 딸의 수술을 겪으면서 자신의 죄책감은 다른 데 있다는 점을 깨닫게 된다.

> 저는 그때 알았습니다. 제가 미원이를 어색하게 대해 온 이유를요. 그것은 아비로서의, 부모로서의 죄책감 때문이었습니다. 그 죄책감은 그 아이에게 시간을 충분히 내주지 못한 것에 대한 것도 아니었고, 초등학교를 여러 군데 다니게 한 것에 대한 것도 아니었습니다. 또 그 아이가 원치 않았는데 프랑스로 데려간 것에 대한 것도 아니었습니다. 물론 그런 것들에 대해서도 저는 미원이에게 죄를 지었다면 죄를 지은 셈이지요. 그러나 오래도록 저를 눌러온 죄책감, 미원이를 대할 때마다 느꼈던 어떤 어색함의 밑바탕에 있었던 죄책감은 그 아이가 다섯 살 때 겪은 그 사고와 관련

> 된 것이었습니다. 그 어린 것에게 사고를 당하게 한 아비로서의 죄책감, 그 어린 것을 보호하지 못한 아비로서의 죄책감 말입니다. 저는 미원이가 이번 일을 당하고서야 새삼 그걸 깨달았습니다. 그 죄책감 때문에 저는 그 아이의 눈을 똑바로 쳐다보지 못했던 겁니다. 그런데 이제 그 아이는 한 눈마저 잃은 겁니다. 결국 제가 건강한 몸을, 건강한 눈을 돌려주지 못했기 때문인 거지요.(110－1쪽)

그런데 놀라운 것은 아버지와 마찬가지로 딸도 역시 죄책감을 느끼고 있었다는 사실이다. 딸은 아버지에게 "한쪽 눈마저 간직하지 못한 것"에 대해 죄송스럽다고 한다(111쪽). 그러면서 딸은 눈을 잃었다는 죄책감 때문에 "철든 뒤부터 한 번도 아빠 얼굴을 똑바로 쳐다본 적이 없다"고 고백한다(112쪽). 그 다음 고백은 직접 읽어 보아야 한다.

> 그 전에는 왜 아빠 얼굴을 쳐다보지 못한 줄 아세요? 죄책감 때문이었어요. 눈을 잃었다는 죄책감. 아빠가 멀쩡하게 낳아준 눈을 제 실수로 잃었다는 죄책감. 그 죄책감은 엄마를 향한 것이기도 했지만, 아빠한테서 훨씬 더 컸어요. 남들이 다 그러잖아요. 제가 아빠 얼굴을 쏙 빼닮았다구요. 특히 눈이 닮았다구요. (중략) 저는 아빠가 준 그 눈을 간직하지 못한 게 죄스럽고 수치스러웠어요. 아빠가 저를 부끄러워할까봐 두려웠어요. 아빠가 남들한테 부끄러울까봐, 불구인 딸을 둔 게 부끄러울까봐 말이에요. (중략) 제가 저지른 그 잘못을 저는 용서할 수가 없었어요. 그래서 아빠 눈을 받아낼 수가 없었어요. 저는 늘 아빠의 눈길을 피했죠.(112－3쪽)

이 말을 듣는 아빠는 "입술을 깨물며 흐느낌을 참아"낸다(113쪽). 나도 그랬다. 여러분이 그렇지 않았다면 안타깝게도 내가 그 상황을 제대로 전달하지 못했기 때문임이 분명하다.

두 사람이 행하는 고백의 밑바탕에는 자기 삶의 주인은 자기라고 하는 인식이 깔려 있다. 심지어 운명적으로 주어진 일이라고 해도 좋을 것들마

저도 이들은 자기의 잘못이라고 말한다. 이 작품이 주는 비극적 울림은 등장인물의 이런 태도에서 나오는 것이다.

진정한 사랑은 서로 상대방이 삶의 주체라는 점을 공유하는 데서 가능한 것일지 모른다. 그런데 이게 그렇게 쉬운 일은 아니다. 우리의 경험을 보건대 어떤 일이 잘못됐을 때 그것이 자기 탓임을 인정하는 일이 얼마나 어려운가. 일의 실상을 정면으로 바라볼 수 있는 용기와 냉정한 태도가 있어야 되는 것이다. 비극의 주인공이 겪는 일도 바로 이것이다. 그리고 비극이 주는 카타르시스도 사건의 핵심을 회피하지 않고 정면으로 들여다보았을 때 생기는 결과라고 할 수 있다.

그런데 삶의 진실은 얼마나 냉혹한 것인지! 위에서 인용한 딸의 고백 마지막 부분은 다음과 같다.

> 아빠, 정말 죄송해요. 이젠 두 눈이 다 보이지 않네요. 이젠 아빠 얼굴을 쳐다보려 해야 볼 수가 없게 됐네요. 아니, 이제서야 아빠 눈을 똑바로 쳐다볼 수 있겠네요.(113쪽)

저 비극의 주인공 외디푸스왕이 진실을 보지 못했다고 자책하면서 두 눈을 찔러 맹인이 되는 것과 꼭 같다. 두 눈이 다 보이지 않아야 오히려 진실을 보게 되는 인간의 한계, 무능력이 손에 잡힐 듯하다. 여기서도, 자기의 한계를 스스로 겸손하게 인정하는 데서 오는 것이 틀림없을 카타르시스를 우리는 경험한다.

마지막 부분에서 홍세화를 연상시키는, 아버지의 선배는 다음과 같은 위로의 편지를 보내온다(소설 전체가 아버지와 선배가 주고받는 편지로 이루어져 있다).

> 무엇보다도, 낙관과 자족이 중요합니다. 그것들이 있는 한 삶은 견딜 만합니다. 신이, 누구한테서든, 아무것도 남겨놓지 않고 몽땅 빼앗아가 버

리는 경우는 없습니다.(117쪽)

여기서 말하는 낙관과 자족이 헛말은 아닐 것이다. 자기 삶의 주인공은 자기라고 하는 것을 믿는 사람들끼리 하는 말이기 때문이다. 이런 사람들에게 삶은 마땅히 자기 책임으로 영위되는 것이어야 한다.

좋은 소설 읽었다.

아름다움의 조건

아름다움에 대한 칸트의 이론이 있다. 아시다시피 아름다움을 느낄 수 있으려면 무관심한, 다시 말하면 이해 관계에서 자유로운(disinterested) 태도를 가져야 한다는 것이다. 미적 대상 외부에 존재하는 목적을 지향하지 말고 대상 그 자체만 바라보아야 한다는 것이다. 예를 들어, 그림을 치부의 수단으로 생각하면 그 그림의 아름다움을 제대로 느낄 수 없을 테니 일리가 있는 주장이다.

예술의 인식적 기능을 강조한 마르크스도 예술이 미의 법칙에 따라 창조된다는 점을 강조한 바 있다. 실제적인 욕구에 사로잡힌 감각은 조야한 감각이기 때문에 예술의 아름다움을 제대로 느끼지 못한다고 했다. 참고로, 마르크스를 잘 모르는 사람은 그가 예술에서 교훈이나 선전, 선동 등의 효용성만을 일방적으로 내세웠을 것이라고 생각하기 쉬운데 결코 그렇지 않다. 오히려 그는 짐작과는 아주 다르게 예술의 자율성을 강조하고, 작품에서 이데올로기를 노골적으로 드러내는 것을 강하게 비판했다.

> 조야한 실제적 욕구에 사로잡혀 있는 '감각'은 역시 '제한된' 감각일 따름이다. 굶주림에 지친 인간에게는 음식의 인간적 형식이 존재하지 않으며, 오로지 음식으로서의 추상적 현존재만이 존재할 따름이다. 이처럼 음식은 가장 조야한 형식으로 존재하는바, 우리는 이러한 영양 활동이 무엇에 의해 '동물적인' 영양 활동과 구별되는가를 말할 수 없다. 근심에 가득 차 있는 굶주린 인간은 아무리 훌륭한 연극을 보더라도 '감흥'을 느낄 수 없다. 광물 상인은 광물의 상업적 가치만을 알 뿐이지 그 아름다움과 고유성까지는 깨닫지 못한다. 그는 광물학적 감각을 지니고 있지 않다.
>
> (마르크스, 경제-철학 초고, 1884)

이를테면 누가 승진하거나 높은 자리에 당선되면 축하용으로 으레껏 보내는 난초가 있다. 보내는 사람은 꽃가게에 주문하니까 그 선물을 직접 볼 기회도 없다. 이렇게 보내는 이나 받은 이나 모두 거들떠보지도 않은 난은 미적인 대상으로서의 기품을 완전히 상실해 버린다. 이 난은 보내는 사람이 자신을 잘 보이기 위한 '외부적인 목적'을 이루는 수단일 뿐이니 그저 소모품이거나 쓰레기다. 어디 '선물용 난'만 그럴 것인가! 천박한 효용성만이 활개치는 세상인데. 상품으로서의 가치가 있을 때만 미적인 대상도 겨우 존재할 수 있게 되고 말았다. 문화도 상품이라는 주장이 하나도 이상하게 들리지 않는 세상이다.

우리는 서로에게 빚을 지고 있다

오늘(2003, 1, 3) 아침 『한겨레』에서 좋은 글을 읽었다. 읽고 같이 생각해 보자.

> 손님처럼 한 해가 또 떠나갔다. 늘상 그랬듯 나는 보낼 준비가 채 안 됐는데 2002년은 저 혼자 잘도 갔다. '잘 가라고 하죠, 뭐'라는 전자우편을 몇몇 지인들에게 보내곤 잠시 '인생이란…'하고 한숨을 쉬었다. 늘 하던 짓이다. 2003년이란 새 손님도 늘 그랬듯 낯설다. 사귀기까지는 또 한동안 시간이 필요할 것이다. 덩달아 내 삶도 더 많이 낯설어진다. 익숙한 듯하다가도 문득 중요한 순간이 되면 끝내 낯설어지곤 하는 삶.
>
> 더 젊었을 땐 새해가 되면 많은 것들을 원하고 빌었다. 심지어 '좋은 일만 일어나게 해주세요'라며 억지를 부린 적도 있다. 남보다 잘나고 앞서기 위해 안달을 부릴 때의 일이다. 그러나 차츰 나이를 먹어가면서 좋은 일이 이뤄지길 빌기보단 나쁜 일이 일어나지 않길 더 바라게 된다. 아마도 한 해 두 해 삶의 경험들이 쌓이면서 삶에서 개인의 의지가 차지하는 부분이 생각보다 초라하다는 것을 절감하기 때문인 것 같다. '꿈은 이루어진다!'는 시대에 좀 생뚱맞은가 성공과 성취에 대한 욕망을 충동질하고 그 욕망을 자양분으로 한 의지를 최고의 가치로 상찬해 마지않는 자본주의 사회의 윤리면에서 보자면 반체제적으로까지 느껴질지도 모른다.
>
> 그러나 지금까지 내 삶의 경험에 정직한 한 나는 이런 입장에서 물러날 생각이 없다. 한 개인의 삶은 우선 어떤 나라에 태어나느냐, 그 중에서도 어떤 부모 밑에서 태어나느냐에 따라 결정적인 영향을 받는다. 부모가 반팔자라는 속담은 최근 한 대통령 후보의 표현이 맞다면 '장관 아들 장관되고, 재벌 아들 재벌된다'로 격상됐다. 일종의 사회적 복제인 셈이다.
>
> 내가 이룬 작은 성취들은 얼마만큼이 나의 몫일까? 부모 덕도 어떤 연줄의 도움도 없이 대통령에 당선됐다는 노무현씨도 '뛰어난 머리'는 부모운에 빚진 것이 아닐까? 게다가 인터넷 시대의 도래와 시민의식의 성숙 등 시대적 변화가 없었다면, 곧, 그가 천시를 만나지 않았다면 그는 대통

령이 될 수 없었을 것이다. 누구보다 치열한 의지로, 원칙과 정의감으로 헌신하며 살았지만 덜컥 암에 걸려, 혹은 고문 후유증으로, 혹은 시대를 잘못 만나 쓸쓸하게 사라져간 사람들이 많다. 몇 안 되는 소위 '입지전적 성공'에만 조명을 하는, 이 성공 지향적 경쟁사회가 다수인 그들을 무시하고 있을 뿐이다.

나는 정말 나인가 중요한 종교적 철학적 물음이기도 하다. 불교에서는 나에 대한 집착이 미망임을 가르치고 있고, 후기 구조주의자들은 주체의 불확실성과 '구성되는' 수동성을 지적한다. 심기일전해 새로운 의지를 다지게 마련인 새해 첫머리에 우리의 삶이 의지보다 운수 혹은 사회구조 소관 아니냐는, 다소 맥 빠지는 얘기를 불쑥 던져본 것은 공연한 심술이 아니다. 나의 성공이나 성취가 '내가 잘나서'가 아니라는 말을 한번 해보고 싶어서다.

나는 다른 무엇보다 내 덕에 혹은 내 탓에 내가 되어 있는 것일까 특히 장관2세 재벌2세들, 돈이든 권력이든 능력이든 외모든 운수가 좋아 유리한 조건을 가져 우리 사회 평균보다 많은 것을 누리는 계층에서 이 질문을 화두로 삼아봤으면 한다. 나부터 그런 질문을 해보면 아무래도 내 몫보다는 '빚진 몫'이 많다는 생각이 든다.

예를 하나 들어보자. 지난 월드컵 축구대회에서 세계를 놀라게 한 붉은 악마 응원과 한국 축구대표팀의 4강 진출은 우리 기업들의 이미지를 크게 높였다. 이걸 기업들이 재수가 좋았다고만 생각해선 안 된다. 국민들에게 그만큼 빚지고 있음을 깨달아야 하지 않을까 개인이든 기업이든 어떤 단체든 이런 채무의식에 민감해질 때 복지사회의 가능성은 그만큼 더 커지는 게 아닐까 싶다.

얼마 전 홍콩 여행길에서 캐나다인 노부부를 우연히 만난 일이 있다. 둘 다 은퇴한 대학 교수인데 1년 쯤 뒤 아프리카로 이사 갈 계획이라고 했다. 에이즈로 고통받는 사람들을 돕는 활동을 하기 위해서다. 아프리카와 아시아 지역을 석달 동안 여행 중이라는 그들은 자신들이 너무 많이 가졌고 '너무 버릇이 없어졌다'며 자성의 목소리를 냈다. 내 것이 결국은 내 것이 아님을 아는 것이 바로 철이 드는 것인 모양이다.

(김신명숙, 「내 몫과 빚진 몫」 :
http://www.hani.co.kr/section－001056000/2003/01/001056000200301021814418.html)

내 경험으로서도 맞는 말이라고 생각한다. 서정주 시인은 국화꽃 한 송이가 피어나기 위해서 오랜 시간 동안의 준비와 수많은 타자의 도움이 필요하다고 했다. 사람의 일도 이와 크게 다르지 않을 것이다. 얼른 보기에는 우리의 자유 의지대로 욕망하고 행동하는 것 같지만 곰곰이 잘 따져 보면 우리 외부에 그 원인이 있다는 것을 알게 된다.

> 우리의 행동을 보면 모두 원인이 있다. 자유 의지가 있다고 생각하는 사람도 있지만 사실 무언가에 의해 결정되어 있는 것이다. 예를 들면 아이가 다마고치나 포켓몬스터를 갖고 싶어할 때, 자신의 자발성이라고 생각하겠지만 그것은 남들이 갖고 싶어하기 때문이다. 바꿔 말하면 그 욕망은 타자의 욕망, 혹은 타자에게 인정받고 싶다는 욕망이고 자유＝자기 원인이 아닌 것이다.
>
> (가라타니 고진, 송태욱 옮김, 『윤리 21』, 사회평론, 2001, 55－6쪽)

이렇게 모든 것은 관계를 맺고 있다. 심지어는 이미 죽은 것과 미래의 타자들과도 관련이 있다고 생각해야 한다. 우리는 서로에게 빚을 지고 있는 것이다. 따라서 세상의 일에 책임을 나누어 가지고 있다.

환경 문제를 생각할 때도 이런 점을 염두에 두어야 한다고 생각한다. 이 지구는 우리뿐만 아니라 앞으로 태어날 생명들이 살아야 하는 터전이다. 현재의 생활수준을 유지하는 한 전지구적인 위기 상황을 피할 수 없다는 경고가 들려오고 있다. 우리 당대는 그런 대로 그냥 지나갈 수 있을지 모른다. 그러나 미래의 세대들에게는 그렇지 않을 것이다. 그러므로 당장의 편리를 위하여 자연을 함부로 할 수는 없는 문제이다.

세상의 일에 모두 원인이 있으며 서로 그물처럼 연결되어 있다고 생각할 때 역설적으로 참다운 자유가 생기다. 이때 자유는 내 주위의 것을 염려하는 마음, 도스토예스키 식으로 바꾸어 말하면 "우리는 어느 누구를 막론하고 모든 사람과 모든 것에 대해 죄가 있는 거"(도스토예스키, 박형규 옮김, 『카라마조프씨네 형제들』(중), 학원사, 1984, 24쪽)라고 여기는 것이고, 미래의 타자들에 대한 책임을 의식하는 태도이기도 하다.

날 울린 김어준

이름만 들어도 옷깃을 여미게 하는 사람들이 있다. 그들은 삶과 생각을 일치시킨다는 공통점을 갖고 있다. 아니, 삶에서 우러나온 생각을 일관되게 실천으로 밀고 나간다고 해야 맞을지 모르겠다. 내게 그런 사람은 단병호 전 민주노총 위원장이나 『녹색평론』을 창간하여 생태주의 사상을 펼치는 김종철 교수 같은 이다.

이들의 존재는 일상에서 잊어버린 삶의 근원을 돌아보게 한다. 그래서 현실 너머를 보지 못한 채 그날그날 편안하게 살아가는 내 모습을 부끄럽게 만든다. 의식적으로 즐거움과 행복을 강조하는 것이 철이 덜 들어 그런 것이 아닌가 하는 생각을 하도록 이끌기도 한다. 노동자의 삶을 생각하고 근대 문명에 깃든 반생명적인 요소에 대해 고민할 뿐 아니라 실천함으로써 해결하려고 하는 사람이 있다는 사실은 주위를 염두에 두지 못하는 편협한 내 즐거움을 불편하게 만든다. 내 행복이라는 것이 다른 사람의 고통 위에 세운 집일 가능성을 자신 있게 부정할 수 없기 때문이다. 그런데 며칠 전 신문에서 읽은, 단병호와 대담한 김어준의 글에서 그런 부채의식을 보고 가슴이 뭉클해진 적이 있다. 이런 분이 꽤 있었을 것이다.

> 그를 만나기 전 난 불편했다. 나이보다 족히 20년은 늙어 보이는 그의 얼굴에 깊이 팬 주름 하나하나가 앞가림에 바쁜 내 염치의 등짝을 휘갈기는 회초리 같아, 난 그가 밉다. 헌금함 앞의 사이비 교인마냥 먼 산 쳐다보고 싶다. 게다가 많은 경우 난 그의 방식을 좋아하지도 않는다. 알량하느니 차라리 그렇게 외면하고 싶지만, 그를 부정할 방도가 없다. 해서 그를 마주 보는 내내 난, 그의 정치적 지향과는 아무 상관없이, 아저씨는 꼭 그렇게 쭈글쭈글해서 내 부채의식에 불을 질러야 되겠냐고, 팩 좀 하면 어디 해방

이 더디 오냐고, 끊임없이 씨불거렸다. 속이 상한다. 그가 그렇게 늙어 보이는 게.

(http://www.hani.co.kr/section-005000000/2004/03/005000000200403231928677.html)

"속이 상한다. 그가 그렇게 늙어 보이는 게."라는 대목에서 나는 울 뻔했다. 생각을 달리하는 점이 있으면서도 마음 깊은 곳에서 우러나오는 존경과 애정이 없고서는 할 수 없는 말이기 때문이다. 감옥을 제 집 드나들듯하는 사람의 고통에 대한 깊은 연민과 더불어 자성도 없지 않을 것이다. 나는 이 글로 김어준을 괄목상대하게 됐다. 벌써 몇 년 전이라고 해야 될 정도로 시간이 흐른 것 같은데 『한겨레 21』에서 김규항과 함께 진행한 대담에서 그의 재치와 발랄한 상상력에 여러 번 웃기는 했지만 그냥 그렇게 지나갔는데 이번 글로 그냥 가볍기만 한 것이 아님을 알게 되었다. 그렇다! 진정한 가벼움은 쓸데없는 경계를 지우고 사람을 무겁게 만드는 욕망에서 자유로울 때만 나올 것이다.

아무튼 나는 이번(2004년) 국회의원 선거에서 한 표는 열린우리당 후보, 다른 하나는 민주노동당에 찍을 생각이다. 우리당 후보에게 갈 표도 사실은 민주노동당 것이어야 하겠지만 그렇게 하지 못하는 것은 내가 투표할 선거구에서는 사표가 될 것이 확실해서 그 틈에 혹시 수구 세력이 어부지리를 얻을지 모르기 때문이다. 한나라당이 완전히 몰락하거나 지역 정당으로 겨우 목숨이나 유지하고, 우리당과 민노당이 각각 참다운 보수와 진보를 대변하는 정당이 되었으면 좋겠다. 그렇게 되면 내 즐거움이 조금은 떳떳해질지도 모르겠다.

연기

나는 해병이었다. 겨울이 다가오자 바로 이맘때쯤에 훈련 받던 광경이 생각나 이 글을 적게 됐다.

제대할 때는 지긋지긋해서 포항 쪽으로 향해서는 오줌도 안 누겠다고 했었는데 지금은 한번 찾아가 보고 싶은 마음이 들 정도로 바뀌었다. 세월의 흐름이 가져다 준 여유일까? 대체로 나이가 들면 결기가 사라지는 것 같다. 이런 것을 듣기 좋게 달관이라고 하는데 경계하여 들어야 한다. 물론 반대로 쓸데없는 고집쟁이가 되는 수가 많다는 것을 신문 같은 데서 보기도 한다. 개혁에 반대하고 나서는 자칭 국가 원로라는 사람들을 보라. 사실 그들은 기득권을 지키고자 나선 고집쟁이 늙은이들이다.

다시 원래의 길로 돌아와서 해병대를 생각하면 가장 먼저 떠오르는 것 가운데 하나가 아이비에스(IBS) 훈련이다. 큰 고무보트를 타고 노를 저어서 육지로 상륙하는 훈련이다. 민간인들이 해병대 가서 훈련 받는 과정을 보여 주는 텔레비전 프로그램 같은 데서 곧잘 보는 것으로 보트를 몇 사람이 이고 나르는 것이 많이 나온다. 물론 이것도 그 훈련의 한 과정이기는 하지만 사실은 아주 쉬운 시작에 지나지 않는 것으로서 그냥 해 보는 맛보기에 해당한다고 할 수 있다. 아침에 바다로 나가 출발하면 점심때쯤 목적지에 이르는 과정이 그 전체인데 그리 간단하지가 않다.

이제 숙달된 조교의 시범에 따라 훈련으로 들어가자. 겨울에 바다에서 받는 것이라 춥다고 생각하실 이도 있겠는데 여기서는 뭘 한참 모르는 소리라고만 해 두겠다. 병사들이 보트의 좌우에 일렬로 앉는데 한 다리는 바닷물이 부딪는 보트의 불룩한 부분 위에 구부리고 한 쪽은 안쪽으로 좀 자유롭게 자리 잡는다. 그런데 졸병은 앞에 앉힌다. 바다에 빠진다 싶을 정도로 허리를 깊숙이 숙여서 노를 저어야 보트가 나가기 때문이다.

그러니 고참은 뒤에서 앉아 있기만 하면 된다. 하는 일이 아주 없는 것은 아니다. 가끔씩 앞에 앉은 졸병이 노를 잘못 저어 바닷물을 튀길 때 모를 세운 노로 무지막지하게 졸병의 머리를 내리치거나 여러 번 되풀이하면 발로 차서 바다로 빠뜨리는 일은 한다. 이래야 허리가 빠질 것 같은 아픔도 졸병의 슬픔도 잠시 동안이나마 다 잊을 수 있는 것인지도 모른다. 그만큼 절박하다. 이러면서 비인간적인 대우도 어느덧 자연스럽게 수용되는 것이다. 군대가 사회에 미치는 악영향 가운데 하나로서 이 폭력의 내면화도 놓치지 말아야 할 것이다.

이런 일을 반복하면서 어쨌든 점심 먹으러, 출발한 곳과 많이 떨어진 곳에 오른다. 이때 어떤 기분이 드는지 아는가? 여러 말 할 것 없이 머리가 텅 비어 버린다. 그런데 양지쪽에 앉아 있으면 몇 채 되지 않는 마을에서 피어오르는 밥 짓는 연기가 보인다. 바로 집과 나무들과 호수들을 살리는 브레히트의 연기다.

> 호숫가 나무들 사이에 조그만 집 한 채.
> 그 지붕에서 연기가 피어 오른다.
> 이 연기가 없다면
> 집과 나무들과 호수가
> 얼마나 적막할 것인가.(1953)
>
> ─ 브레히트, 김광규 옮김, 「연기」, 『살아남은 자의 슬픔』, 한마당, 1999, 138쪽.

브레히트도 아마 이런 식으로 자기의 연기가 사용될 줄은 몰랐을 것 같다. 연기가 인도하는 상상력을 따라 우선 어머니가 해 준 따뜻한 밥(민가에서 먹는 맛있는 밥을 군대에서는 사제(私製)밥이라고 했다. 처음에 외출했을 때 먹어 본 그 사제밥의 기름이 잘잘 흐르는 꿀맛은 군대 갔다온 사람이라면 아무도 잊지 못할 것이다.)을 마음껏 먹고 그 다음에는 아무 꿈도 없는 편한 잠을 오래오래 아랫목에서 자고 싶은 생각에 목이 메곤 했다. 그런데 점심을 먹고 나서 했던 일은 전혀 기억할 수 없다. 머리가 비어 버렸다는 게 맞나 보다.

사실은 이 연기와 목멤을 여러분께 들려 드리고 싶었다. 그러므로 훈련 이야기는 내가 하고 싶은 이야기에 실감을 주기 위한 보조 자료에 지나지 않는다.

덧/붙/임

1. 내가 어떻게 그 특수한 군대에 가게 되었는지를 얘기하겠다. 보통 해병대는 자원해서 간다. '한번 해병은 어쩌구'하는 말이 나오는 것도 이런 측면과 깊은 관계가 있을 것이다. 지원자 가운데는 이른바 사회에서 한가락 했다는 의식을 가진 젊은이들도 있으니 말이다. 그런데 예외가 있는데 제주도 출신은 징집되기도 한다. 왜 그런지는 모르겠지만 한국 전쟁에서 인천 상륙 작전을 벌이던 부대에 제주도 출신이 많았기 때문이라는 설이 있다. 일리가 없지는 않다. 1948년에 제주도에서 4.3사태가 일어났다. 진압하는 과정에서 제주도 사람이 많이 죽고 다쳤고 또 이념적으로 좌익으로 몰려 피해를 많이 봤다. 그러니 그런 피해의식에서 벗어나고 좌익이 아니라는 점을 증명하기 위하여 전쟁에 나가서 '빨갱이'와 용감하게 싸웠을 것이다. 이 용감성이 징집의 한 이유가 되었을지 모른다.

아무튼 나는 징집된 경우였다. 대학원을 마치고 갔으니 모든 면에서 적응하기가 어려워 고생이 많았다. 위에서 말한 훈련을 마치고서는 좀 편한 곳에 근무하게 되어, 가끔씩 술을 먹고 들어와 신세를 한탄하며 때리는 고참이 있었지만 나는 내 밑의 사람들을 때리는 일이 없는 채로 지낼 수는 있었다.

아무튼 제대하고 나서 아주 한참 동안, 불안한 일이 있으면 밤에는 으레 군대 꿈을 꾸곤 했다. 정해진 시간에 귀대하지 못하여 마음을 졸이거나 누구에게 벌을 받는 것이 그 내용이었다. 군대는 내 무의식의 일부였던 것이다.

2. '귀신 잡는 해병'이란 말을 들은 적이 있을 것이다. 그런데 그 귀신이 누구냐를 생각하면 함부로 해서는 안 되는, 참담한 말이다. 다 아시다시피 베트남 전쟁에 참전해서 얻은 이름이다. 그런데 베트남 전쟁은 베트남 민중이 미국과, 미국에 빌붙어 온갖 반민족적 행위와 부패를 일삼던 남베트남 정권에 대해 벌인 민족 해방 전쟁이자 내전이었다. 거기에 우리가 미국의 용병으로 갔던 것이다. 그러니 귀신은 베트남 민중이었다. 식민지를 경험했다는 점에서 우리와 같은 편이어야 할 사람들에게 총구를 겨눈 것이다.

그런데 참으로 슬픈 것은 지금도 이런 일이 벌어지고 있다는 것이다. 우리는 이라크에 파병했다.

04부 : 자연, 오래된 것

나무

> 마른 가지로 자기 몸과 마음에 바람을 들이는 저 은사시나무는, 박해받는 순교자 같다. 그러나 다시 보면 저 은사시나무는, 박해받고 싶어하는 순교자 같다.
>
> (황지우, 「서풍(西風) 앞에서」 전문)

나무는 나에게 가장 친근한 자연이다. 그냥 자연 자체라고 해도 좋다. 나는 산을 좋아하는데 산을 대표하는 것도 역시 나무다. 나무가 없는 산은 생각할 수 없을 것이다. 그런데 나무가 우리에게 매력적인 대상이 되는 것은 우리가 그만큼 자연에서 멀어진 삶을 영위하고 있기 때문이라고 할 수 있다. 도시는 인공의 숲일 뿐이다. 사실 도시를 말할 때 '숲'이라는 비유는 그렇게 적절하지가 못하다. 사람이 만든 것에다 저 나무의 신비와 자연스러움을 빌려 와 비유로 쓰는 것은 나무에게는 몹시 슬픈 일일 것이다.

나무는 또 지상적인 한계를 뛰어넘으려는 의지를 표상하기도 한다. '하늘 향해 두 팔 벌린 나무'라는 동요 구절도 있지만 하늘을 향해 우뚝 솟은 나무들은 땅의 구속을 벗어나 영원과 절대로 초월하려는 몸짓을 하고 있다. 나무의 꼭대기를 생각하면 하늘을 나는 새가 자연스럽게 떠오른다. 그럴 수밖에 없는 것이 나무에 집을 짓는 것은 새다. 그러므로 하늘을 향해 치켜든 나뭇가지야말로 새의 비상인 셈이다. 물론 새나 나무나 하나같이 이 세상을 떠나지 못한다는 점에서 비극과 닮아 있다. 현실을 뛰어넘지 못할 것을 알면서도 그렇게 하려고 애를 쓰고 결국에는 실패하고 마는 것이 비극의 요체다. 그렇다면 나무는 인간적 위엄의 정수, 즉 결국에는 패배하고 말 것을 알면서도 패배하지 않으려는 노력을 보여 주는 구체적인 형상이라고 할 만하다.

또 나에게 나무는 말없이 견디는 것을 뜻하기도 한다. 특히 겨울 산에 오르면 무언가 엄숙한 기분에 휩싸이게 되는데 나무가 지니고 있는 위엄 때문일 것이다. 잎을 다 떨군 겨울나무들은 헐벗은 성자 같다. 박해받기로 결심하여 세상의 고통을 드러내는 성자 말이다. 나무는 욕심이란 것은 하나도 남기지 않고 다 버리고 나무의 정수라고 할 것만 남겨 가지고 있는 것이다. 그 몹쓸 추위에도 안으로 생명을 간직했다가 봄이 되어 연두색의 변주곡을 터뜨리는 것을 보노라면 과연 인고의 태도가 뿜어내는 찬란한 아름다움이라고 하지 않을 수 없다.

나날이 자연이 황폐해지고 하는 가운데서도 고향을 묵묵히 견디며 지키는 것도 역시 나무다. 우리 고향 마을도 갈 때마다 달라진다는 것을 확연하게 느끼게 된다. 지난번에 갔을 때도 우리 집 바로 윗집이 헐린 것을 보았다. 그래서 이제 고향이라고 말해 주는 것들이 많이 사라지고 있다. 나이가 드신 부모님이나 어릴 적 친구들도 머지않아 그럴 것이다. 그런데 나무들은 그들이 없어진 뒤에도 늘 그 자리에 있어 고향을 증거해 줄 것이다. 어릴 때는 거대하게 보였던, 그 밑에서 놀 뿐만 아니라 여름에는 잠을 자기도 했던 팽나무가 이제는 많이 작아 보이기는 하지만 여전히 의연하게 서 있으니 말이다. 헐린 집으로 들어가는 입구에 서 있는 벚나무(처음 글을 쓸 때는 무의식적으로 '벗나무'라고 했다가 고쳤다. 나에게 그 벚나무는 벗처럼 여겨졌던 모양이다.)가 그래서 얼마나 반가웠는지 모른다. 어릴 때 거기 올라 버찌를 따먹기도 했었던 추억이 서린 나무였다. 그 집에 살던 내 어릴 적 친구는 고향에 살지 않지만 나무가 있어 그를 기억하게 해 준다.

잘 아시다시피 종이는 나무로 만든다. 시퍼렇게 살아 있는 것으로 만든 종이를 우리는 나무보다 더 가치 있게 쓰고 있는지 돌아보아야 한다. 과연 그렇게 하고 있을까?

걷기 혹은 감각의 직접성에 대하여

우리는 감각 기관을 통해서 세계와 관계를 맺는다. 이 세계의 구체적인 느낌을 전달하는 통로가 우리의 오감이다. 이 감각을 통해서 우리는 우리가 존재한다는 의식과 더불어 행복한 기분을 갖게 된다. 모든 예술 가운데서 영화가 가장 전염력이 강한 것은 다른 갈래보다 더 높은 가치를 지녔다기보다는 우리들의 시각에 직접적으로 호소하는 정도가 가장 크기 때문이다. 그러므로 감각적인 소통이 없는 삶은 애초에 불가능하다. 죽어야만 그렇게 된다.

그런데 문명이 발전할수록 이 감각의 직접적인 소통이 줄어드는 경향을 보인다. 예를 하나만 들면, 자동차를 타기 때문에 우리와 땅은 직접적으로 맞닿지 못하게 된다. 많이 편리해졌는데도 우리가 무언가 불안하고 불만족스럽다고 느끼는 것은 이런 감각의 간접화라고 부를 수 있는 현상에서 오는 것인지 모른다.

이와 같은 감각의 간접화가, 뒤로 돌리기는 아예 불가능하다는 무력감을 가지게 할 정도로 대세가 되고, 그것을 해결하는 방법도 덩달아서 자연에 대립하는 방향으로 나아가는 시대에 감각의 직접적인 소통은 너무나 소중하다. 그러므로, 좀 거창하게 말하면, 땅을 밟으며 걷는 일은 우리를 살리는 길이기도 하다. 오랜만에 산에 올랐을 때 느끼는 뿌듯함을 생각해 보자.

> 걷는 것은 자신을 세계로 열어놓는 것이다. 발로, 다리로, 몸으로 걸으면서 인간은 자신의 실존에 대해 행복한 감정을 되찾는다. 발로 걸어가는 인간은 모든 감각 기관의 모공을 활짝 열어주는 능동적 형식의 명상으로 빠져 든다. (다비드 르 브르통, 김화영 옮김, 『걷기 예찬』, 현대문학, 2002, 9쪽.)

자동차를 타서 빨리 가고, 에어컨이 있는 방에서 하는 일이 잘되고 해서 요컨대 효율성이 높아진다는 점을 부인할 수 없겠지만 그것이 무엇을 위한 것인가도 자꾸 물어 보아야 한다. 걷지 않고, 자연의 공기와 절연해서 잃어버리는 것을 생각하면 그 효율성은 사소한 것일지도 모른다.

이제 자연을 만나러 가는 길도 차를 이용해야 하는 세상이 되어 버렸다. 앞으로 점점 더 온몸으로 자연을 만나는 것이 드문 경험이 될 것이다. 이렇게 자연과 멀어짐으로써 우리는 우리 안의 자연을 두려운 것으로 받아들이게 된다. 우리가 과도하게 우리의 몸과 건강을 생각하는 것은 살아 있는 것들의 궁극적인 도달점인 죽음이 자연스러운 것이 되지 못하기 때문일 것이다.

우리가 자연 안의 존재라는 점과, 따라서 자연과의 직접적인 교감을 통해서 행복을 누릴 수 있는 우리의 존재 조건을 깊이 생각해야 할 때이다.

벚꽃은 어떻게 필까?

벚꽃이 피기 전에는 아침저녁으로 바람이 기분 좋게 불었다. 둔하게도 이 나이 들어서야 이 봄바람이 사람을 달뜨게 하는 것임을 알았다. 마음을 가만히 있지 못하게 내 몸 안의 무엇을 간질였던 것이다. 그런데 바람이 어디 사람을 위해서만 불겠는가. 꽃망울에서 꽃잎을 활짝 열리게 한 것도 봄바람이 한 일일 것이다.

미당은 한 송이 국화꽃이 피기 위해서도 봄부터 소쩍새가 울어야 한다고 했다. 무더기로 핀 벚꽃이야 말해 뭐하겠는가. 고통스러운 과정을 겪은 젊은이들의 사랑도 저 꽃들이 아름다운 향연을 벌이도록 하는 데 틀림없이 한몫했을 터이다.

> 열흘 전, 실로 칠년 만에 당신과 해후했을 때 당신은 내게 벚꽃 얘기를 하셨습니다. 사월 말쯤 벚꽃이 피면 그때 다시 만나자고 말입니다. 솔직히 말하면 그때까지 기다릴 자신이 없었습니다. 그래서 미리 남으로 내려가 벚꽃을 몰고 등고선을 따라 북향할 작정이었던 것입니다. 그리고 나는 그 개화 남쪽 지점을 당신의 고향으로 정한 겁니다. 이곳 선운사는 십 년 전에 우리가 처음 인연을 맺은 곳이 아닙니까.
>
> (윤대녕, 「상춘곡」, 『많은 별들이 한곳으로 흘러갔다』, 생각의나무, 1999, 11－2쪽)

그러고 보니, 꽃이 막 피기 시작했을 때 벚나무 밑을 지나가다 맡은, 있는 듯 없는 듯이 부는 바람 속에 아주 조금 섞인 그 은은한 향기에는 애타는 사랑의 냄새도 섞여 있었던 것 같기도 하다. 그냥 생명의 기운이라고 해도 좋다. 그러므로 저 벚꽃은 흙과 바람을 비롯한 이름 모를 온갖 자연의 존재들, 그리고 사람들의 소망의 결합체인 셈이다.

지금 우리 교정의 장관을 이룬 벚꽃은 살아 있는 모든 것에게 신호를 보내고 있다. 꽃을 피게 해 준 것에 대해 화답을 하는 것인지도 모른다. 별 생각 없이 쓴 말인데 고치면서 생각해 보니 화답(和答)은 꽃이 하는 대답(花答)이기도 하다! 사람이나 벌이 없다면 꽃도 외로울 것이다.

벚꽃이 빨리 진다고 했는데 그렇지는 않은 것 같다. 감탄하고 즐길 수 있을 만큼 꽤 오래간다. 그 모습이 너무 화사해서 지는 것을 안타까워하는 마음이 시간이 빨리 가도록 만들었을 뿐이다. 좋아하는 사람과 함께하는 시간은 늘 짧은 법이다. 그렇다. 꽃의 잔치를 벌이게 해 놓고서는 그만 자기들이 한 일의 결과에 놀라기도 하고 시샘이 나기도 해서 비가 오고 바람이 불었겠지만 여전히 우리 교정의 벚꽃은 한창이다. 지지난 주말부터 그 모습을 우리에게 보여 주었으니 꽤 오랫동안 우리를 즐겁고 황홀하게 해 준 셈이다. 그러므로 꽃이 지는 것을 아쉬워하기보다는 피기를 기다리면서 가졌던 설렘을 소중히 간직하고, 꽃망울이 벌어지도록 작용했을 봄바람과 사랑의 기운과 그 결에 살짝 맡을 수 있었던 은은한 향기, 그리고 활짝 핀 모습의 비할 데 없는 아름다움을 만끽하는 것이 훨씬 좋을 듯하다. 카르페 디엠(carpe diem)! '현재를 즐겨라'는 뜻의 라틴어를 크게 소리쳐 보는 것도 그럴듯하겠다. 시간은 가만히 있지 않으니까.

꽃이 지기 전에는 시간도 더디 가고 바람도 아주 조금만 불며 큰비도 내리지 않았으면 좋겠다.

명상하는 사람들

남미의 콜롬비아에 있는, 무성한 숲 사이로 강물이 평화롭게 흐르는 곳에는 우와족이 산다. 우와라는 말의 뜻은 '명상하는 사람들'이다. 멋있다. 이름에 걸맞게 살아가는 방식도 음미할 만하다.

> 이들은 수천년간 명상을 바탕으로 이웃 부족과는 물론 자연과도 평화롭게 공존해왔다. 어머니 지구와의 '조화로운 삶'은 이들 부족에게 목숨보다 소중한 가치다. 그래서 우와족은 4년간 경작한 토지를 15년간 놀린다고 한다. 당연히 식량이 부족하다. 부족한 식량은 부족 전체가 연간 3개월간 단식하고 명상을 하면서 버틴다고 한다.
>
> (http://www.hani.co.kr/section-005000000/2003/10/005000000200310292048063.html)

한마디로 자연과 더불어 살고 있다. 이 우와족 지도자의 말에 따르면 이 지구가 어머니이므로 땅에서 나는 음식을 먹는 사람은 어머니의 젖을 먹고 사는 셈이다. 그러므로 자연을 마구 개발하면서 함부로 대하면 어머니를 병들게 하고 결국 그 젖을 먹는 인간도 그렇게 되어 버린다.

> 도시 사람들은 그들이 먹고 있는 음식이 어디에서 오는지를 잘 생각해봐야 한다. 모든 사람들은 땅에서 난 음식을 먹는다. 우리가 대지에서 난 음식을 먹는 것은 아이가 엄마의 젖을 먹는 것과 같은 이치다. 엄마가 병들면 그 젖을 먹는 아이도 병든다. 석유 개발은 우리가 젖을 얻는 어머니 지구를 오염시키는 것이다. 지구가 오염되면 우리들도 안전하지 못하다.
>
> (http://www.hani.co.kr/section-005000000/2003/10/005000000200310292046064.html)

당장 편리하자고 산을 깎아 도로를 내고, 골프장을 만들고 하는 일이 자연은 물론이고 인간을 파괴하는 것이라는 점을 경고하는 말이기도 하다. 바로 우리 얘기다. 지자체들이 앞 다투어 골프장을 만들려고 한다는 기사를 본다. 새만금 방조제 공사에서 보듯이 갯벌도 사라지게 되고 말았다. 그러므로 우리 지구촌 형제에게 부탁하는 말에 귀기울여야 한다.

> 도시에 살더라도 가끔은 자연과 교감을 나눌 것을 권한다. 산림을 보러 가라. 누가 부자인가? 자연과 더불어 사는 사람이 진정한 부자다. 현대인들은 그 단순한 진리를 모른다. 현대인들의 눈에는 우리가 미개인으로 보일지 모르지만 우리는 너무나 행복하다. 우와족은 정글에서 지식을 얻고 배웠다. 도시가 아니라 나무와 새와 풀벌레가 우리를 가르쳤다. (위의 기사)

우리는 정작 필요한 것은 모르면서 쓸데없이 너무 많이 아는 것인지도 모른다. 아파트에 사는 사람들 가운데는 한겨울인데도 여름처럼 내의만 입고 돌아다니고, 반대로 여름에는 겨울처럼 춥게 산다. 자연과 지나치게 어긋나게 나가면 자연을 해칠 뿐만 아니라 바로 그 구성원이기도 한 사람에게도 나쁘다. 그렇다면 에너지를 많이 쓰도록 부추기는 기술은 쓸데없는 지식일 수 있다. 자연과 더불어 명상하는 사람들이 되기 위해서는 과도한 욕망을 줄여야 한다는 것으로 결론을 맺을 수 있을 것 같다.

오래된 사진에 대하여

오래된 흑백 사진에는 벤야민(W. Benjamin)이 말하는바 원본만이 지니는 신비한 기운 즉 아우라(Aura)가 서려 있다. 빛이 바래면서 흑백이 아주 원만하게 변하여 조화를 이루는 것 같다는 느낌이 이런 분위기를 더 강화한다. 그런데 옛날에 찍은 흑백 사진이 아름답게 보이는 것은 이제 다시는 돌이킬 수 없는 시간을 상기시키기 때문일 것이다. 이렇게 생각하노라면 그리스 예술의 우수성에 대한 마르크스의 유명한 발언이 떠오른다. 그는 "그리스 예술이나 서사시가 우리들에게 여전히 예술의 즐거움을 주고 있으며 어떤 면에서는 영원히 도달할 수 없는 모범이요 전범으로 남아 있다"고 하면서 그 이유를 다음과 같이 들고 있다.

> 어른은 유치해지지 않는다면 다시 어린이가 될 수 없다. 그러나 어린이의 천진난만은 어른을 기쁘게 하지 않는가? 그리고 더 높은 단계에서 어린이의 진실성을 재생시키려고 노력해서는 안 되는가? 모든 시대의 성격은 어린이의 성격 속에 완벽하게 재생되는 것이 아닌가? 왜 가장 아름답게 발육한 인류의 사회적 유년기가 다시 돌아올 수 없는 시대로서 영원한 매력을 발휘해서는 안 되는가? (중략) 그리스 예술의 매력은 오히려 미발전된 사회 단계에서 나온 결과이며, 그리스 예술이 발생했고 나타날 수 있도록 한 미숙한 사회적 조건이 다시는 돌아올 수 없다는 사실에서 나오는 것이다.
>
> (마르크스 『정치 경제학 비판을 위한 기본 개요』의 서설, 『맑스 엥겔스 저작 선집』 2권, 박종철출판사, 1990, 473쪽)

이런 주장이 맞는지는 모르겠으나 오래된 흑백 사진이 주는 매력을 설명하는 데는 크게 도움이 된다. 옛날 사진에는 우리의 과거가 살아 있다. 그것을 보는 우리는 혹은 안타까움으로 혹은 자족적인 기분이 되어 얼굴을 붉히기도 하고 웃기도 하면서 그 시절로 돌아간다. 그러니까 이때의 아름다움은 사진 자체가 객관적으로 지니고 있다기보다는 우리가 아름다움을 부여한다고 하는 것이 맞을 것이다. 아니면 순수한 시절로 되돌아가는 우리 마음이야말로 아름다움 그 자체일지도 모른다. 다시 돌아갈 수 없으니까 더 절실해지는 그런 것이 아름다움이 아니면 무엇이겠는가! 결국 아름다움은 마음의 작용인 셈이다.

그런데, 예를 들어 산은 늘 아름답다. 그러므로 아름다움은 주체의 마음의 작용이라고만 해서는 안 되고 대상과 주체의 일치(correspondence)에서 오는 행복한 결과라고 해야 실상과 가까울지 모르겠다. 창조적인 노동을 그 예로 들 수 있는데, 이 때의 아름다움은 주체와 대상이 완벽에 가깝게 호응하는 데서 나온다. 상상하건대, 이런 경우에는 주체만 능동적인 것이 아니라 대상도 마치 살아 있는 것처럼 주체에게 뭘 호소하고 요구할 것만 같다. 그러니 이를테면 산과 대화한다는 게 말짱 헛말은 아닌 셈이다.

오래된 사진의 아름다움과 매력은 이제는 되돌리기가 불가능해져 버린 과거를 상기하게 해 줌으로써 잠시나마 과거의 순수한 나로 돌아가게 하는 데서 오는 것이라고 할 수 있겠다. 바로 그때 우리는 사진과 일치된 상태가 된다.

물결에 닳은 바위

아프거나 아픔을 생각할 때마다 떠올리는 구절이 있다. 먼저 읽어 보자.

> 사실 우리는 고통 그 자체보다는 그것이 동반하는 슬픔과 쓰라림 때문에 더 괴로워하는 법이다. 친구에게 배신을 당했던 때를, 부당한 비난을 받았을 때를 기억해 보라. (중략) 우리 범상한 사람들은, 그런 때, 우리의 친구를 용서해 주고 나서도 그 부당한 비난이, 배신이 우리의 마음에 남겨 놓은 쓰라림과 슬픔은 오랜 시간이 흘러가기 전까지는 기회 있을 때마다 우리를 괴롭힌다.
>
> (곽광수, 「바슐라르와 상상력의 미학」, 곽광수, 김현, 『바슐라르 연구』, 민음사, 1976, 82쪽)

추측건대 어떻게 해도 참을 수 없는 육체적인 고통이 있을 것이다. 이런 아픔을 겪는 사람 앞에서 고통 자체는 얼마든지 견딜 수 있는 거라고 얘기하는 것은 생명을 가진 것에 대한 올바른 대접이 아니다. 그러나 정신적인 고통에 대해서는 조금 다른 말이 가능하리라고 생각한다.

시냇가에 바위가 있다. 오랜 세월 동안 그 바위가 물의 흐름에 닳아서 아주 작아졌다고 생각해 보자. 바위를 이루었던 것들이 깎여나간 것이다. 헐벗었다고 얘기할 수 있을지 모르겠다. 끊임없이 흐르는 물살에 필요 없는 것을 다 떼 내 버리고 오직 진수만을 간직하고 있는 것이다. 필요 없는 것이라고 했지만 그런 것을 버린다는 것은 쉬운 일이 아니다. 한마디로 고통스럽다. 그런데 꼭 그렇기만 한 것은 아니다. 버리기는 어렵지만 어쨌든 그 일을 해 냈으니 바위는 그만큼 가벼워지기도 한 것이기 때문이다. 우리는 보통 '슬픔이 우리를 짓누른다'는 식으로 얘기한다. 우리를 억압하는 것은 대체로 무거우며 자꾸자꾸 밑으로 내려가는 느낌을 불러일으킨다. 그래서 우리를 고이고 썩게 한다. 반대로 가벼운 것은 우리를 즐겁게 하고 자꾸 위로 솟구치도록 만든다. 즐거울 때 하늘을 날 것 같다고 한다.

그렇다면 물결에 닳은 바위는 즐거운 고통이 아닌가! 깎여서 괴롭지만 동시에 한결 가벼워졌기도 했기 때문이다. 이렇게 생각하면 우리가 괴로워하는 것은 고통 그 자체라기보다는 그 고통에 덕지덕지 묻은 때 같은 것 때문이라고 할 수 있지 않을까!

때란 무엇일까? 더러운 욕망의 다른 이름이다. 이것 때문에 우리는 스스로 하찮은 존재가 되고 만다. 원칙이나 대의 같은 것은 다 팽개치고 오로지 자기의 이익만을 위해 사는 사람들을 떠올리면 된다. 이들의 존재는 우리를 부끄럽게 만든다. 그런데 이들을 보면서 우리가 그런 감정을 갖게 되는 것은 우리 자신에게도 그런 요소가 있다는 점을 부인할 수 없고, 게다가 그것을 과감하게 멀리하기가 몹시 어렵다는 것을 알고 있기 때문일 것이다. 때라는 것이 내 피부 위에 덧붙여진 것이면서도 내 몸의 일부이기도 한 것이다. 비록 더럽다고 해도 내 것인 것이다.

죽음도 고통과 크게 다르지 않을 것이다. 죽음을 자연스러운 것으로 담백하게 맞이할 수 있었으면 좋겠다. 죽음에 덧입혀진 것을 용감하게 물리칠 수 있으면 그럴 수 있을까? 그러면 물결에 닳아 헐벗은 바위처럼 가벼워져서 하늘로 높이 날 수 있을까?

봄바람이 하는 일

며칠 전만 해도 봄이 다 온 것만 같았는데 요즘은 겨울로 되돌아간 느낌이다. 그러나 누가 자연의 운행을 막으랴. 그러고 보니 추운 날씬데도 따뜻한 봄 기운이 맡아지는 듯도 싶다. 아마 둘이 싸움을 벌이고 있을 터이다. 아무튼 시간이 흐를수록 봄을 재촉하는 기운이 더 강해져 우리의 몸을 간질여서 싱숭생숭하게 하는 봄바람도 불게 할 것이다. 어디 사람에게만이랴! 나무에도 어김없이 불어 겨우내 안으로 간직했던 생명력을 마구 분출하게 할 것이다. 시인이기도 한 소설가에게 이 바람이 하는 일을 들으면서 그 풍경을 머릿속에 그려 보자.

> 바람이 있어 봄이었다. 나무는 봄이 오기 전까지 얼마나 많은 울음을 간직하고 기다렸던가. 송아지 혓바닥 같은 봄바람, 그 푸른 돌기에 나무의 전신을 맡기면 천지 가득 연초록 잎을 싸질러대는 것이다. 봄 감기처럼, 어질 머리 앓는, 한번 꽃 기침이 터지면 온 가슴이 공명판이 되어 돋아나는 싱싱한 초록의 떨림을 보라. 아리면서도 상쾌한, 간지럽고도 허리 시큰한 나무의 흔들림을 보았는가. 누구 눈치 볼 필요 없이 정당한 방법으로 새끼를 까는 푸른 나무들의 몸 푸는 비린내를 맡아 보았는가. 나무는 하여튼 봄이 오기도 전에 많이 울고 싶었던 게다. 저 산맥의 물마루를 넘어 잎잎이 치어가 되어 바다에 이르고 싶었던 게다. 그늘 쪽으로 수컷 바람이 들어가면 나뭇잎들은 흰 배를 뒤집으며 아우성쳤다. 잎맥은 해초처럼 힘줄이 뚜렷해지고 산 그림자는 거대한 해일이 되어 봄 들판을 덮친다.
>
> (유용주, 『마린을 찾아서』, 한겨레신문사, 2001, 114－5쪽)

왜 나무는 울고 싶었을까? 겨울의 혹독한 생존 조건에서 오는 죽음과 같은 고통 때문이었을 것이다. 또 봄이 되어 터뜨릴 울음이기도 하니 봄바람이 나무를 달뜨게 한 결과라고도 할 수 있겠다. 그러므로 새로운 삶으로 거듭나는 즐거운 울음이기도 하다. 이렇게 봐도 무방한 것이 바람이 송아지의 혀 – 소를 키워 본 사람은 송아지의 혀가 얼마나 부드럽고 따뜻한지를 안다 – 가 되어 나무를 애무하고 있기 때문이다. 이런 맥락에서 보면 바로 이어서 나오는 '싸질러댄다'는 말도 심상치 않다.

바람이 움직여서 나무를 떨리게 하고 흔든다. 이 흔들림은 앞에서 든 '싸질러댄다'는 말의 함축과도 연결된다는 점은 말할 필요도 없을 것이다. 무릇 모든 생명은 이 흔들림이 있고서야 새끼를 까고 몸을 풀게 된다. 그러므로 이제 나무가 낳은 이파리는 조그만 고기 새끼가 된다. 바람이 불어 뒤집힌 잎의 뒷면은 바로 고기의 하얀 배다. 바람에 요란하게 흔들리는 은사시나무 이파리를 떠올려 보자. 이리저리 헤엄쳐 다니는 고기 떼와 꼭 닮지 않은가?

이제 그만 하는 것이 좋겠다. 둔한 감각으로 자꾸 뭐라고 할수록 산과 들판과 바다를 가득 채우는 교합의 상상력을 훼손할 것이기 때문이다. 그래도, 이런 상상력은 소설가 혼자만의 힘이라기보다는 아무래도 봄바람이 시킨 일만 같다는 점은 덧붙여 두어야겠다.

저기 오는 봄을 마중하는 기분으로 산에 들어가 나무들이 바람과 어떻게들 흥겹게 노는지 살펴보자. 그리고 그 기운에 마음껏 취해 볼 일이다.

집들

집 하면 대체로 다음과 같은 느낌을 갖게 될 것이다.

> 세 사람은 감천 가는 도중에 있는 마지막 마을로 들어섰다. 마을 어귀의 얼어붙은 개천 위로 물오리들이 종종걸음을 치거나 주위를 선회하고 있었다. 마을의 골목길은 조용했고, 굴뚝에서 매캐한 청솔 연기 냄새가 돌담을 휩싸고 있었는데 나직한 창호지의 들창 안에서는 사람들의 따뜻한 말소리들이 불투명하게 들려 왔다.
>
> (황석영, 『삼포 가는 길』(『황석영 중단편 전집』 2권), 창작과비평사, 2000, 217쪽)

> 불이 생기니까 세 사람 모두가 먼 곳에서 지금 막 집에 도착한 느낌이 들었고, 잠이 왔다. 영달이가 긴 나무를 무릎으로 꺾어 불 위에 얹고, 눈물을 흘려 가며 입김을 불어 대는 모양을 백화는 이윽히 바라보고 있었다.
>
> "댁에...... 괜찮은 사내야. 나는 아주 치사한 건달인 줄 알았어."(218－9쪽)

집은 무엇보다도 어머니의 아늑한 품이 표상하는 인정이 흐르는 곳이다. 구체적으로 거기서는 가족들의 따뜻한 말소리가 들리고 걱정 없이 피곤한 몸을 뉘일 수 있다. 비록 "초라한 지붕"이지만 식구들이 "흐릿한 불빛에 돌아앉어 도란도란거리는 곳"(정지용, 「향수」)이다. 당연히 사람들은 그곳에서 서로를 이해하고 신뢰할 수 있게 된다.

물론 그 반대의 경우도 얼마든지 생긴다. 식구끼리 마음이 맞지 않아서 가출(家出)하기도 하는 것이다. 여기에다 사회적인 조건 때문에 집이 안온한 곳일 수 없게 되는 경우도 흔해졌다. 그래서 여자가 이혼하여 혼자 살게 되기도 한다.

> 당신은 마을에서도 한참 벗어난 호수가 내려다보이는 괭이밥나무 집에

살고 있었습니다. 뭇사내들도 눈비가 오거나 바람이 심하게 부는 밤이면 밖으로 뛰쳐나가기 십상인 그런 을씨년스러운 집이었습니다. 마당가엔 검은 나무가 한 주 서 있었지요. 처음에 나는 그걸 밤나무로 알았더랬습니다. 아무래도 긴가민가 싶어 인옥이 형한테 물었지요.

"밤에 고양이가 올라가 혼자 밥 먹는 나무여. 이제 알건남?"

(윤대녕, 「상춘곡」, 『많은 별들이 한곳으로 흘러갔다』, 생각의나무, 1999, 41쪽)

괭이밥나무 집은 마을에서 떨어져 있다. 다시 말하면 여러 사람들이 모여 사는 곳이 갖는 의미를 전적으로 배제하고 있다. 그러므로 '을씨년스러운' 느낌을 주는 것은 당연하다. 그리고 '밤'이 되면 고양이가 이 나무에 올라가 '혼자' 밥을 먹는다. 사람이 혼자 하는 일 가운데 혼자 밥 먹는 것만큼 처량한 것도 많지 않을 것이다. 이런 어두운 느낌을 강화해 주는 것은 밤이라는 요소이다. 겉으로 드러나지 않았지만 마을의 '낮'과 대비된다고 할 수 있다. 밤이어서 나무도 '검은' 것으로 보인다. 그러므로 주인공이 잘못 알아본 밤나무도 밤(栗)나무가 아니라 밤(夜)나무로 읽힌다. 그런데 여기서 밤이나 검은 색은 외롭고 단절된 분위기만을 뜻하는 것은 아니다. 생명을 거세한 죽음의 이미지이기도 한 것이다.

더 심한 경우로 아예 아무도 살지 않은 빈집도 드물지 않다. 특히 사람이 살지 않은 지가 얼마 되지 않았는데도 볼품없이 퇴락한 빈집은 보는 사람을 한없이 슬프게 한다. 무엇보다도 집을 버리고 떠날 수밖에 없었던 정황이 궁금하고 아울러 안타까운 마음을 갖게 하는 것이다. 또 한편으로는 어떻게 사람이 살던 때와 저렇게 달라질 수 있는가 하는, 짧은 시간 동안에 일어난 커다란 변화에 대한 놀라움이 섞인 허무감을 느끼게도 한다.

대청으로 들락거리게 만들어놓은 분합문 옆의 반질거리던 쪽문 발디딤판은 흐치흐치하게 퇴색된 데다 받침대까지 기울어져 더 이상 그리로는 출입이 가능하지 않을 것 같았다. 한때는 처가살이하는 큰매형의 식솔까지 합쳐 열한 명이나 되는 대식구가 밤낮없이 들락거리던 쪽문의 발디딤판이었는데, 과연 그게 가능이나 했었던가 싶게 나무판대기는 얇은 것이었다. 조금만 세게 내려 밟아도 금방 부서져버릴 것 같은 그것이 수년간 뻔질나게 드나들던 열한 식구의 체중을 끄떡없이 견뎠다는 게 믿어지지 않았다. 이미 생명이 없어진 나무라도, 외부의 지속적인 충격과 자극이 있는 한 그 물질의 구성분자들은 밀도를 유지하기 위한 긴장을 늦추지 않았음에 틀림없었다. 유기물이든 무기물이든, 아무도 건드려주지 않을 때 비로소 약해지고, 썩고 해체되는 거였다. 고향집은 그렇게 무너져 가고 있었다.

(구효서, 「흔적」, 전상국 외, 『2002년 현장비평가가 뽑은 올해의 좋은 소설』, 현대문학, 2002, 162쪽.)

사람들 사이의 소통이 사라졌을 때의 결과를 충격적으로 보여 주고 있다. 그런데 잘 생각해 보면 우리 삶이야말로 이런 빈집 속의 삶인지도 모른다. 이제 우리의 대표적인 주거 형태는 아파트다. 시간이 흐를수록 이 추세는 더 강화될 것이다. 따라서 집에 대한 이미지가 달라지는 것은 당연하다. 무엇보다도 자주 옮겨다녀야 한다. 또 재산으로서의 의미가 굉장히 커졌다. 그리고 이웃과 단절되었다. 집이 오래 견딜 수 있었던 것은 식구들뿐만 아니라 동네 사람들의 끊임없는 출입이 있었기 때문일 것이다. 따라서 이웃과 소통하지 않은 아파트는 겉으로는 멀쩡하지만 안으로는 '약해지고, 썩고 해체되는 건'지도 모른다. 아파트 한 채를 소유하기 위해 애를 쓰는 것이 우리 삶이라고 하는 것을 부인할 수 없는 현실이라면 우리 인생은 너무 허망한 것인지도 모른다.

어느 인디언의 죽음

문학 이론 가운데 러시아 형식주의라는 것이 있다. 이 이론은 어떤 언어의 덩어리를 문학이게끔 하는 성질을 '낯설기 하기'라고 주장한다. 이 낯설게 하기는 말 그대로 친숙한(낯익은) 것을 처음 본 것처럼 만든다는 뜻인데 내용도 내용이지만 표현 기법을 알아보는 데 걸리는 시간을 오래 가도록 해야 한다는 데 강조점이 놓인다. 이 낯설게 하기의 구체적인 예들 가운데 하나로 나는 다음과 같은 인디언 추장의 연설을 든다.

> 워싱톤의 대추장이 우리 땅을 사고 싶다는 전갈을 보내왔다. (중략)
>
> 그대들은 어떻게 저 하늘이나 대지의 온기를 사고 팔 수 있는가? 우리로서는 이상한 생각이다. 대기의 신선함과 반짝이는 물을 우리가 소유하고 있지도 않은데 어떻게 그것들을 팔 수 있다는 말인가? 우리에게는 이 대지의 모든 부분이 신성한 것이다. 빛나는 솔잎, 모래 기슭, 어두운 숲속 안개, 맑게 노래하는 온갖 벌레들, 이 모두가 우리의 기억과 경험 속에서는 신성한 것들이다. 나무 속에 흐르는 수액은 우리 홍인(紅人)의 기억을 실어 나른다. 백인은 죽어서 별들 사이를 거닐 적에 그들의 태어난 곳을 망각해 버리지만, 우리가 죽어서도 이 아름다운 대지를 결코 잊지 못하는 것은 여기가 바로 홍인의 어머니의 품속이기 때문이다. 우리는 대지의 한 부분이고 대지는 우리의 한 부분이다. 향기로운 꽃은 우리의 자매이다. 사슴, 말, 큰 독수리, 이들은 우리의 형제들이다. 바위산 꼭대기, 풀의 수액, 조랑말과 인간의 체온 모두가 한 가족이다.
>
> (시애틀 추장 연설, 「우리는 한 형제들이다」, 『녹색평론』, 1991, 11－12, 60－1쪽)

땅을 사고 팔고 소유할 수 있는 것을 너무나 당연한 것으로 알고 있는 우리들에게는 참으로 낯선 관점이다. 자연은 인간의 편의를 위하여 마음대로 이용하고 파헤치고 자르고 할 수 있는 것이 아닌가? 물론 불교 같은 데서는 미물도 함부로 죽이지 말라고 하지만 보통 사람들에게는 그저 관념에 지나지 않는다. 실상 스님이라고 하는 사람들마저 패거리를 지어서 재산 때문에 싸우고 상처를 입히고 한다. 사실 어떻게 보면 저 불교의 영적인 성격은 물질적인 측면에서 여유가 있어서 그런 데 초연할 수 있는 조건 때문에 가능한 것일지 모른다. 예를 들어, 특히 서구인들이 진리의 낙토로 여기는 "티베트도 어느 지역 못지않게 모순으로 가득 찬 계급사회이며 불평등한 위계 질서적 관계나 종교 집단, 집권 파벌 사이의 갈등 등의 문제를 안고 있다"(박노자, 「티베트, 악마에서 천사로-서구인들이 '진리의 낙토'로 찬양하는 땅.... 왜 그들의 감화를 마냥 기뻐할 수 없는가」, 『한겨레21』 516호, 2004. 7. 8, 81쪽)는 지적에서 정신적인 초월이 그냥 마음의 작용에서만 나오는 것이 아니라는 점을 알 수 있다. 아무튼 일상생활에서 경험하는 물질적 조건의 중요성을 무시한 채 정신의 자유로움을 강조하는 것은 빈부 격차라든가 계급 갈등이라는 현실의 문제에 눈을 감는 것과 같다는 점을 늘 명심할 필요가 있다. 참고로 헬렌 니어링은 영적인 지도자로 추앙받는 크리슈나무르티에 대해서 다음과 같이 얘기하면서 환멸감을 드러내고 있다.

> 크리슈나는 분명 사회개혁가는 아니며, 이념으로나 현실에서나 대중들과 멀리 떨어져 있었다. 세상에 대한 그 사람의 메시지는 저마다 자기 안에서 변화가 이루어져야 한다는 것이고, 위에서 내려오거나 바깥에서 주어지는 정치적인 행위와 경제 개혁으로는 안 된다는 것이다.
>
> 저마다 자기 안에서 변화할 때에만 세계는 영구히 영향을 받고 바뀔 수 있다. 크리슈나는 간디가 정치 문제, 인종 분리 문제와 경제 수탈에 열중한 것은 잘못 짚은 것이라고 생각했다. 심지어 간디가 계급투쟁으로 세계를 변화시키려고 한다면서 간디는 길을 잘못 든 '매우 폭력적인 사람'이라고 비난했다.
>
> 크리슈나는 변화가 이루어져야 할 부분은 인간의 정신이라고 갈파했다. 그리고 누구든지 언제, 어떤 상황에서든 삶의 정점을 체험하고 존재의 정

상에 도달할 수 있으며, 주변 상태와 환경의 영향은 중요하지 않다고 생각하는 듯했다. 크리슈나의 의견은 외부 조건이나 극심한 빈곤, 기회와 교육의 결핍 문제는 마음의 힘으로 극복할 수 있는 것이었다.
(헬렌 니어링, 이석태 옮김, 『아름다운 삶, 사랑 그리고 마무리』, 보리, 1997, 71－2쪽)

이런 말을 들으면, 정신적인 영역에서의 초월을 늘 입에 달고 다니는 많은 종교나 명상가들이 정치적으로는 극히 보수적이거나 심지어 반동적이라는 점을 충분히 이해할 수 있다. "환경과 의무에서 완전히 벗어나서 자유로운, '조건지워지지 않은' 삶을 살라고 외쳤"던 크리슈나무르티는 "가장 특별한 집과 값비싼 호텔에서 묵었다."(79쪽) 먹어야 살 수 있다는 평범한 조건을 무시하고서는 대체로 허황한 얘기밖에 나오지 않는다. 니어링의 말이 사실이라면 크리슈나무르티야말로 그의 주장과는 정반대로 가장 기본적인 조건에 얽매인 사람이라고 해야 맞다.

사정이 이런 만큼 앞에서 들은 바 있는 인디언 추장의 연설이 충분히 낯설기는 하되 다른 세상의 일처럼 생각되어 실감으로 오지는 않았다. 어느 행복한 순간에 마치 애인이기나 하듯이 바람이 피부를 간질여서 내 주위와 내가 일체가 되는 듯한 기분을 느끼는 때가 없는 것은 아니나 그것은 우리 같은 보통 사람들에게는 잠깐 동안의 은총에 지나지 않는다. 그런데 어느 소설을 읽으면서 인디언의 삶의 방식을 조금은 이해할 수 있을 것 같기도 했다. 좀 길기는 하지만 인디언의, 자연이라든지 죽음에 대한 관점을 몸으로 느껴 보기 위해 옮기기로 한다. 윌로 존이라는, 그 행동이나 눈빛이 『뻐꾸기 둥지 날아간 새』에 나오는, 정신병원에서 식물인간이 된 주인공 맥머피(잭 니콜슨)를 베개로 눌러 죽이고 탈출하는 '추장'을 연상시키는 인디언이 죽음을 맞이하는 장면이다.

윌로 존이 몸을 뒤척였다. 할아버지와 내가 옆으로 다가서자 윌로 존이 눈을 떴다. 윌로 존은 한쪽 손을 들어 문 쪽을 가리켰다.

"나를 밖에 데려다주게."

"밖은 춥다네."

할아버지가 이렇게 말하자, 윌로 존이 힘없이 중얼거렸다.

"알고 있네."

할아버지는 윌로 존을 안아 올리느라고 한참 낑낑대며 힘을 쓰셔야 했다. 윌로 존의 몸이 완전히 축 늘어져 있었기 때문이다. 나도 할아버지를 도왔다.

(중략)

윌로 존은 험한 산들과 깊은 골짜기들 저 너머, 아득히 서쪽을 보고 있었다. 마치 하늘 끝을 보기라도 하는 것처럼 그는 인디언 연방을 바라보고 있었다.

할아버지가 오두막집으로 가서 윌로 존의 긴 칼을 가져오셨다. 할아버지는 그것을 윌로 존의 손에 쥐여 주었다. 윌로 존이 칼을 들어 올려 굽고 뒤틀린 늙은 소나무 하나를 가리켰다.

"내가 죽으면 저기 있는 소나무 옆에 묻어주게. 저 소나무는 많은 씨앗들을 퍼뜨려 나를 따뜻하게 해주고 나를 감싸주었어. 그렇게 하는 게 좋을 걸세. 내 몸이면 이년치 거름 정도는 될 거야."

"알겠네."

"그리고 보니 비에게 전해주게. 다음번에는 틀림없이 더 나을 거라고."

윌로 존의 목소리는 사그라들고 있었다.

"그러겠네."

할아버지는 윌로 존 옆에 주저앉아 그의 손을 잡았다. 나도 반대쪽에 앉아서 윌로 존의 다른 한손을 잡았다.

"당신들을 기다리고 있겠네."

"우리도 곧 가겠네."

(중략)

윌로 존은 웃으며 내 손을 꼭 쥐었다.

"작은 나무(작중 화자의 이름임)야, 너는 착한 마음을 가졌구나. 하지만 나는 더 이상 이곳에 있고 싶지 않단다. 이제 그만 가고 싶어. 언젠가 네가 오길 기다리마."

나는 울었다. (중략)

윌로 존은 할아버지와 내가 거기 있다는 사실도 잊은 듯, 산 너머 아득한 서쪽만을 바라보았다. 드디어 그는 정령들에게 자신이 가고 있다는 것을 알리는 마지막 노래를 부르기 시작했다. 그것은 죽음의 노래였다. 낮게 시작된 그 노랫소리는 점차 높아지는가 싶더니 어느새 기운없이 사그라들기 시작했다. 좀 지나자 그 노랫소리는 바람소리인지 윌로 존의 목소리인지 더 이상 구별이 되지 않았다. 몸 근육의 움직임이 점점 약해지는 데 따라 그의 눈빛도 희미해져갔다.

할아버지와 나는 그의 영혼이 눈속 깊숙이 빨려 들어가는 모습을 지켜보았다. 그의 영혼이 몸을 떠나는 것이 느껴졌다. 그러고 나자 한 줄기 세찬 바람이 우리 사이를 지나쳐가더니 늙은 소나무 가지를 흔들어댔다. 할아버지는 그 바람이 윌로 존이라고 하셨다. 그는 그만큼 강한 영혼을 갖고 계셨다. 우리는 그 바람이 산등성이에 서 있는 높은 나뭇가지를 휩쓸고 난 뒤 산허리로 달려 내려가 까마귀떼를 공중으로 날아오르게 하는 모습을 지켜보았다. 까마귀들은 까악까악 울면서 윌로 존과 함께 산 아래로 내려갔다. 할아버지와 나는 윌로 존이 산등성이와 산봉우리들 저 너머로 사라져 가는 모습을 언제까지나 지켜보고 있었다. 우리는 오랫동안 그렇게 앉아 있었다.

할아버지는 윌로 존이 돌아올 거라고 말씀하셨다. 우리는 바람 속에서 그를 느끼고, 나무들의 속삭임 속에서 그의 목소리를 들을 것이다.

(포리스트 카터, 조경숙 옮김, 『내 영혼이 따뜻한 날들 (원제: *The Education of Little Tree*)』, 아름드리미디어, 1996, 321-3쪽)

두 가지만 사족을 달기로 하자. 첫째는 죽음에 대한 인디언의 관점에 대해서다. 여기서 확연하게 드러나듯이 죽음은 커다란 생명 순환 체계에서 자연스럽게 겪는 한 고리일 뿐이다. 몸은 자연으로 돌아가고 영혼은 여전히 살아남아 또 다른 자연이 된다. 그러므로 죽음은 살아남은 자들에게 일시적으로 슬픔을 주기는 하지만 피해야 될 만큼 두려운 것은 아니다. 그저 자연의 일부일 뿐이다. 우리들의, 죽음에 대한 두려움과 한편으로는 경멸에 가까운 느낌을 생각하면 놀라운 데가 있다. 인디언들은 깨달음을 얻은 자다. 더 놀라운 것은 어려운 생활 조건 가운데서도 그런 경지에 자연스럽게 이른다는 데 있다.

둘째로 자연과의 교감에 대해서도 지적해 두고 싶다. 이 소설의 아무 데를 펼쳐도 인간은 자연의 일부로 살아간다. 개와 같은 동물은 물론이고 나무들과도 대화를 나누고 감정을 교류한다. 처음에는 동화 같아(실제로 동화다) 이상하지만(그야말로 낯이 설었지만) 자꾸 읽다 보니 과연 그럴 수 있겠구나 하는 생각이 들었다. 자연과 인간을 하나로 보는 관점이 소설 전체에 일관되게 스며든 결과일 것이다. 물론 이런 결과는 인디언의 생활 자체가 그러하기 때문에 나오는 것이다.

이런 측면에 대해 추상적으로 설명하는 것보다도 인상적인 장면을 하나 소개하는 것이 더 효과적이겠다. 부모가 일찍 돌아가는 바람에 할아버지와 할머니와 함께 사는 주인공 '작은 나무'가, 할아버지와 할머니가 "늙은 데다가 교육도 받지 못했으며, 할머니는 인디언이고 할아버지도 반은 인디언"(267쪽)이어서 양육할 자격이 없다는 이유로 강제로 잠시 동안 고아원에 들어갔다가 나와 할머니를 만나는 부분이다.

> 할머니는 날씨가 쌀쌀한데도 사슴 가죽 옷만 입으신 채, 아침해를 받아 머리카락을 빛내며 서 있었다. 그곳은 산허리의, 벌거벗은 흰참나무 가지들 밑이었다. 할머니는 나를 바라보고 계셨다. 할아버지의 모습은 눈에 들어오지 않는 듯, 오직 나만을 바라보고 싶은 듯한 모습으로 이쪽을 보고 계셨다.
>
> "할머니!"
>
> 나는 이렇게 외치다가 발을 헛딛는 바람에 시냇물에 떨어지고 말았다. 다치지는 않았지만 사방으로 물이 튀었다. 아침 공기의 쌀쌀함에 비해 물은 오히려 따뜻했다.
>
> 할아버지가 공중으로 뛰어오르시더니 다리를 쩍 벌린 채 "우이이이이이이이!"하고 고함을 지르시며 풍덩 물 속으로 뛰어드셨다. 산비탈을 뛰어내려오신 할머니도 그대로 첨벙첨벙 물 속으로 뛰어들어와 나를 껴안으셨다

우리는 뒹굴고 물보라를 일으키고 고함을 지르고 좀 울기도 했다. 할아버지는 시냇물 한가운데 주질러앉아 양손으로 물을 떠서 공중에다 뿌렸다. 개들은 통나무다리 위에 늘어서서 우리를 내려다보고 있었다. 이 예기치 않은 소란에 어안이 벙벙한 것 같았다. 우리더러 정신이 돌았다고 생각할 거라고 할아버지가 말씀하셨다. 그렇지만 얼마 안 있어 개들도 서로 앞다투어 물 속으로 뛰어들었다.

소나무 가지 제일 꼭대기에 앉은 까마귀 한 마리가 울기 시작하더니 푸드득거리며 우리 머리 바로 위로 미끄러지듯 내려왔다. 곧바로 다시 날아오른 까마귀는 까옥거리며 골짜기 쪽으로 날아갔다. 내가 돌아온 걸 모두에게 알리러 가는 것이라고 할머니가 말해주셨다.(311－2쪽)

자연은 우리의 스승이다

하루라도 없으면 살 수 없을 밥과 김치가 우리 밥상에 오르기까지 거쳐야 할 과정을 생각하면 숙연해지는 바가 있다. 이제는 우리 생활이 농사와는 거리가 너무 멀어져 버려서 구체적으로 떠오르는 것이 없을 테지만 긴 시간과 정성이 필요할 것이라는 짐작은 할 수 있을 것이다. 그리고 돈만 있으면 완제품을 사먹을 수 있게 되어 무척 편리해진 대가로 우리는 기다림과 생명의 엄중함에 대한 겸손한 태도를 잃어버린 것이 아닐까 하는 질문도 나옴직하다. 그런데 우리는 밥상에 이 음식들이 오르자면 오랫동안 자연이 합심하여 서로를 키우고 여기에 농부의 자상한 손길이 더해져야 한다는 사실을 생각하려 하지 않는다. 시장에서 다른 상품과 등가로 교환되는 농산물들이 상품 가치 이전에 그보다 더 근원적인 생명에 관여한다는 것을 자꾸 잊는다.

> 인간은 자기 자신이 자연이라는 것을 잊어서는 안 됩니다. 그렇다면 자연인 인간은 자기 이외의 다른 자연에 대해서 어떤 태도를 취하고 있습니까? 자연을 다만 재료로서, 또 정복해야 할 대상으로서 생각해 왔습니다. 그러나 사실은 자신의 내면적 삶을 가르쳐 주는 존재로서 다른 자연을 보아 나가야 합니다. 이렇듯 자연이 교사의 지위를 차지해야 하는 측면도 있는 것입니다. 따라서 자연을 보존하고 자연을 보호하는 목적도 이와 관련되어야 합니다. 그것은 물론 미적인 요구를 충족시키거나 도시 주민의 건강을 유지하기 위한 것이기도 합니다. 그러나 우리가 잊고 있는 것이 있습니다. 자기의 내면을 진실로 차분히 정착시키는 것, 기다림의 의미를 인생에서 되살리는 것을 그 목적에 포함시키지 않으면 안 됩니다. (중략)
>
> 참는다는 말의 의미를 잘 생각해 봅시다. 나는 결코 봉건적인 이야기를 하자는 것이 아닙니다. 기다린다든가 참는다는 말의 의미를 다시 한 번 우리에게 상기시키기 위해서 자연은 교사로서 우리 앞에 나타난다는 측면

을 잊지 말아야 할 것입니다.

(이마미치 도모노부, 정명환 역, 『에코에티카 — 기술사회의 새로운 윤리학』, 솔, 1993, 170－1쪽)

현대의 기술은 존재의 특성과 다양한 측면들을 무시하고 오로지 편리성과 이윤이라는 측면만 강조한다. 에너지와 원자재의 원천이어야만 한다고 강요하는 것이다. 이러한 요구 앞에서 모든 존재는 필요하면 언제라도 갖다 쓸 수 있고 얼마든지 다른 것으로 대체할 수 있는 부품이 된다. 강물은 저 스스로 흘러가는 신성한 존재가 아니라 에너지를 공급하는 자원이며, 울창한 숲은 지구라는 전체 생태계에 공기를 공급하는 고마운 존재가 아니라 신문을 만드는 종이의 재료일 뿐이다. 이렇게 자연을 착취하는 우리들 역시 역설적이게도 부품으로 전락하고 말았다.

근대의 산업은 더 빠른 속도와 더 많은 양을 목표로 내걸어 생물에게 산업 시간을 강요함으로써, 그들이 본래 지니고 있는 시공간을 단축시키려고 애써 왔다. 예를 들어, 양계장의 닭들은 좁디좁은 공간에서 서로 부딪쳐야 하며, 그들의 하루는 열두 시간으로 단축된다. 속성 재배, 화학 비료, 농약, 호르몬제, 유전자 조작, 유전자 복제 기술 들은 동식물에게 필요한 시공간을 줄여 산업의 가속화된 시간에 무리하게 짜맞추려는 수단이다. 그러므로 이 생명들은 혼란을 겪고, 불안정해지고, 열성화(劣性化)되며, 폭력적으로 될 수밖에 없다.

그런데 옛날에는 그렇지 않았다. 농사를 지으면서 농부들은 씨에게 강요하지 않는다. 절로 나서 자라는 것을 돌본다. 기술도 마찬가지다. 지금처럼 자연의 속성을 완전히 변화시키거나 인간의 한계를 뛰어넘으려고 하지는 않았다.

상대가 자연이든 사람이든, 우리는 기다리고 기다리게 하는 일에 점점 서툴러지고 있다. 요컨대 함께 모여 사는 일이 어려워지고 있다. 사랑도 마찬가지다. 기다림을 뺀 사랑을 생각할 수 있는가!

기다림과 견딤과 느림 속에서 자연과 인간의 온갖 힘이 합하여 자란 배추와 쌀이 어떻게 하여 우리의 몸에 이르는지를 생각하면 자연의 신비스러움 앞에 저절로 겸손해질 수밖에 없다. 자연을 우리의 스승으로 모신다면 우리는 행복해지고 서로를 귀하게 보살필 수 있을 것이다.

보기에 따라서

세상은 보기에 따라서 아주 다르게 나타난다. 하나 마나 한 얘기다. 서로 눈이 같지 않기 때문이다. 눈의 좋고 나쁨에도 관계가 있지만 본질적으로는 눈이 단순히 생물학적인 감각 기관을 넘어서 사회적인 속성을 함축하고 있기 때문이다. 그래서 보는 데는 개인의 세계관은 물론이고 사회적인 여러 관계가 관여하기 마련이다.

한옥을 생각해 보자. 아파트가 보편적인 주거 형태가 된 우리에게 한옥은 불편하기 짝이 없다. 요즘 아이들에게는 더 그럴 것이다. 변소도 집 밖에 있고—아주 캄캄한 밤이나, 비나 눈이 오는 날을 생각해 보자!— 물도 마당에 있는 수도에서 길어다 써야 한다. 마당에서 집안으로 들어가자면 마루로 올라가야 하고 집안에서도 부엌에 가려면 신발을 신어야 한다. 물론 여름에는 에어컨도 없다.

그런데 아래 구절을 읽으면 이런 불편함이야말로 지혜의 소산이라는 점을 깨닫게 된다. 사람을 움직이도록 하자는 것이다.

> 세상 모든 움직이는 것에는 반드시 완충장치가 필요한 법이다. 그것은 사람, 기계를 가리지 않는다. 한옥은 그 완충장치가 뛰어난 공간구조를 지니고 있지만 언제나 한옥의 장단점을 이야기할 때면 단골로 등장하는 불편한 점이 바로 그 공간구조이며 동선이다. 변소에 가는 것도 불편하고 부엌으로 오르락내리락 하는 것도, 마당에서 마루로 올라서는 것도 귀찮아 하며 마땅치 않은 것으로 꼽는다. 그래서 개량된 주택들에서는 높낮이를 찾아보기 힘들다. 모든 것이 평면인 것이다.
>
> 그처럼 높낮이가 없는 공간에서 사는 사람들은 조금만 몸을 움직여도 힘들다고 여기게 마련이다. 몸이란 구부리고 펴고 앉았다가 일어나기를 반복하게끔 만들어져 있는 것인데 그 기능들을 사용하지 않기 때문이다. 평

면의 공간만을 오가는 사람들의 무릎이나 허리와 부엌에서 마당으로 또 마당에서 마루로 오르내리는 사람들의 허리나 무릎 중 어느 쪽이 더 튼튼하겠는가. 많이 움직여서 쉬 고장이 나고 상할 수 있다고 트집을 잡으면 할 수 없지만 물어보나 마나일 것이다.

(이지누, 「못박인 검지손가락 아름다운 '훈장'」, 『한겨레』 18.0도, 2006. 7. 14. 전문: http://www.hani.co.kr/arti/culture/culture_general/141153.html. 참고로, 이지누는 근래에 들어서 발견한, 글을 잘 쓰는 사람이다. 이 글이 마음에 들어서 그의 책 『이지누의 집 이야기』(삼인, 2006)를 샀다.)

이런 것을 두고 즐거운 불편함이라고 할 수는 없을까? 따뜻한 이불 속에서 자다가 몸을 떨면서 나와 앉은 변소에서 바라본 밤하늘의 아름다움을 아파트—도시 전체를 여기에 포함시켜야 될 것이다—에서 볼 수 없게 됐다는 점도 덧붙이면 그 불편한 한옥도 전혀 다르게 보일 것이다.

사실 따지고 보면 일시적인 편리함이란 게 그리 좋은 것은 아니다. 텔레비전의 단추를 누르기가 싫어 가만히 앉거나 심지어 누워서 리모컨으로 대신하고, 꼭 필요하지도 않은데 걷지 않고 차를 탄다. 물론 편리하다. 그런데 그 대가로 살을 빼기 위해 걷는 '운동'을 해야 한다. 실내에서 키운 개를 운동시켜야 하듯이 말이다. 걷는 것은 그냥 자연스러운 활동인데 의식적으로 시간과 돈을 들여가며 운동으로 해야 하는 것으로 바뀐 것이다. 그렇다면 우리는 편리함에 길들여진 개가 아닌가?

어미 소와 송아지

신경숙의 「풍금이 있던 자리」에 다음과 같은 부분이 나온다.

우사의 어미 소는 제 새끼가 눈먼 것을 아직은 모르는 모양입니다. 젖을 놓친 송아지가 다시 젖을 못 물고 배를 더듬거리면, 뒷발을 들어 송아지의 엉덩이를 때립니다. 어리광 그만 부리라는 뜻이겠지요. 하긴 송아지 자신도 자기가 눈먼 걸 모를 테지요. 태를 끊었을 때부터 칠흑이었을 테니 세상이 그런 줄, 그런 줄로만 알겠지요. 대신에 제 어미의 기척에 예민합니다. 옆에 있던 어미가 부시럭거리면 저도 부시럭거리고, 제 어미가 일어서면 저도 이엉차, 일어섭니다. 아무것도 보지 못하는 눈은 너무나 맑습니다. 그 눈에 제 눈을 헹궈내고 싶을 정도로요. 헹궈낸 후엔 곧 제 눈앞도 칠흑이 되어서 당신이 다시 와도 알아보지 못했으면……

(신경숙, 「풍금이 있던 자리」, 『풍금이 있던 자리』, 문학과지성사, 1993, 28쪽)

나는 어떤 논문에서 이 대목을 다음과 같이 읽은 적이 있다.

한마디로 어미 소와 송아지의, 제삼자가 어떻게 개입할 수 없는 근원적인 관계를 표상하고 있는 것이다. 그런데 왜 눈이 먼 것으로 나왔을까? 안 보이는데도 유지되는 관계라는 점을 강조하기 위한 것이라고 할 수 있다. 다른 사람이 개입할 수 없는 세계인 것이다. 따라서 '나'는 아내와 딸이 있는 남자를 사랑함으로써 그 딸 은선이와 그 엄마 사이의 끊을 수 없는 자연스러운 관계에 훼방을 놓은 사람이 되고 말았다고 할 수 있다. 결론적으로 '내'게 불륜의 사랑을 포기하도록 작용한 것은 어미와 그 새끼의 근원적인 관계이다.

나는 지금도 이 부분의 해석을 만족스럽게 생각하고 있다. 내가 읽은 바로는 이 작품을 다루면서 이런 측면을 지적한 사람은 없기 때문이다. 혼자만 읽었다고 함으로써 내 스스로가 보편성을 결여한 주관적인 독법이라는 점을 드러낸다고 할지 모르나 그렇지는 않다. 이 부분을 제대로 읽지 못하면 작중화자가 불륜에서 벗어나게 된 근원적인 이유를 통속의 차원을 벗어나서 설득력 있게 설명할 수 없기 때문이다.

좀 이상한 방향으로 흐르고 말았는데, 얘기를 꺼낸 것은 어미 소와 송아지의 관계가 제삼자가 어떻게 개입할 수 없는 '특별한' 것이라는 점을 보여 주는 그럴듯한 예를 만나서 그것을 소개하기 위해서다. 좀 길지만 해당 부분을 다 인용하기로 하겠다.

> 「월드 파밍 뉴스레터 World Farming Newsletter」는 몇 년 전 소와 송아지의 특별한 관계를 알려주는 짧은 글을 실은 적이 있다.
>
>> 두 살 난 암소 블래키는 팔려간 농장을 빠져나와 낯선 길을 7마일이나 걸어 자기가 낳은 송아지가 살고 있는 새 농장을 찾아갔다. 이 얘기는 블래키와 송아지가 데번에 있는 하더리 우시장에서 각각 다른 사람에게 팔리면서 시작된다. 오키햄프턴에 있는 보브 울라콧의 농장으로 팔려간 블래키는 여물과 물을 먹고 잠자리에 들었다. 하지만 본능적인 모성애가 블래키에게 그 우사를 빠져나와 담을 뛰어넘게 하고, 낯선 길을 걷게 했다. 다음날 아침, 블래키는 7마일이나 떨어진 샘퍼드 코트니에 있는 아서 슬리먼의 농장에서 송아지에게 젖을 물리고 있었다. 슬리먼 씨는 블래키의 엉덩이에 붙어 있는 경매딱지를 보고 송아지의 어미라는 것을 알 수 있었다고 한다.
>
> 나는 소가 그토록 영리한 행동을 하리라고는 상상도 하지 못했다. 저명한 자연과학자 루퍼트 셸드레이크 박사는 육류업계 사람들과 인터뷰한 뒤 그 이야기가 사실이라는 것을 확인할 수 있었다.
>
> 『소비에트 위클리 Soviet Weekly』도 비슷한 이야기를 게재했다.

코카서스 지방의 농부 마고메드 라마자노프는 소 한 마리가 집을 벗어나 이웃 마을로 팔려간 송아지를 찾아간 것을 보고 충격을 받았다. 그 순하디순한 소가 야생동물에게 잡아먹혔을 거라고 짐작한 마고메드는 집에서 30마일이나 떨어진 곳에서 송아지와 같이 있는 것을 보았다.

우리는 젖먹이 동물에게서 어미와 새끼의 깊은 관계를 발견하곤 한다. 인간만이 아니라 모든 포유동물이 그렇다.

많은 사람이 어미 소와 아기 소의 끊을 수 없는 유대감에서 깊은 감동을 받는다. 하지만 그런 아름다움은 슬픔의 그림자에 묻히고 마는 것이 보통이다. 현대식 농장에서 그 유대감이 매일 붕괴되고 있는 사실을 생각하면 머리가 아파온다. 태어나자마자 새끼 소를 어미 소에게서 떼어내면 두 소 모두 치유할 수 없는 마음의 상처를 받는다. 어미 소가 송아지에게 젖을 물릴 수 있게 해 주어도 우리는 어미 소에게서 우유를 넉넉히 얻을 수 있다.

역사적으로 인간은 그렇게 하고도 소들에게서 우유를 얻어 마셔왔다. 하지만 오늘날에는 그보다 더 경제적인 방법을 택하고 있다. 전부 챙기자는 것이다. 아기 소에게 돌아갈 몫까지 몽땅 빼앗고, 송아지에게는 단 한 방울도 나눠주지 않으려 한다. 이른바 '쓸모없는' 수송아지를 고기용으로 팔아 돈까지 챙긴다. 그들은 그렇게라도 하니까 우리가 값싸게 우유를 마실 수 있다고 떠든다.

(존 로빈스, 안의정 옮김, 『음식혁명』, 시공사, 2002, 264－5쪽. 밑줄은 인용자가 쳤음)

여기까지 이르면 내 논의를 입증할 수 있는 예로서 옮긴다는 애초의 목적에서 한참 벗어나, 아무 생각 없이 맛있다고 하면서 쇠고기를 먹는 나야말로 바로 소설의 작중화자의 어머니를 빼앗은 바로 그 여자와 마찬가지 일을 저지르는 사람이 아닌가 하는 슬픔에 젖어 들고 만다.

참고로, 위에 소개한 책의 지은이는 세계 최대의 아이스크림 회사 '배

스킨 로빈스'의 유일한 상속자이나 그 부를 뿌리치고 채식주의자로서 축산물에 감춰진 진실을 알리는 환경 운동가이다. 이와 비슷한 책으로 축산업을 하다가 환경 운동가, 채식주의자로 탈바꿈한 하워드 리먼의 『성난 카우보이』(김이숙 옮김, 문예출판사, 2001)가 있다.

입춘에 드리는 봄 선물

책 읽다가 아주 멋들어진 비유가 있어서 입춘 선물로 여러분께 소개한다. 『제47회 현대문학상 수상소설집』(현대문학, 2001)에 실린 신경숙의 「우물을 들여다보다」에 나오는 것이다.

> 그해 봄 어느 날이었어요. 아마도 지금처럼 음표같이 돋아난 연둣빛 무순들의 잎사귀가 조금씩 옆으로 넓어지고 있었던 때 같습니다.(263쪽)

연둣빛이 변주곡을 연주한다고 할 만한 때는 아직 멀었지만 나무나 풀에 돋아나는 그 색을 생각만 해도 신비와 생명력과 아름다움이 다가온다. 여기에다 음표라니! 저절로 그 모양이 떠오르는 것은 당연한데 연둣빛 봄의 노래가 상징하는 은은하고 부드러운 생기와 즐거움이 그 안에 들어 있다는 점도 놓칠 수 없을 것 같다. 여기서 '은은하고 부드러운 생기'는 윤대녕의 「상춘곡」에서 빌려 온 것이다. '연둣빛 봄의 노래'는 응용한 것이고 그 원천인 윤대녕의 '연둣빛 소리'에 귀를 기울여 보자.

> 그러던 어느 날 아침, 나는 문득 잠든 내 얼굴에 감겨드는 이상한 빛의 속삭임을 듣고 있었지요. 그것은 아주 은은하고 부드러운 생기가 느껴지는 빛이었습니다. 가만히 듣고 있으니 머리맡 문살 창호지에 바늘 끝 같은 타닥타닥 튀는 소리 같았습니다. 오래 그 소리에 귀를 던져두고 있다가 나는 슬그머니 눈을 뜨고 보았지요. 그 순간 나는 얼마나 놀랐던지요. 그것이 문살 창호지를 투과해 들어오는 연두빛 봄 햇살 소리였다는 걸 어떻게 알았겠습니까.
>
> (윤대녕, 「상춘곡」, 『많은 별들이 한곳으로 흘러갔다』, 생각의 나무, 1999, 26쪽)

우리가 맞이해야 할 봄이 이런 연두빛의 음표였으면 좋겠다.

재미있는, 식물 이름 읽기

아래에 소개하는 것은 2001년 10월 4일자 한겨레신문의 기사이다. 전체 글이 아니기 때문에 관심이 있는 분은 「개불알꽃? 복주머니꽃?」(http://www.hani.co.kr/section-005100007/2001/10/005100007200110032102778.html)를 읽기 바란다.

> 댕강나무, 금강초롱, 애기똥풀, 괭이밥 등 우리나라 풀꽃들의 국명은 세종대왕도 흐뭇해할 어여쁜 한글 이름들이다. 조상들이 불러오던 이 이름들은 1937년 『조선식물향명집』에서 최초로 정리됐다. 지금은 모두 고인이 된 정태현·도봉섭·이덕봉·이휘재 선생 등 식물학자 네 명이 우리꽃 2천여종의 국명을 정리한 주인공들이다.
>
> 『향명집』의 앞머리에서 이들은 "민간에서 부르는 이름을 그대로 쓴다"는 큰 원칙을 제시하고 있다. 자세히 들여다보면 일반적으로 사용하는 한글이름을 쓰고, 과거 문헌상에 적혀 있는 한글이름도 될 수 있는 한 그대로 사용하며, 지역에 따라 같은 식물을 다르게 부르는 경우는 보편적이라 생각되는 것을 썼다. 종을 구별해야 할 경우에는 식물의 형태적 특징, 학명의 뜻, 전설이나 유래, 산지와 발견자, 색깔이나 냄새 등에 걸맞은 형용사를 붙이기로 했다. 오병훈 한국수생식물연구소장은 "지역마다 민초들이 불러오던 이름을 모아 처음으로 정리한 것"이라며 "사람의 이름도 일본말로 바꿔불러야 했던 때이지만 일제도 식물의 이름을 우리말로 부르려는 이들의 노력을 막지 못했다"고 말했다.
>
> 그 뒤 새로운 종이 발견될 때마다 대개 이 원칙에 따라 이름이 지어졌다. 우리 식물 4천여 종의 이름을 뜯어보면 밤이 되면 잎이 오무라들어 잠자는 것 같이 보이는 자귀나무, 열매 꼬투리가 조그만 바가지 같은 박주가리 등은 생김새를 딴 것이고, 누린내가 나는 누리장나무, 향기가 백리까지 퍼질 듯 진하다 해서 백리향, 9월에 꺾어 약으로 쓰면 약효가 가장 좋다는 구절초 등은 향기와 효능을 표현한 것이다. 남산제비꽃·오대산붓

꽃·한라솜다리 등은 처음 발견된 지역 이름을 붙인 경우이다. 한창 농사일로 바쁜 봄철에 한가로이 꽃을 피운다고 해 붙여진 깽깽이풀, 독이 있어 먹으면 미친 듯이 날뛰다 죽는다는 미치광이풀 등 이름에 붙여진 사연도 가지가지이다.

접두어는 식물의 특성을 짐작할 수 있는 열쇠이다. 쇠고사리, 쇠물푸레나무 등 보통 '쇠'는 크기가 작은 식물에 붙인다. '애기' '좀'도 마찬가지이다. '참'은 먹을 수 있는 것, '개'는 먹을 수 없는 것에 쓰이는 경우가 대부분이다. 나도밤나무나 너도밤나무는 밤나무가 아니지만 비슷하게 생겼다고 해서 '나도' '너도'가 붙었다.

이런 글을 읽으면서 가장 먼저 나타나는 반응은 아마 조상의 지혜가 대단하다는 감탄일 것이다. 물론 지혜도 지혜겠으나 그것은 우리 조상들의 삶의 방식이 자연스럽게 만들어준 것이기도 하다. 자연과 더불어 농사를 지어서 살아야 했으니 주위의 풀이나 나무에 관심을 가지는 것은 생활의 요구이기도 했다는 말이다. 이렇게 이해해야 정도 이상으로 주눅들지 않게 된다. 따라서 우리가 아는 것을 그들이 몰라도 그것을 당연한 것으로 받아들이게 된다. 생활이 달라서 나타나는 차이인 것이다.

이 생활의 변화로 이제는 식물도감을 보고 힘들여 외워도 잘 모르는 나무와 풀이 되어 버렸다. 이제 나무나 풀들은 이름만 있는 추상적인 존재일 뿐이다. 앞서도 말했듯이 우리 생활과의 직접적인 연관성을 상실했기 때문에 나타나는 현상이다. 그러니 어머니로서의 자연이니 인간과 자연의 일치니 하는 말들이 직접적인 경험의 대상으로 다가오지 못하게 된다.

그런데 나는 아직도 인간의 행복은 자연과 조화를 이룰 때만 가능하다고 믿는 낡은 사람에 속한다. 그래서 어떤 식으로든 자연과 더불어 살아야만 된다고 믿고 있다.

어제도 고속도로를 건설하기 위해 6백년 된 소나무를 잘라야 한다는 기사를 보았다. 그 나무는 오래 살았을 뿐 아니라 마을에 무슨 일이 있을 때마다 제사를 올리는 신앙의 대상이기도 했다. 그런데 도로를 변경하면 돈이 많이 든다는 이유로 나무를 베어내야 한다는 것이었다. 나는 돈이 더 들더라도, 더 나아가서 도로를 내지 못하더라도 나무를 살려야 한다고 생각한다. 왜 인간이 사는지, 왜 도로를 만들어야 하는지 그 궁극적인 목적을 잊은 짓이다.

하기는, 테러에 대한 응징이라는 허울 좋은 명분 때문에 죽어갈 것이 분명한 가난한 나라의 불쌍한 사람들마저 모른 척하는 세상의 흐름에서 그깟 나무 하나가 무어 그리 대단하겠는가!

화장터 이야기

서울 방면으로 고속버스를 타고 오다가 서울에 다 이르면 플래카드가 길가에 쭉 늘어서 있는 것을 보게 된다. 거기가 어디냐 하면 서울시에서 화장장을 세우기로 한 청계산이다. 신문이나 방송을 유심히 보신 분들은 아시겠지만 화장장을 세운다는 데 대해서 그쪽 주민들의 반대가 아주 심하다. 그래서 서울시에서는 서울 시장 공관을 그 근처에 짓고 화장장을 추모공원으로 꾸민다고 하는 것을 내세우기도 했었다.

이상한 것은 조사한 바에 의하면 화장장 건설이 불가피하다는 점을 인정하면서도 자기들이 사는 지역에서는 한사코 안 된다고 하는 것이다. 한마디로 집값이 내려간다는 게 그 이유라고 한다. 이와 같은 천박한 이기주의에 대해서는 여기서 본격적으로 문제삼지 않도록 하겠다.

내가 얘기하고자 하는 것은 그 플래카드 가운데 어느 하나에 쓰인 내용에 대한 것이다. 문구대로 기억할 수는 없지만 이런 내용이었다. 아침저녁으로 출퇴근하는 길에 화장터가 웬 말이냐는 것이다. 나는 그것을 보는 순간 이것이야말로 죽음에 대해 우리 시대가 갖고 있는 태도를 선명하게 드러내는 징후라고 생각했다.

플래카드의 내용이 뜻하는 바는 무엇인가? 죽음은 피해야 할 더럽고 불편한 어떤 것이다. 이렇게 이 시대는 죽음을 억압하고 죽이고 있다. 어디 이 플래카드뿐인가? 도처에 죽음은 아주 흔하게 널려 있는 걸요. 멀리 갈 것 없이 아이들은 입시 때문에 고민하다가, 아프카니스탄에서는 맑은 눈망울을 한 어린이가 그곳에 태어난 것이 죄가 되어 죽어간다. 정말 이런 죽음은 억울하기 짝이 없다. 사회적이고 정치적인 조건이 인위적으로 인간을 죽도록 만드니까 말이다. 아무 데서나 볼 수 있는 이런 현상이 죽음을 더러운 것으로 여기게 만드는지 모른다.

삶은 죽음이기도 하다. 데리다의 해체론 식으로 설명하면 삶이란 그것과 대비되는 것, 이를테면 죽음이 아닌 어떤 것이다. 그러니까 삶 자체에는 삶의 의미가 들어 있지 않다고 할 수 있다. 오히려 죽음에 삶이 들어 있는 것이다. 다른 말로 하면 삶에는 언제나 죽음의 흔적이 남아 있다.

그런데 사람들은 자꾸 그 죽음의 흔적을 지워 버리려고 발버둥친다. 삶에 속하는 것이 아니라 삶의 타자로 삼아 피하려고만 하는 것이다. 건강에 대한 지나친 관심이야말로 이렇게 죽음을 망각하려는 현대인의 태도를 단적으로 보여주는 예라고 하겠다. 그러니 화장터가 자기가 사는 곳 가까이 있어서는(실상은 그렇게 가깝지도 않지만) 안 되는 것이다.

어쨌든 죽음은 삶의 한 과정이다. 그렇다면 죽음 자체는 그렇게 무섭거나 더러운 것일 수가 없다. 자연스런 순환 과정에서 거쳐야 할 한 단계일 뿐이다. 옛날 어른들이, 죽어서 입을 옷을 미리 준비하고 자기가 묻힐 곳을 정하고 찾아가 눈에 익히는 것은 바로 이런 관점에서 나오는 것이다.

죽음은 인간에게 어떤 한계를 설정해 준다. 사실 우리 삶이 뜻을 가진다면 바로 이 죽음 때문이라고 할 수 있다. 죽음이 부여하는 생물학적인 필연성, 다시 말하면 한 번 태어나면 죽어야 한다는 유한성과 일회성이야말로 우리 삶을 진지하고 엄숙한 것으로 만든다. 사실 인간의 위대한 문화적 업적들은 모두 이 유한성을 초월하기 위한 눈물겨운 노력의 소산이다.

문학도 마찬가지다. 서양 사람들이 가장 위대한 갈래로 치는 비극이야말로 이 유한성을 인정하면서도 한편으로는 초월하려는 모순의 산물이다. 그러므로 우리는 비극에서 인간이 약한 존재임에도 불구하고 위대한 측면을 지니고 있다고 하는 사실을 깨닫다. 비극적 인간이 위대한 이유는 죽음을 걸기 때문이다. 인간으로서의 최종적인 한계인 죽음을 생각하니 자기 인생을 막 굴릴 수는 없었던 거라고 할 수 있다.

시인이자 영문학자인 김종길은 이육사의 「절정」(1939)에 대해 '비극적 황홀'이라는 말을 써서 설명한 바 있다. 한번 이 시를 읽어 보자.

매운 계절의 채찍에 갈겨
마침내 북방으로 휩쓸려 오다.

하늘도 그만 지쳐 끝난 고원
서릿발 칼날진 그 위에 서다

어데다 무릎을 꿇어야 하나
한발 재겨 디딜 곳조차 없다.

이러매 눈 감아 생각해 볼밖에
겨울은 강철로 된 무지갠가 보다.

김종길의 말도 함께 들어 보자.

> 그러고 보면 이 절정은 그가 비극적인 인물로서의 자기 자신에 부닥치는 일종의 한계 상황이다. 그러나 그는 항복과 타협을 모른 채 다만 자기가 비극의 한가운데 놓여 있음을 깨닫고 겨울, 즉 '매운 계절'을 '강철로 된 무지개'로 보는 것이다.
>
> 이 비극적인 비전은 또 하나의 비극적 황홀의 순간을 나타내며 여기서 다시 우리는 시인이 자기가 놓여 있는 상황에서 거리를 두고 하나의 객관적인 이미지를 발견함을 본다.
>
> (김종길, 「한국시에 있어서의 비극적 황홀」, 『심상』, 1973년 2월호, 16쪽)

죽음을 자기 것으로 받아들인 뒤에 오는 황홀한 느낌을 얘기하고 있다. '비극적 상황의 극점에 이르러 오히려 달관하는 고결한 정신'(김종철)을 읽을 수 있다. '비극적 황홀'이라는 개념은 정말 멋진 말이 아닐 수 없다.

죽음을 죽이는 삶, 죽음을 염두에 두지 않는 천박한 삶이 우리 모습이 되어 버렸다. 슬픈 일이다. 학대받을 우리의 죽음을 생각하니 더욱 그렇다.

사라지는 언어

어제(2002. 2. 22) 『한겨레』에서 본 기사이다. 유네스코가 보고한 바에 의하면 지구촌 언어의 절반이 사라질 위기에 놓여 있다. 기사의 앞 부분을 인용한다.

> 전세계 6천여 가지 언어 가운데 절반이 멸종될 위기에 놓였다고 유엔교육과학문화기구(유네스코)가 21일 밝혔다. 유네스코는 이날 제3회 '세계 모국어의 날'을 맞아 발표한 90쪽 분량의 '세계 멸종위기 언어지도' 보고서에서 "각국의 강압적 언어정책과 유력언어 사용의 확산으로 사라질 위기에 놓인 언어가 적어도 3천개에 이른다"며 "언어가 사라지면 그것을 통해 표현가능한 인간의 사고와 지식을 잃는 것"이라고 지적했다.
>
> (원문: http://www.hani.co.kr/section－007000000/2002/02/007000000200202212221021.html)

심각한 일이 아닐 수 없다. 아직 우리에게는 먼 곳의 얘기처럼 들리지만 꼭 그렇지만도 않다고 생각한다. 여러 말 할 것 없이 영어 열풍을 떠올리면 된다. 영어를 공용화하자고 주장하고 나서는 사람도 있다. 소설가인데 우리말을 다루는 사람이 그래서 우리를 더욱 어리둥절하게 만든다.

왜 언어가 사라지는 것일까? 한마디로 그 언어를 쓰는 사람들의 힘이 없기 때문이다. 전체 기사를 읽으면 그런 점이 확연하게 드러난다. 우리의 경우 우리말을 쓰지 못하게 했던 일제의 식민지 시기를 생각하면 된다. 그러니 우리 사회에서 부는 영어 열풍은 영어를 쓰는 나라들, 그 가운데서 특히 미국의 힘이 막강하다는 점을 그대로 드러내는 것이라 할 수 있다. 정말 이런 추세가 계속된다면 우리말의 장래도 장담할 수 없게 될지도 모른다는 위기감을 느끼지 않을 수 없다.

유네스코 보고서에서도 말했듯이 언어는 인간의 사고와 지식이다. 그러므로 어떤 언어가 사라진다는 것은 그만큼 지식과 사고의 다양성이 줄어든다는 것을 뜻한다. 이 지구촌의 언어가 몇 개로 통일된다고 생각하기만 해도 끔찍한 기분에 휩싸이게 된다. 물론 그렇다고 해도 언어를 쓰는 사람이 다양하기 때문에 사고의 다양성이 완전히 사라진다고 할 수는 없겠지만 여러 언어가 존재할 때와 비교하면 그 다양성의 양과 질 모두에서 절대적인 차이가 있을 것이다. 우리가 이번에 실제로 경험한바 미국 대통령의 깡패스러움도 미국 중심으로 돌아가는 힘의 향방을 반영하는 것이라고 할 수 있다.

그렇다면 언어가 사라진다는 사실에 안타까움과 위기를 느끼는 것은 미국 중심의 세계화에 반대한다는 뜻이기도 하다. 참다운 세계화란 지구 전체적인 차원에서 세계를 구성하는 요소들이 저마다의 개성을 주장하면서 동시에 다른 개성들과 조화로운 관계를 이루는 것이어야 한다. 그런데 지금의 세계화는 이와는 정반대로 세계가 미국 중심으로 움직인다고 하는 것이 현실이다. 다 아시다시피 지금 미국은 우리가 어렸을 때 전쟁영화를 보면서 했듯이 세계를 선과 악의 이분법을 나누어 놓고 자기와 생각이 다르면 무조건 악의 편이라고 위협해 대고 있다. 이런 도식에서 다양성은 아예 존재조차 할 수 없다. 요컨대 언어가 사라진다는 것은 그만큼 다양성이 줄어든다는 것이고, 나쁜 세계화로 나가고 있는 것이기 때문에 심각한 것이다.

문학의 경우에 언어의 소멸은 더 심각한 의미를 내포하고 있다. 문학의 언어는 함축의 언어이다. 어떤 말이 불러일으키는 주관적인 의미가 굉장히 중요하다. 문학에서 중요하게 다뤄지는 심상이라든가 상징, 비유 같은 것은 모두 함축적인 의미를 구체적으로 이용하는 방법이라고 할 수 있다. 그런데 언어의 종류가 줄어든다면 각각의 언어가 담고 있는 다양한 의미들 가운데 어떤 것이 없어지게 된다. 시의 어떤 구절이 우리를 끌어들인다면 거기에 우리의 경험을 떠올리게 하는 어떤 요소가 있기 때문이라고 할 수 있다. 예를 들어 어머니란 말이 강력한 울림을 갖고 있다면 그것은 우리가 겪은 어머니의 존재가 중요하기 때문이라는 것이다. 같은 어머니라고 해도 영어로 하는 어머니는 우리에게 우리말이 주는 울림을 절대로 갖지 못한다. 어렸을 때부터 배웠느냐 하는 것은 시의 언어에서 절대적인 중요성을 지닌다. 좋은 시를 고르는 방법 가운데서 추천할 만한 것은 쉬운 말을 얼마나 잘 쓰고 있느냐를 살피는 것이다. 쉬운 말이란 어려서 배운 것이고 따라서 그 말속에는 우리의 온갖 경험이 녹아 들어가 있기 때문이다. 그러므로 소설을 쓰는 사람이 영어를 공용화하자는 것은 도대체 당치도 않은 발상이다.

구조주의 언어 이론이란 게 있다. 언어에 의해서 세계가 만들어진다는 것이 그 골자 가운데 하나이다. 쉽게 설명하면 눈이 있어 눈이라는 말이 만들어진 게 아니고 눈이라는 말이 있어 눈으로 보인다는 것이다. 사실 그런 면이 있다. 풀 이름을 모르면 풀이 보이지 않는다. 그런데 이런 설명에 따르면 어떤 언어를 잃어버린다는 것은 그 언어에 의해서 만들어진 세계를 잃는 것과 마찬가지라는 무시무시한 결론에 이르게 된다.

그러므로 우리는 우리말을 아껴야 한다. 우리말이어서가 아니라 세계의 다양성을 유지하고 참다운 세계화를 실현하기 위해서 중요하기 때문이다. 우리말로 쓸 수 있는 것을 거의 무의식적으로 영어로 쓴다거나 하는 일은 지금까지의 얘기를 따른다면 간단한 문제가 아니다.

그렇다고 외국어에 대해 배타적인 태도를 취할 필요는 전혀 없다. 사실은 다양성을 경험하기 위해서도 외국어를 열심히 공부하고 외국어로 된 책을 읽어야 한다. 그렇지만 그럴 경우에도 우리말이 가장 소중한 것이라는 전제에서 행해져야 한다.

지구촌 언어의 절반이 사라질 위기에 처했다는 말을 듣고 너무 놀라서 황급히 쓴 글이다. 우리말을 아끼고 가꾸는 일을 의식적으로 실천할 때라는 점을 강조하고자 한다.

벚꽃과 냉찜질

봄이 왔다. 개나리와 진달래가 피고 상쾌한 봄바람이 부는 것을 보면 역시 자연의 운행은 어김이 없다는 것을 실감하게 된다. 인간이 멋대로 행동하는데도 자연이 잘 참는구나 하는 생각이 들어 착잡한 가운데서도 고마운 마음이 들기도 한다. 그러니까 자연에 대해서 느끼는 고마움은 우리 인간에 대해 슬퍼하는 마음이기도 한 셈이다.

신문 보도에 따르면 이제 우리 한반도는 아열대성 조짐을 보인다고 한다. 지난 여름만 하여도 혹독한 가뭄, 바로 그 뒤의 집중호우, 긴 열대야를 겪었던 것이다. 어제는 왕벚꽃 나무에 냉찜질한다는 기사를 읽기도 했다. 제주도에서 4월 초순에 왕벚꽃 축제가 예정되어 있는데 그때보다 일찍 꽃이 필 것 같아 그 개화를 늦추느라고 벚나무 밑동에 얼음을 갖다 놓았다는 것이다. 자연을 인간 위주로 다룬다고 하는 생각이 전형적으로 드러난 예가 아닐 수 없다. 한마디로 자연은 인간의 즐거움을 위하여 존재하는 것에 불과한 것이다. 여느 때와 달리 꽃이 일찍 피는 것 자체가 자연이 인간에게 주는 경고라고 받아들여야 마땅한데도 무슨 전문가라고 하는 사람의 조언을 받고 며칠 동안 즐겁게 지내기 위해 나무에 냉찜질이나 해대고 있는 것이다. 나무도 우리와 같은 귀중한 생명인데 이럴 수는 없는 일이다.

최근의 황사 현상도 심상치 않다. 삼림을 마구 파괴하고 건조한 날씨가 계속됨으로써 사막화가 진행된 결과라고 한다. 해마다 점점 황사 현상이 나타나는 기간이 길어지고 먼지의 농도가 높아지고 있다는 분석이 나오고 있다. 여러 말 할 것 없이 인간이 스스로 불러들인 결과이다.

그 동안 근대화니 발전이니 하는 명분으로 우리의 가장 중요한 삶의 터전인 자연을 이용하고 착취하기만 했다. 근대 세계의 근간을 이룬다고 할 수 있는 기계론적인 세계관은 자연을 생명 없는 기계로 간주한다. 이러한 관점이 오늘날의 고도로 발전한 문명을 만들어 낸 원동력으로 작용했다. 그런데 우리는 이러한 발전의 대가로 자연과의 신비로운 교감, 인간을 그 일부로서 포용하는 어머니로서의 자연이라는 소중한 감각을 상실해 버렸다. 결국 인간도 자연과 마찬가지로 기계가 되었다. 그 최종적인 결과가 환경오염이고 황폐해진 자연이다. 이런 상태를 방치하면 인류의 존속 가능성이 문제되는 상황에 이르게 된다는 경고가 여기저기서 들려오고 있다.

이제야말로 우리 사고의 근원적인 탈바꿈이 필요한 때다. 인간은 자연과 더불어서만 행복할 수 있다. 예컨대 산에 올랐을 때 무어라 표현할 수 없는 뿌듯한 기분을 떠올려 보자. 이런 기분이야말로 모든 행복의 밑바탕을 이루는 감정이라고 할 수 있는데 한마디로 자연과의 조화로운 관계에서 나오는 것이다. 자연이 황폐해지면 자연의 일부이기도 한 우리의 삶도 그렇게 된다는 점을 명심할 때가 되었다. 환경 친화적인 삶이야말로 우리의 이상적인 삶의 모습이라는 점을 강조하고 싶다. 더 이상 인간이 그 어머니인 지구의 암적인 존재가 되어서는 안 된다.

나로 하여금 이런 생각을 갖도록 해 준 결정적인 계기가 된 것은 무엇보다도 『오래된 미래』(헬레나 노르베르-호지, 김종철, 김태언 옮김, 녹색평론사, 1996)라는 책과의 만남이다. 이 책은 스웨덴의 여성 언어학자인 지은이가 티베트 고원에 위치한 라다크 지방에 언어를 연구하러 갔다가 거기 사람들의 삶의 방식에 매료되어 16년 동안 살면서 직접 겪은, 거친 자연환경에서도 늘 웃음을 잃지 않고 살아가는 사람들의 삶을 감동적으로 들려주고 있다. 물론 라다크도 서구 산업사회의 영향력에서 벗어날 수 없었다. 그 결과로 물질적인 서구문화에 대한 맹목적인 선망으로 말미암아 생태와 조화를 이루었던 평화로운 공동체가 무너지고 환경이 파괴되는 과정도 지은이는 놓치지 않고 있다.

그렇다고 이 책이 무조건 과거로 돌아가자고 주장하는 것은 아니다. 지은이가 서구 산업문화의 대안으로 내세우는 것은 탈중심화와 생태와 조화를 이루는 적정한 기술의 개발이다. 인간의 기본적인 욕구를 만족시킬 수 있는 사회는 자립적인 경제와 문화에 의해서만 가능하고 지역적 특성에 기초를 둔 기술을 개발하는 것이 필요하다는 것이다. 오늘날 대세가 되고 있는 미국 중심의 지구화에 대한 구체적인 대안의 하나라고 생각한다. 인간의 근원적인 행복을 생각하는 분들께 꼭 읽어 보기를 권한다.

참고로, 이 책은 재생지로 만들어졌다. 추천하는 김에 격월간으로 나오고 있는 『녹색평론』과 이 잡지를 내고 있는 김종철 교수의 두 권의 책 『간디의 물레―에콜로지와 문화에 관한 에세이』(녹색평론사, 1999)와 『시적 인간과 생태적 인간』(삼인, 1999)도 읽을 만한 것으로 적어 두고 싶다.

나무는 꼭 '무럭무럭' 자랄까?

우리는 아무 생각없이 나무가 '무럭무럭' 자란다고 말한다. 습관이다. 그런데 나무를 잘 들여다보면 꼭 그렇지만도 않다는 점을 금방 발견하게 된다. 어떤 나무는 힘들게, 또 다른 것은 바람에 흔들리며 자라기도 하고 그렇다. 따라서 우리는 의도하지 않은 채 거짓말을 하고 있다고 할 수 있다.

정직하게 말하면 이 생각은 내 것이 아니다. 월요일(2002, 4, 1)자 『한겨레 신문』에 실린 기사가 들려 준 말을 베낀 것이다. 중요 부분만 직접 인용하도록 하겠다.

> 예전에 초등학교에서 치렀던 시험문제를 한번 보자.
>
> (문제) 보기 중에서 맞는 것을 골라 빈칸에 쓰시오.
> 나무가 ( ) 자란다. 시냇물이 ( ) 흐른다. 강아지가 ( ) 짖는다.
> 시계가 ( ) 움직인다.
> 「보기」 졸졸 멍멍 똑딱똑딱 무럭무럭
>
> 아이들은 답을 맞추기 위해 '일상적인 거짓말'을 한다. '나무가 무럭무럭 자란다'고 말이다. 하지만 과연 그럴까? 나무는 느릿느릿 자라기도 하고, 흔들흔들 자라기도 한다. 그런데도 '무럭무럭'이라고 쓴다.
>
> 이런 '일상적인 거짓말'은 '습관적 자연스러움' 때문에 생긴다. 부모나 아이들이나 그렇게 하도록 배우고 가르쳤기 때문이다. 문제는 아이들이 이런 문제에 익숙해지면서 '습관적 자연스러움'에서 벗어나지 못하게 된다는 점이다. 이는 곧 '창의력'의 싹을 자르는 적이 된다. 나무가 무럭무럭 자란다는 정답에 익숙한 아이들은 나무가 다르게 자라는 것을 생각할 기회를 얻지 못한다. 이런 아이들은 나중에 커서도 어떤 상황에서도 하나의

정답을 떠올리려 노력할 것이고, 정답이 떠오르면 더이상 생각을 하지 않으려고 할 것이다.

학부모들은 '정직성'이라고 하면 흔히 도덕적 측면으로만 이해한다. 그러나 이제는 달라져야 한다. 아이들이 사물을 보는 시각과 사고에도 적용시키려고 애써야 한다. 아이들이 '일상적인 거짓말'에서 벗어날 수 있도록 북돋아줘야 한다는 말이다.

(http://www.hani.co.kr/section-005006003/2002/03/005006003200203311925058.html)

나에게는 특히 마지막 단락이 마음에 든다. 정직성이라는 것이 도덕적 측면뿐만 아니라 대상을 관찰하는 시각에도 해당한다는 주장은 귀담아들을 필요가 있다. 무의식적인 습관의 힘에 눌려 내 감각 기관이 진상을 수용하는 일을 자기도 모르게 방해하고 있는지도 모르니까 말이다. 따라서 우리는 본의 아니게 거짓말쟁이로 살아가는지도 모른다. 놀라운 일이 아닐 수 없다.

아무튼 좋은 글을 쓰려면 내가 갖고 있는 생각이 습관에서 나온 것이 아닌가를 자꾸 되돌아보아야 한다. 그러자면 마음을 열어야 한다. 습관은 편하기도 한 것이어서 그것을 무시하는 일이 쉽지 않다. 열린 마음을 갖는 것은 익숙한 내 일부를 버리는 일이기도 하니 마찬가지로 어렵다.

마음을 활짝 열자면 내 의견이나 주장의 근거를 하나하나 따져보아야 한다. 어려운 말로 내 사고의 이데올로기성을 성찰해야 한다. 또 되도록 감정을 자제해야 한다. 인간은 감정의 동물이기도 해서 이성적으로는 수긍하면서 기분은 그것을 따라가지 않는 경우가 많이 생깁니다. 그런 경우에 감정보다는 우리 이성을 존중하는 것이 좋다.

나에게 나무는 너무 일찍 온 봄 때문에 고통스러워하는 것으로 보인다. 과연 제대로 본 것일까?

'전원일기' 종영에 대한 단상

농촌에 살거나 그랬던 적이 있던 사람치고 '전원일기'가 없어진다는 소식을 듣고 무심할 수는 없었을 것이다. 근대라는 시기의 가장 중요한 성격이 고향을 잃어버린 데 있다는 주장에 기댄다면 이 드라마를 보았던 모든 사람들이 안타까움을 느꼈다고 해야 맞다. 어쨌든 드라마와 직접적인 관계가 없었던 우리들도 이런데, 정치적인 암흑기라 여러 가지 말 못할 사정을 감수하면서 대본을 쓰느라 젊은 시절을 보낸 작가를 비롯한 관계자들의 느낌은 남다를 것이다.

이제 '전원일기'를 화면에서 볼 수 없다는 것은 농촌의 시대가 끝났음을 의미하는 것이다. 농촌 출신으로서, 그리고 미래의 행복한 삶을 생각하는 사람으로서 농촌이 아무렇지 않은 존재로 전락하게 된 것이 참으로 안타까운 일이지만 현실이 이 지경까지 와 버렸다는 점을 부인할 수는 없게 되어 버렸다. 이제 우리는 고향도 갖지 못한 천둥벌거숭이로 내던져진 것이다.

사실 '전원일기'는 차차로 그 중요성이 덜해 가는 우리 시대의 농촌에 보내는 비가(悲歌)였다. 농촌 현실의 어려움, 사라져 가는 농촌 공동체의 따뜻한 정을 그려 왔던 것이다. 그리고 많은 시청자가 이 드라마를 좋아했던 심리적 배경에는 농촌을 떠나온 데 대한 죄의식이 그 가운데 놓여 있었다. 도시에 와서 이만큼 살게 된 것은 부모와 형님과 누이가 농촌에서 그야말로 뼈가 빠지게 고생한 덕분이었다.

이제 이 드라마를 보지 못하게 된 것은 농촌 출신이 마음속 깊이 간직하고 있었던 죄의식을 큰 부끄러움 없이 벗어 던질 수 있다는 것을 말해주는 것이라고 생각한다. 김승옥의 「무진기행」의 주인공이 고향에 마지막으로 들르고 난 다음 서울로 떠나면서 속물로 완성되듯이 말이다. 더 이상 드라마를 보면서 부담을 갖는 게 싫어졌다는 얘기다. 인정하기 싫지만 우리는 이렇게 타락한 지경에 와 버렸다.

지난번에 눈이 많이 내렸다. 나는 철없이 좋아했다. 그런데 우리 부모는 그 눈 때문에 귤을 따지 못한다고 몹시 걱정들을 했던 모양이다. 귤이 눈을 맞으면 빨리 상하기 때문이다. 내가 서울까지 와서 공부할 수 있도록 해준 그 귤 농사를 두고서도 나는 염치도 없이 눈이 온다고 설렜던 것이다.

우리가 흙을 멀리하게 된 데서부터 이런 일이 시작됐다. 아스팔트나 시멘트 길이 만들어지고 냇가가 복개되면서 농촌을 하찮게 여기게 됐던 것이다. 농촌에도 당연히 길이 포장됐고 따라서 당장은 편해졌지만 결국에는 역설적으로 농민이 가장 천대받는 오늘에 이르고 말았다.

흙이란 무엇인가? 한마디로 생명이다. 아스팔트 위에는 생명이 자라지 못한다. 그러므로 아스팔트에서 자란 사람이 생명을 귀하게 여길 수는 없을 것이다. 그런데 농촌의 나이 많은 분들에게는 본능적으로 생명을 귀하게 여기는 마음이 깃들어 있다. 흙이 만들어낸 생명을 돌보면서 자신도 모르게 몸으로 익힌 덕목인 것이다. 그러므로 반생명적인 것이 맹위를 떨치는 현실에서 흙의 생명력을 일구는 농촌이 점점 주변으로 밀려나가는 것은 일의 당연한 귀결이라고 할 수 있다.

결국 '전원일기'를 더 이상 볼 수 없다는 것은 현실에서든 꿈속에서든 우리 농촌과 고향이 사라진다는 것을 뜻한다. 우리 고향의 흙이 영원히 생명을 간직하도록 하려면 무엇을 하고 하지 말아야 하는지를 깊이 생각해야 할 때가 왔다는 뜻이기도 하다. 이런 비극적 상황에서 우리는 과연 무엇을 해야 하는 걸까?

구부러진 길

오늘(2005, 2, 7) 아침 신문을 보니 황대권의 글이 실렸다. 자연을 거스르는 직선화를 비판하는 내용인데 조금 있으면 고향으로 직선적으로 날아가는 비행기 타러 가야 하는 나를 두고 하는 얘긴 것만 같아 가슴이 찔끔하지만 들을 것은 들어야 한다.

> 자연 속에 직선은 없다. 있다 해도 그것은 곡선의 일부이거나 잠시적인 것이다. 지구라는 행성 위에 오직 인간만이 직선을 만들어내고 또 좋아한다. 크게 잘못된 일이다. 자연에 직선이 없는 이유는 지구가 둥글기 때문이다. 개체는 전체를 닮기 마련이다. 만약 지구가 평평한 판 모양으로 생겼다면 그 안은 온통 직선으로 가득 차 있을 것이다. 그래야 안정감이 있으니까. 그러나 지구는 둥글다. 큰 동그라미 안에 작은 동그라미가 있고 그 안에 또 동그라미가 있다. 이것들이 깨지고 터지고 눌리고 서로 붙고 늘어나 다양한 곡선을 만들어낸다. 지구가 만들어낸 가장 아름다운 곡선 가운데 하나가 인간이다. 균형 잡힌 몸매의 유려한 곡선은 시대를 초월하여 예술가들의 찬미의 대상이었다. 서로 아껴주고 감싸는 영혼의 아름다움 역시 곡선이다. 사랑을 뜻하는 하트 모양을 보더라도 인간은 곡선 안에서 휴식을 느낄 수 있음을 알 수 있다. 나지막한 돌담으로 둘러싸인 구불구불한 시골길을 따라 걷노라면 자신도 모르게 마음이 평온해진다. 곡선이 주는 치유의 효과다.
>
> 그런데 언제부터인가 인간들은 직선을, 그것도 대량으로 만들어내기 시작했다. 산을 깎고 숲을 파헤쳐 일직선으로 뻗은 도로를 만들고 논밭을 밀어 그 위에 콘크리트 직각기둥을 무수히 꽂아 놓았다. 들쭉날쭉한 해안선을 싹둑 자르고 갯벌을 메워 항만과 부두를 만들었다. 물론 이 모든 것들이 필요에 의해 만들어진 것이지만 어느덧 사람들이 모여 사는 곳은 직선으로 도배질되었다. 그에 따라 직선을 닮은 사람? 마음은 서로를 찌르고 밀쳐내며 오로지 키재기에만 몰두한다. 지고는 못배기는 직선의 마음은

도시의 확대로 이어지고 확대된 도시들을 직선으로 연결하면서 자연의 파괴는 걷잡을 수 없게 된다. 천성산 관통도로 공사와 새만금 매립공사는 지금 이 순간 지구 곳곳에서 무수히 벌어지고 있는 '직선의 반란' 가운데 하나일 뿐이다. 그렇다. '반란'이라고 했다. 둥그런 행성 위에 직선을 그렇게 마구잡이로 쌓고 만드는 행위는 자연의 질서에 대한 반란이다. (중략) 이제부터라도 우리는 '곡선회복 운동'을 벌여야 한다. 도시의 구석구석에 곡선을 되살리고 너와 나 사이에 일직선으로 뻗은 도로를 슬쩍 틀어놓고 그 사이에 꽃도 심고 나무도 심어야 한다. 그렇게 되면 설령 이쪽에서 화가 났다 하더라도 저쪽으로 가는 사이에 어느덧 풀어지게 마련이다. 특히 직선적인 명령에 시달리는 조직체일수록 주위에 곡선이 많아야 한다. 일의 능률이 훨씬 더 올라갈 것이다. 지난 시절에 만들어 놓은 구부러진 도로를 무조건 직선으로 고칠 게 아니라 그 곡선 속에 담겨 있는 민중의 애환과 정서를 더욱 풍부하게 만드는 데 관심을 기울여야 할 것이다. 그것이 생명의 문화이고 인간 행복의 척도다. 지금까지 너무도 많은 우리의 전통과 역사, 그리고 생명들이 무지한 반란자들의 직선화 야욕 아래 허무하게 사라져 갔다. 직선은 그것을 만드는 자들에게 쾌감과 이익을 가져다줄지 모르겠으나 곡선에 몸 붙여 살던 뭇 생명들에게는 재앙일 뿐이다. (중략) 이제 우리는 스페인의 천재 건축가 가우디의 곡선정신과 조선의 천재화가 단원 김홍도의 해학적 곡선을 어떻게 이 시대의 도시와 마을에 살려낼 것인가를 심각하게 고민해 보아야 한다.

(황대권, 「직선은 곡선을 이길 수 없다」, 『한겨레』 : http://www.hani.co.kr/section－001000000/2005/02/001000000200502062000041.html)

그런데 나도 이와 비슷한 글을 쓴 적이 있다. 「골목길」이다. 여기에 소개한다.

사전에서 '골목길'을 찾았더니 '동네 집 사이로 난 좁은 길'이라고 설명되어 있다. 그러니까 사람들이 모여 살면서 자연스럽게 난 길이다. 사람이 만들어 놓은 것이기는 하지만 다니다 보니 어느덧 생겨난 것이라고 할 수 있겠다. 사람이 만들었으니 문화이면서 동시에 계획에 의해서 닦은 것이 아니니 자연의 일부라고도 할 수 있다. 자연이라고 한 것은 마치 동물들이 그들의 감각으로 그들만이 알아볼 수 있는 통로를 만들어 놓은 것과 비슷하기 때문이다.

골목길은 자연의 일부이니까 구불구불하다. 반듯반듯한 근대의 도로와는 확실히 구별된다. 큰 도로에는 근대적인 기계인 자동차들이 쌩쌩 달리지만 골목길에는 사람들이 느릿느릿 걸어간다. 동네 사람과 마주치면 인사도 해야 하고 세상 돌아가는 이야기도 나누어야 하기 때문이다. 시골 사람들이 서울 와서 놀라는 것 가운데 하나는 서울 사람들의 빠른 걸음걸이다. 당연하다. 계획된 시간에 맞추어 활동하다 보면 모든 것이 바쁘게 돌아갈 수밖에 없다.

물론 골목길에도 자동차가 다니지 않느냐고 할 것이다. 그렇다. 그런데 자동차가 다니기 시작하면 어느새 큰 길이 생기게 된다. 말 그대로 신작로다. 이제 자동차가 다니기 시작하면 동네 사람들도 덩달아 바빠진다. 근대에 사는 한 자연의 일부인 사람도 그 강력한 영향에서 벗어날 수 없으니 당연하다.

그러니 자연이 학대받는 것과 꼭 마찬가지로 골목길도 천대받는다. 골목은 자꾸자꾸 근대의 찬란한 문명 뒤로 숨게 된다. 그래서 도시에서는 골목길이 근대적인 문화생활의 이미지와 정반대되는 내용을 표상하게 된다. 어디 도시만이 그렇겠는가. 시골도 변화의 속도가 느리다뿐이지 역시 골목길이 마을의 중심에서 밀려나는 추세를 막을 수는 없다. 이제 골목길은 웬만하면 포장되어 있다. 이렇게 근대화될수록 골목길에서 이루어지던 아이들의 장난, 동네 사람들끼리의 정다운 이야기가 사라져 간다.

결국 없어지는 골목길은 황폐해지는 자연의 운명을 닮았다. 결국 인간은 자연과 멀어지게 된 것이다. 천천히 걸어가면서 하늘을 쳐다보기도 하고 꽃을 감상하는 여유를 잃어 버렸다. 인간이 근원적으로 갖고 있는 자연성이랄까 그런 것이 우리에게 낯선 것이 되어 가는 것이다. 우리가 죽음을 살아 있는 것이 거쳐가야 할 자연스러운 순환 과정의 일부가 아니라 피해야 할 무서운 것으로 여기는 것도 따지고 보면 골목길이 사라지고 혹은 남아 있더라도 부정적인 이미지로 떠올려지는 것과 깊은 관계에 있다고 할 수 있다.

아무렇지 않게 산을 가로질러 죄 없는 나무를 베며 길을 내는 일이 자행되는 한 골목길의 운명은 뻔하다. 이렇게 하여 인간이 과연 행복할 수 있을까?

구불구불한 길

구불구불한 길은 사랑과 아주 잘 어울린다. 마음 졸이기, 망설임, 상대방의 눈치 보기, 싸움이 사랑의 과정에는 어김없이 끼어들기 마련인데 이런 우여곡절을 구불구불한 길처럼 잘 드러내 주는 말도 없을 것 같다. 사랑하는 사람의 손 한 번 잡는데도 얼마나 많은 시간이 흐르는가! 그러니 사랑은 직선적일 수가 없다. 직선과 여기에 직결되는 속도와는 사랑이 어울리지 않는다.

그런데 가만히 생각해 보면 사실은 세상의 많은 일들이 구불구불하게 되어 있다. 비행기를 타고 오면서 잡지를 봤는데 요즘에 소설을 잘 쓴다고 기대를 모으는 김영하의 얘기도 그랬다. 소설과 길을 연결시켜 영화보다 소설이 낫다는 점을 설득력 있게 주장하고 있었다.

> 어떤 영화도 같은 말을 5분 이상 참고 보기는 어려워요. 하지만 『까라마조프가의 형제들』에서 조시마 장로의 장광설을 들어보세요. 몇 페이지에 걸친 이야기도 사람들은 읽거든요. 문자로 묘사된 즐거움이 크니까요. 오직 글을 다루는 자만이 할 수 있는 일이죠. 작가에게 글쓰기는 어디로 갈지 모르는 길을 떠나는 거예요. 인물이나 사건들이 미처 생각지도 않았던 곳까지 도달해요. 내가 경험하거나 생각지도 않았던 곳까지요. 상당한 해방감을 주죠. (Asiana Culture, 2005. 2, 76쪽)

머, 소설을 여로에 비기는 것은 상식이지만 그 여로를 정확히 말하면 '구불구불한 길'이다. 삶이 그러니 그 삶을 담는 그릇이 그래야 할 것은 당연한 것인지 모른다. 이에 비하면 영화는 훨씬 직선에 가깝다고 해야 할 것이다. 속도와 기술로 표상되는 근대 문명의 총아다. 새로운 과학 기술이 다 동원된다. 그런 점에서 아놀드 하우저가 그의 명저 『문학과 예술의 사회사』의 마지막에서 영화를 다루면서 "기계적으로 만들어지고 기계적 재생을 목표로 삼은 공업기술적 예술"(『문학과 예술의 사회사』 4(개정판), 백낙청, 염무웅 옮김, 1999, 322쪽)이라고 한 것은 그럴듯한 바가 있다. 소설 읽는 것과 비교하면 영화를 보는 조건도 직선적이다. 짧은 상영 시간도 그렇거니와 영화를 보는 시간에는 관객들에게 다른 생각을 허용하지 않는다는 점에서 구불구불한 옆길로 새지 못하게 한다. 영화 감상문을 엮어 책으로 만들어 내기도 했던 이 소설가의 주장에 나는 충분히 공감했다.

> 타자를 이해하는 능력은 문학을 통해서 확장이 가능해요. 영화요? 제한적이죠. 영화는 그다지 좋아하지 않는 편이에요. 두 시간 남짓 붙잡혀서 꼼짝도 못하고 지켜봐야 한다는 것, 인간의 본성과 반하는 일이죠. 아직까지 세상에서 가장 재미있는 일은 책을 읽는 거예요. 책이 가진 압도적인 기쁨이란 게 있어요. 인터넷이요? 거대한 쇼핑몰 같죠. 아직까지 정말 중요한 정보는 책에 있다고 생각해요. 책의 세계가 좀더 버텨 주었으면 해요. 제가 죽기 전까지는요.(같은 쪽)

곧바로 목적지에 닿지 못하는 따분한, 다른 말로 바꿔서 구불구불한 길 속에 참다운 재미가 있다는 말을 믿고 싶다. 책의 세계가 우리가 죽은 후에도 굳건히 버텨 주었으면 하면 비원도 품어 본다. 젊은이의 사랑도 우리의 삶도 목적지를 바로 가까이 두고서도 다른 데로 에도는 그런 것이었으면 한다. 그렇게 되면 목적을 이루었느냐 하는 것보다 거기에 이르는 과정 자체가 훨씬 소중하게 여겨질 것 같다.

고향의 팽나무

팽나무를 아는가? 느티나무처럼 키가 크고 품이 넓어서 정자나무로 쓰인다. 느티나무는 이제는 가로수로도 많이 심어서 아는 사람이 많은데, 팽나무는 남쪽 지방에서만 자라서 그런지 모르는 이가 많다. 사전에서 찾아봤더니 둘이 같은 과에 속한다. 설명을 옮긴다.

> 팽-나무[명사] 느릅나뭇과의 낙엽 활엽 교목. 산기슭에 나는데 높이는 20m가량. 껍질은 회색임. 꽃은 5월경에 피고, 둥근 열매는 10월경에 등황색으로 익음. 나무는 단단하여 건축, 기구 재료로 쓰임.
>
> 느티-나무[명사] 느릅나뭇과의 낙엽 교목. 예부터 그늘이 넓어 정자나무로 흔히 심는 나무로, 높이 30m, 지름 3m가량에 이름. 나무의 질이 단단하고 결이 고와서 기구나 건축 재료 등으로 많이 쓰임. 귀목나무.

나무를 좋아하지 않는 사람이 어디 있겠는가만 아무튼 나는 나무를 좋아하는데 느티나무는 괜히 끌리는 것들 가운데 하나이다. 고향 집에 두 그루나 있어서 어렸을 때부터 보고 자랐는데 쭉쭉 하늘로 높게 뻗어가는 모습이 왠지 모르게 마음에 들었던 모양이다. 지금 생각해 보니 그렇다는 이야기다. 지금도 이 나무들이 있지만 그 그늘이 귤나무에 나쁘다고 해서 큰 가지를 거의 다 잘려서 보기가 민망하다.

팽나무는 더 친숙한데 동네 삼거리라고 할 만한 동산에 자리잡고 있어서 그 나무 밑이나 주위는 어렸을 적의 놀이터였기 때문이다. 이 나무 얘기를 좀 하자. 더워서 땀을 들이는 시간에 듣는 거라고 여기면 좋겠다.

먼저 열매. 우리는 아주 작지만 좁쌀보다는 많이 큰, 전체적으로 노란데다 붉은 기가 도는 그 열매를 따먹었다. 배가 고파서는 아닌 것 같고 어린 아이 특유의 호기심이나 그에서 말미암은 허기 때문이었을 것이다. 아무튼 그 고소하고 씨를 씹는 맛이 그만이었던 그 열매를 먹으려면 나무에 올라가야 했다. 원숭이처럼 나무를 잘 타는 아이들은 나무가 워낙 크니 하늘 끝에 닿을 것 같은 꼭대기까지 올라가곤 했다. 겁쟁이라 낮은 곳에서만 놀았던 나는 얼마나 무서웠는지 모른다. 다리가 다 떨려서 높은 데는 쳐다보려고도 하지 않았다. 물 속은 내 세상 같은데 공중은 지금도 무섭다.

아마 지금 아이들은 그 열매를 먹기는커녕 맛도 보려고 하지 않을 것이다. 과연 예상대로였다. 손이 닿을 수 있는 가지에도 열매가 그대로 있다. 자극적인 것에 익숙해 있어서 맛도 못 느끼거니와 워낙 먹을 게 널린 세상이라 아무리 먹어도 배가 부르지 않는 그 조그만 열매에는 눈이 가지 않았을 것이다. 더구나 나무에 오르는 일은 생각도 못할 것이다. 무엇보다도 아이들을 과보호하는 것이 버릇이 된 부모들이 위험한 짓을 한다며 가만 두지 않을 것이기 때문이다. 아이들은 나무에서 떨어지고 상처를 입고 하면서 크는 건데 그런 세계는 이제 영영 과거의 일로만 남아 있게 되어 버렸다. 대신에 위험할 것 같지만 안전한 놀이터에서만 놀게 되었다. 아니, 밖에서 놀리기만 해도 얼마나 좋은가! 놀리려고 해도 같이 놀 아이가 없어서 그럴 수 없다는 소리가 들리는 때다. 우리 부모들은, 놀지 않고 공부만 하는 아이는 바보가 된다는 외국의 그럴듯한 격언을 못 들은 척하고 있다.

다시 내 어린 시절로 돌아가서, 밤에는 아이들과 어른들이 모여서 놀고 잠도 자곤 했다. 지금 생각하면 참 안 된 일이지만, 어른들이 그늘이 지는 자리를 아예 시멘트로 발라 평평하게 만들었다. 그래서 여름에는 거기서 자는 어른도 있었다. 덩달아서 우리 아이들도 늦게까지 거기서 놀 수 있었다. 다 자기 시절을 아름다운 시간으로 기억하고 있고 또 그래야 할 권리가 있겠지만, 요즘 아이들에 비해서 우리 어린 시절이 아주 행복했다는 것이 낡은 세대의 주관적인 평가만은 아니라고 주장하고 싶어진다.

그런데 안타까운 것은 그 나무가 많이 늙었다는 느낌을 준다는 것이다. 나이가 몇 백살이 되어서 여기저기 상처가 나고 버팀대에 의지하고 있으니 내 주관적인 평가만은 아니다. 그리고 어린 시절에 보는 것과는 비교할 수 없게 작아졌다는 느낌도 사람을 쓸쓸하게 만든다. 내가 그만큼 컸다는 이야기도 되겠지만 아끼는 것이 거쳐야 할 필연의 길, 죽음을 예감하기 때문일 것이다. 나무와 더불어 오래된 것들이 가뭇없이 사라지고 지금의 추세대로라면 다시 살아날 가망이 없어 보이기 때문이다.

지난번에 도보 여행하면서 나무 그늘에서 쉬거나 한낮에는 나무로 지은 정자에서 낮잠을 달게 자기도 했다. 위와 아래, 사방으로 통하는 바람을 맞으니 천국이 따로 없다 싶었다. 큰 나무 아래에서나 나무로 만든 정자에서 자는 잠이야말로 휴식(休息)의 본질을 구현하고 있기 때문에 나오는 느낌일 것이다.

> '쉬다'라는 '休'자는 사람이 나무에 기대어 있는 모습을 나타낸다. 나무의 그늘 아래서 편안한 시간을 갖는 것이다. 그 나무를 통하여 나의 몸은 대지와 그리고 하늘에 연결된다. 휴식이란 이처럼 대우주와 통하는 일이다.
>
> (츠지 신이치, 권희정 옮김, 『슬로우 이즈 뷰티플』, 빛무리, 2003, 168쪽)

이렇게 지극한 행복을 느꼈던 것은 공간적으로 나무가 나를 하늘과 사방에 연결시켰을 뿐만 아니라 시간적으로 팽나무 밑에서 즐겁게 놀았던 내 어린 시절로 나무가 나도 모르게 데려다 주었기 때문이었다! 이 나무가 나, 아니 내 다음 세대보다도 훨씬 오래 살았으면 하는 마음 간절하다.

덧/붙/임

1. 오랜만에 고향도 찾고 아는 얼굴도 만나는 일이 나쁠 리는 없다. 그런데 어떤 때는 솔직히 얘기하면 귀찮기도 하다. 나 같은 경우는 맏아

들이라 평일인데도 비행기까지 타 가면서 참석해야 될 때도 있다. 벌초나 묘제가 그 경우다. 더구나 앞으로는 아이들도 많이 안 낳고 하니까 우리 집의 경우 어떻게 그 많은 무덤들을 벌초해야 할지 걱정이 앞을 서기도 한다. 그 아이들은 여기저기 흩어져 있는 무덤을 다 찾지도 못할지 모른다. 지금도 길이 안 난 곳에 있는 무덤은 나무와 풀이 우거진 곳에 있어서 찾으려면 좀 헤매기도 한다. 그래서 나는 죽고 나서 무덤을 만들지 말라고 할 생각이다. 아내와 딸에게 내가 죽으면 화장을 하고 내가 좋아하는 나무에 뿌려 달라고 부탁해 놓고 있다. 좁은 나라에 땅도 많이 들어가도 것도 무시하지 못할 문제다. 이렇게 앞으로는 무덤을 만들지 않는 쪽으로 가되, 지금까지 있는 무덤은 우리 조상의 문화 유산으로 잘 보존했으면 하는 좀 이율배반적인 생각이 들기도 한다.

2. 팽나무는 우리 동네의 상징이다. 저 나무가 없어지면 우리를 지탱해 주는 것들이 다 사라져 버릴 것만 같다. 내가 어렸을 때는 나무 밑을 다 시멘트로 평평하게 발라 놨었는데 다행히도 지금은 그것을 걷어내서 나무가 숨을 쉴 수 있도록 해 놨다. 나무가 얼마나 시원해 할까! 그 덕분에 우리 팽나무가 조금이라도 더 오래 살았으면 한다.

3. 이 글을 쓰면서 자라난 곳의 환경이 생각에 많은 영향을 미친다고 하는 점을 새삼스럽게 깨달았다. 내가 어렸을 적에 내 고향에서 느티나무는 흔한 것이 아니었다. 우리 집을 빼고는 거의 보지 못했다. 그에 비해서 나이가 많이 든 큰 팽나무는 아주 흔했다. 동네마다 사람이 많이 모이는 곳에는 있었다. 그런데 팽나무는 느티나무보다 옆으로 더 넓게 퍼진 모양을 하고 있었다. 아마 이런 경험이 느티나무의 수직성을 내게 각인시킨 것이 아닐까 한다. 나무는 이렇게 우리 생각의 어머니이다!

4. 우리가 벌초해야 할 산소 가운데서는 왕릉 못지않은 곳이 있다. 조

금 과장하면 운동장 같은 곳에 오름이 있는 격이라 두 사람이 벌초하려면 시간이 많이 걸린다. 그런데 이 무덤은 임자가 없다. 그래서 한참 잘나가던 집안의 몰락을 앞에서 보는 느낌을 갖게 한다. 인생은 돌고 도는 것이라는 감회에도 젖는다. 그런데 이 무덤은 우리－정확하게 말하면 아버지의－과수원에 있어서 우리가 벌초를 해 오고 있다. 힘이 들지만 좋은 일을 하고 있다는 기분이 더 힘세다는 생각을 벌초하면서 하곤 한다.

아파트에서 병아리 키우기

딸이 초등학교 다니던 때다. 아이가, 교문에서 파는 병아리 세 마리를 사 왔다. 둘은 며칠 안 돼서 죽어 버렸는데 하나는 용케 살아 남았다. 손 안에 들어가는 조그만 것이 사람을 졸졸 따라다녀서 여간 귀엽지가 않았다. 먹이 주는 것은 물론이고 외출도 시키고 하면서 정성껏 키웠더니 어느덧 딸이나 그 엄마는 가까이하기를 무서워할 정도로 발톱도 제법 날카롭게 자라 닭이라 부를 만하게 컸다. 날개가 달린 것이라 내가 앉아 있으면 어깨 위로 올라와 내 얼굴에 많이 나 있는 점을 먹이로 아는지 콕콕 찍곤 했다. 여기까지는 그래도 키울 만했다.

어엿한 중닭이 되니 둘 데가 마땅찮았다. 지금까지는 그럭저럭 조그만 종이 상자면 되었는데 자리가 비좁아진 것이다. 베란다에는 이제 곧 얘기할 난초와 나무가 있고 또 빨래도 널어야 하기 때문에 키울 자리가 생기지도 않거니와 닭이 일으키는 먼지와 아무렇게 싸는 똥 때문에 거기서 키울 수는 없는 일이었다. 그래서 생각해 낸 것이 텔레비전을 포장하는 커다란 종이 상자에 있게 하는 것이었다. 상자의 크기만 달라졌을 뿐이다. 명색이 날개가 있는, 자유롭게 뛰어놀아야 하는 닭에게는 못할 짓이었다. 식구들이 외출할 때는 상자에 집어넣는데 누가 집에 들어오는 기척이라도 나면 난리가 난다. 밖으로 나오겠다고 마구 푸드덕거리는 것이다. 그때 일어나는 먼지는 여러분의 상상에 맡기겠다. 하도 불쌍해서 꺼내 주면 활개를 치며 돌아다니다가 생각 없이 자리 가리지 않고 똥도 갈긴다(이래서 '닭 대가리'라고 하는 모양이다). 제법 자랐으므로 많이 먹으니 상자에 싸 놓은 똥을 날마다 치우는 것도 귀찮아졌다. 이쯤 되면 누가 사왔는지 모르게 딸은 아예 모르쇠를 잡으니 먹이를 주고 청소를 하는 것은 다 내 일이 되고 만다.

몇 차례 겪었어도 여전히 되풀이된다. 전에 청거북이나 올챙이를 키울 때도 딸이 졸라서 시작했는데 관심을 보이는 것은 며칠뿐이고 기르는 일은 어느새 내 책임이 되고 말았던 것이다. 그래서 닭똥을 치울 때마다 내 굳은 결심을 되새기곤 했다. 앞으로 살아 있는 것은 절대로 집으로 들이지 않겠다고 선언했다. 그 뒤에도 딸이 강아지니 고양이니 했지만 단호하게 거절하면서 '네 집이 생기면 네 마음대로 하라'고 대답하곤 한다. 아파트 같은 데서 동물을 키우는 것은 사랑이 아니라 학대라는 점을 덧붙이는 것은 물론이다.

전말이 궁금할 테므로 아파트에서 고생한 닭 얘기를 끝마치자. 구정이어서 고향(제주도)에 내려가야 했다. 닭을 어떻게 해야 하나? 처음에는 비행기를 태워서 데려갈까 했다. 아버지네는 단독 주택인데다 마당과 텃밭이 있고 또 내가 어렸을 때는 닭을 그냥 밖에서 키우기도 했으므로 키우려면 못할 것은 없었다.

말이 나온 김에 어렸을 때의 닭 얘기도 좀 해야겠다. 집에서는 늘 열 마리 안팎의 닭을 키우곤 했다. 키운다기보다는 그냥 놔두면 저들이 알아서 저절로 자란다고 해야 맞다. 텃밭을 돌아다니면서 배추 같은 것도 뜯어먹고 땅을 파서 지렁이도 잡아먹는 것이다. 먹이를 찾기 어려운 겨울에 좁쌀이나 음식 찌꺼기를 주는 것이 고작이다. 닭장에서 키우지 않으므로 달걀도 아무 데(그때 우리 집 울타리 안에는 소 우리라든가 농기구를 넣어두는 창고 같은 것이 많아서 초가집이 여러 채였다. 그래서 부자였나?)나 낳는다. 그러니 주인이 그곳을 모르는 수도 있다. 그래서 암탉이 자기가 낳은 달걀을 품어 병아리를 까느라고 한동안 안 보이다가 어느 날 열 마리가 넘는 병아리를 자랑스럽게 거느리고 나타나서 식구들을 놀라게 하기도 한다. 지금 와서 돌이켜보면 이런 경험에서 생명의 신비스러움을 막연하게나마 느꼈던 것 같기도 하다. 하기야 다 큰 닭은 집에서 무심하게 잡아먹거나 오일장에 내다 팔았으므로 생명 운운하는 게 멋쩍기는 하지만.

다시, 아파트의 불쌍한 닭으로 돌아오자. 고향으로 데려가는 것은 아무래도 안 되겠다는 결론을 내렸다. 제주도로 간다고 해도 이제는 그 많던 초가집이 다 헐리고 서울과 크게 다를 것 없는 현대식 집만 있으므로 닭이 밤에 잠을 잘 곳이 없기 때문이다. 그래서 청계천의 조류를 파는 곳에 줘 버리기로 했다. 물론 딸에게는 고향에 갔다온 다음에 되찾아 오겠다는 약속을 하고. 그런데 딸은 이제 닭에는 아무 관심이 없었으므로 돌아온 후에 가끔씩 시늉으로만 닭이 어디 갔느냐고 했지 더는 따지지 않았다. 아무튼 지은 죄가 있으니만큼 동물을 키우자는 것을 내가 바로 묵살해도 뭐라 하지 않는다. 나도 이제는 나이가 들었는지 생명을 키우는 일이 힘들기도 하지만 그보다는 나쁜 조건에서 자라야 할 생명이 불쌍해서 되도록이면 살아 있는 것을 집에 들이지 않으려고 한다.

나무도 풀도 살아 있는 것이므로 여기에 해당하는 것은 물론이다. 지금 집에는 난초와 나무가 있다. 또 연구실에도 동료 선생이나 제자들이 준 난초 같은 것이 있다. 전에는 방 안에 나무나 꽃이 있는 게 보기 좋기도 하고, 또 시골 출신이라 감각이 있어서―물론 나 혼자만의 매우 주관적인 평가이다―인지 집 안으로 들인 것은 웬만하면 죽이지 않으니까 별 생각 없이 키웠는데 이제는 이들이 불쌍해서 누구한테 줘 버리겠다는 생각부터 한다. 공교롭게도 집도 연구실도 둘 다 서남향이어서 식물을 기르기에 맞지가 않다. 특히 난초는 오후의 햇빛을 싫어한다니 더 그렇다. 여름철에 오후가 되면 강한 햇빛 때문에 문을 열어 놓을 수가 없으니 나도 식물도 고생이 이만저만이 아니다(연구실에 에어컨이 있지만 되도록 켜지 않고 선풍기만 틀어놓고 지내려고 한다. 적응이 안 되기 때문이다. 그래서 집에는 없다. 작년에 한창 더울 때 딸이 이 기계를 설치하자고 하도 조르길래 '내년에도 더우면 사겠다'고 약속했는데 올해도 그럭저럭 그냥 넘겼다. 적어도 내년 여름이 되기까지는 내가 이긴 것이다!). 더구나 연구실은 그 방 임자가 금요일부터 비우게 되니 문을 닫게 되는데 식물은 안에 갇힌 채로 바람 한 점 없이 견뎌야 한다. 한마디로 사람 보기 좋으라고 식물은 고생만 하는 것이다.

그런데 어떻게 보면 우리 인간이야말로 아파트에서 자라는 저 병아리나 연구실 안의 불쌍한 꽃처럼 갇혀 있는 존재가 아닐까? 박완서의 소설에서 이런 모습이 잘 드러난다.

> 그러나 나는 조금도 그것들(남편이 아끼는 분재－인용자)한테 애정을 느낄 순 없었다. 남편은 마치 분재 속에 대자연을 축소해놓은 것처럼 만족해하고 있었지만 나는 그 강제로 왜화(矮化)된 나무들한테 약간의 연민 외엔 아무런 관심도 없었다.
>
> 그러나 어느 날 남편이 가장 아끼던 소나무 분재의 밑동을 보고 나는 이상한 충격을 맛보았다. 윗가지는 벼랑의 낙락장송처럼 품위있게 늘어져 있는데 밑동은 뱀이 또아리를 튼 것처럼 심하게 감겨 있었다. 아마 인위적으로 억제된 성장이 그런 모양으로 괴롭게 또아리를 틀고 있으리라. 나는 우리 집안의 점잖음과 화평도 남편이 분재 가꾸듯이, 그의 취미에 맞게 자르고 다듬고 억제해서 만들어낸 작품 같은 게 아닐까 하는 생각을 했다.
>
> (박완서, 「집보기는 그렇게 끝났다」, 『배반의 여름』, 창작과비평사, 1978, 260－1쪽)

> 우리 집은 이제 정말 점잖고 화평한 집이 아니었다. 나는 매일 포장지를 찢어내듯이 점잖고 화평한 겉껍질을 찢어내고 있었다.
>
> 이런 일에 열중하느라 나는 그만 며칠 동안이나 분재를 돌보는 걸 잊고 말았다. 아직 죽지는 않았지만 나무들이 몰라보게 추레해져 있었다.
>
> 그러나 나는 물주고 볕 보이는 일을 다시 시작하지 않았다. 사랑하는 마음 없이 그런 일을 해봤댔자 추레해지고, 종당엔 죽어가긴 마찬가지일 것 같았다.
>
> 어느 추운 날, 나는 추위에 약한 몇 그루의 꽃나무 분재를 바깥마당에 내동댕이쳤다.
>
> 드디어 남편이 돌아왔다. (중략)
>
> 나는 아마 남편의 진짜 얼굴도 보지 않고는 못 견디리라. 그는 포장하려 들고, 나는 찢어내려 하고, 우리 부부는 처음으로 갈등하리라. 그것이야말로 진짜 살맛이 될 것 같았다. 나는 벌써부터 살맛이 났다.
>
> 남편은 내가 내동댕이친 분재를 거둬들이고, 나는 그를 위해 목욕물을

데웠다.(266－7쪽)

우리 삶의 실상이란 것이 분재 식물과 다르지 않으니 그곳을 벗어나야 참다운 행복을 누릴 수 있다고 생각하면서도 어쩔 수 없이 일상으로 되돌아가는 삶의 경로를 요약해 놓고 있다. 프로이트의 정신분석학은 이런 도식을 운명으로 정식화하고 있는 것으로 내게는 읽힌다.

> 그것(외디푸스 컴플렉스)은 우리가 주체로 만들어지고 구성되는 전환점인데, 한 가지 문제는 이것이 어떤 의미에서 항상 부분적이고 결점이 있는 메카니즘이라는 사실이다. 외디푸스 콤플렉스는 쾌락 원리에서 현실 원리로의 이행을 나타낸다. 근친상간에서 가족 외적인 관계로 변하기 때문에 가족이라는 울타리 안에서 사회 전반으로의 이행이기도 하다. 또한 어린아이와 어머니와의 관계를 다소는 '자연적인' 관계라고 볼 수 있고 외디푸스 콤플렉스를 벗어난 아이를 문화 질서 전체에서 어떤 위치를 차지해 가는 존재로 볼 수 있기 때문에 자연에서 문화로의 이행을 나타내기도 한다. (중략) 게다가 프로이트에 있어서 외디푸스 콤플렉스는 도덕성, 양심, 법률 그리고 모든 형태의 사회적·종교적 권위의 시발점이다. 아버지가 근친상간을 실제로나 가상적으로나 금지시키는 일은 아이가 후에 맞닥뜨릴 보다 높은 권위를 상징한다. 이런 가부장적 법률을 내투사할 때, 즉 자신의 것으로 만들 때 아이는 내부에 있는 양심의 무섭고 징벌을 가하는 목소리인, 프로이트가 초자아라고 명칭한 것을 만들어 가기 시작하는 것이다.
>
> (테리 이글턴, 김명환 외역, 『문학 이론 입문』, 창작과비평사, 1986, 192－3쪽)

그러니까 여기서 아버지나 초자아는 무의식적인 수준에서 인간을 가두는 그물인 셈이다(참고로, 프로이트의 이러한 체제 순응성을 비판하는 흐름이 『안티 외디푸스』나 한 곳에 정주하지 말아야 한다고 하는 노마드론이다). 무의식적 수준이라고 한 것은 의식하지 못할 정도로 우리 몸에 배어 있다는 뜻이다. 담배 중독이 된 사람을 생각해 보면 된다. 자기도 모르는 사이에 담배를 피고 있는 것이다! 그러니 이 운명의 족쇄를 벗어던지는 것이 불가능하다는 판단이 바탕에 깔려 있다고 해야 할 것이다.

이런 소리를 들으면 인간이 가축과 마찬가지 존재라는 주장에 고개를 끄덕이게 된다.

> 인간의 '자기 가축화'는 자기 자신을 가축의 상태로 몰아가는 것이다. 순서대로 살펴보자.
>
> 첫째, 인공적인 환경. 인간은 도시를 조성해 자신들이 살아갈 공간을 대부분 인공적인 환경으로 만들어 버렸다. 우리들은 집, 도로, 상하수도, 자동차, 전철, 전기 등에 둘러싸여 생활한다. 아침 일찍 일어나 전철을 타고 출근해 에어컨이 잘 가동되는 사무실에서 일하는 모습은 가축공장의 닭과 비슷하다.
>
> 둘째, 식료품의 자동공급. 도시 주민 중에서 자기가 먹을 것을 산에서 캐내고 바다에서 잡아오는 사람이 얼마나 있을까. 거의 모든 사람들은 재료나 제품을 슈퍼마켓 등에서 사 단시간에 조리해 먹는다. 돈이 있는 한 거의 자동공급에 가깝다.
>
> 셋째, 자연의 위협. 인간은 문명화와 함께 자연의 위협을 극복해 왔다. 범람하는 하천을 정비하고, 태풍에도 부서지지 않는 집, 농작물의 대량생산과 비축으로 식료품을 안정적으로 공급하는 데 성공했다.
>
> 넷째, 생식의 관리 또한 현대 과학기술이 자신하고 있는 분야다. 인공수정, 체외수정, 불임수술 등에 의해 생식에 개입하는 것이 최근 들어 심각한 생명윤리 문제를 일으켰다. 그 기술들은 우선 가축을 이용해 개발한 다음 인간에게 적용한 것으로, 불임치료라는 이름으로 지금은 중요한 산업을 형성하고 있다.
>
> 다섯째, 인간은 일관되게 품종개량을 해 왔다. 19세기 말에 우생학이 나타나 '불량한 인간'을 낳지 않도록 하기 위한 정책이나 입법이 많은 선진국들에서 실시되었다. 가축의 '생명의 질' 관리와 같은 일은 현대의학이 인간에게 하고 있다. (중략) 선택적 중절이나 유전자 진단 등의 현대 생식기술만큼 인간의 자기 가축화를 직접적으로 드러내는 것은 드물다.
>
> 여섯째, 신체의 형태 변화. (중략) 가축에게서 나타나는 변화 같은 것을 인간에게서도 볼 수 있다. 예를 들면, 곱슬머리의 출현, 추(椎) 간판뼈 수,

사지뼈 수의 변화, 피부색소의 증감 등은 인간과 가축에게서만 뚜렷하게 나타나는 형태 변화다. (중략)

일곱째, 죽음의 통제. 현대문명은 확실히 인간의 죽음을 통제하는 방향으로 나아가고 있다. 늙어서 쇠약해지기까지 가능한 병을 치료하고 수명을 늘리려고 하지만, 더 이상 목숨을 이어갈 수 없음을 깨달았을 때에는 아픔이 적은 안락사를 택하려는 흐름이 강해졌다. '예기치 않은 죽음'의 철저한 배제를 목표로 문명이 진행되고 있는 것처럼 보인다. '죽음의 자기 결정권'도 이 흐름 위에 있다.

여덟째, 자발적 속박. 인간은 먹을 것과 안정, 쾌적함을 공급해 주는 사회 시스템과 자발적인 속박관계를 맺으려는 듯이 보인다. 예를 들면 지구 환경 문제는 아무리 떠들어도 경제성장을 멈추거나 줄이지 않는 한 해결책이 나오지 않는다. 사람들은 시스템에 묶여 사는 것이 불편해도 지금의 생활수준과 안락함을 보장해 주는 시스템 속에서 계속 살아가고 싶다고 생각하기 때문이다.

이상과 같이 가축화의 특징 중 거의 모든 것은 현대문명 속에서 살고 있는 인간에게도 해당된다. 인간은 스스로 가축화하는 것으로서 문명을 건설하였다. 그리고 가축의 안락함과 비애를 한 몸에 짊어지게 된 것이다.

(모리오카 마사히로 지음, 이창익, 조성윤 옮김,
『무통문명(고통 없는 문명)』, 모멘토, 2005, 13－5쪽)

우리는 아파트의 닭인 셈이다! 고통을 느낄 수 없을 정도로 안락하지만 한편으로는 순치되는 것이 서럽기도 한 그런 존재가 인간인 것이다.

책 속으로 난 길

05부 : 나, 개인주의

바닷가에서 조개를 줍는 아이 / 했지만 하지 않은 일 / 내가 뭐관데…… / 나 / 손에 대하여 / 어떤 주례사 / 모르면 다 안다! / 빛나는 5월에 교육을 생각하며 / 나를 불편하게 하는 글 / 수목장 어때요? / 오늘을 즐겨라 / 세련된 진보주의자의 눈으로 본 한국과 프랑스 / 쉬운 글 쓰기는 민주주의의 실천이다 / 2002년 월드컵 축구대회에 대한 이런저런 생각 / '노동은 기도입니다' / 교양인이 읽어야 할 책 몇 권 / 교육인가, 야만인가 / 어떤 옷차림 / 아인슈타인의 개인주의 / 국익? / 반말 / 한국 현대문학을 공부하게 된 사연 / 생각해 보면 참 이상한 일 / 60이 넘으면 / 좋은 글의 조건 / 고등학교를 졸업하면

바닷가에서 조개를 줍는 아이

> "책끈은 당신만 짧은 것이 아니야. 다 짧아. 길어 봤자여. 당신은 당신이 안 것이 적다고 생각하지? 나는 내가 모른 것이 많다고 생각한다. 엄청 많아. 당신, 바닷가 모래밭에서 조개를 줍고 있는 애를 그려 봐라. 진리의 바다가 옆에서 물결치고 있는데, 나는 신기한 조개껍질 몇 개 줍는데 정신이 팔려서 한평생을 보낸다."
>
> (서정인, 「의료원」, 김원일 외, 『2002 황순원 문학상 수상작품집』, 중앙일보, 2002, 184쪽)

서점에 자주 가게 된다. 그곳에 들를 때마다 나는 놀라움과 절망의 느낌에 빠지곤 한다. 사람들이 어떻게 책을 저렇게 많이 쓰며, 나는 언제 저것들을 다 읽느냐는 생각이 들기 때문이다. 도서관도 내게는 같은 느낌으로 다가온다. 저 책들의 세계와 비교하면 내 지식이라는 것은 정말 보잘것없는 것이다. 넓디넓은 바다에 있는 몇 개의 모래알이라고 해도 좋을 것이다. 그러면서 뭘 안다고 떠드는 것을 생각하면 우습기도 하고 그렇다.

젊었을 때 시간을 아껴 가며 열심히 책을 읽어야 한다. 나이가 들어서는 다른 것도 다 그렇겠지만 특히 잘 되지 않는 일이 독서다. 읽은 것을 잘 기억할 수 없을 뿐 아니라 눈이 침침해져서 오래 책과 마주할 수도 없다. 물론 독서는 죽을 때까지 밥 먹는 일처럼 해야 할 테지만 젊었을 때 많이 해 두어야 한다.

그런데 왜 책을 읽어야 할까? 한마디로 말하기는 어렵지만 그래도 가장 먼저 내세울 수 있는 것은 책과 만남으로써 '나' 이상의 존재로 될 수 있다는 점이다. 그것을 서정인의 한 인물은 '남이 될 수 있는 능력'이라고 얘기하고 있다.

"남이 될 수 있는 능력, 될 수 있으면 많은 남들이 될 수 있는 능력은 사람의 가장 큰 힘이다. 예술 좋다는 것이 무엇이냐? 그것은 동정을 통해서 편협하고 초라하고 비열하고 왜소한 사람을 여러 사람들이 되게 한다. 여러 사람들이 되었으면 큰 것 아니냐? 큰 것이 무엇이 좋으냐? 작았을 때 못 보았던 것을 보게 된다. 그것은 못 보았을 때는 상상할 수도 없는 새 앎이다. 앎이 기쁨을 준다. 깨달음, 해탈, 득도, 성불, 다 그런 것 아니냐?"(218쪽)

여기서는 예술을 그 예로 들고 있지만 독서 일반에 적용해도 될 것이다. 한마디로 독서는 마음을 넓고 깊게 하는 일이다. 이 말을 서정인의 인물은 작은 '나'가 여러 사람이 되는 것으로 바꾸어 놓고 있다. 흔히 독서의 효용으로 드는 간접 경험을 이렇게 얘기한 것인데 이런 경험으로 통하여 나는 현재의 자신보다 더 넓고 깊은 존재로 나를 만들어 나가는 것이다. 물론 외면도 변화시킬 수 있지만 결코 시간이라는 한계를 극복하지 못한다. 아무리 아름다운 얼굴도 나이가 들면 쭈글쭈글해져 버리는 것이다. 이에 비해 우리의 내면은 거의 무한한 넓이와 깊이를 가질 수 있다.

그런데 현재의 나를 초월하는 것은 지금까지 지니고 있던 것 가운데 어떤 것을 버려야 한다는 뜻이기도 하므로 고통스럽지 않을 수 없다. 내 생각이 그르다고 하더라도 남의 비판을 흔쾌하게 받아들이기가 쉽지 않은 것이다. 그렇지만 내 자신의 좁은 영역을 뛰어넘어 다른 사람이 되는 일이 새로운 경지를 발견하는 기쁨이기도 하다는 점을 놓쳐서는 안 된다.

세상을 모르면 당연히 편협해질 수밖에 없다. 나 자신도 잘 알 수 없게 된다. 나는 혼자가 아니라 이 세계와 관계를 맺으면서 살아가는 존재이기 때문이다. 혹시 우리는 바다가 얼마나 넓은지도 모른 채 그 바다를 바로 옆에 두고도 조그만 조개껍질을 줍는 데 정신을 팔고 있는 아이는 아닐까?

했지만 하지 않은 일

나는 바둑을 즐긴다. 그렇다고 밤 12시를 넘기는 일은 좀처럼 없지만 졸릴 때나 책을 보다가 싫증나면 인터넷에서 바둑을 둔다. 일년 전만 하더라도 교수 휴게실에서도 종종 두었지만 그 상대가 우리 학교의 총장이 되는 바람에 안타깝게도 큰 즐거움 하나를 잃어버리고 말았다. 나로서는 안 된 일이지만 내 개인의 기쁨을 위해서 학교 일을 하지 말라고 할 수는 없는 문제다.

얘기가 좀 딴 데로 흘렀다. 나는 바둑을 아주 빨리 둔다. 상대방 시간까지 합하여도 한 판을 마치는 데 20분이 채 걸리지 않는다. 그러니 실력은 늘 그대로다. 5급 정도(인터넷에서는 거품이 많아서 1단이나 2단이지만)인데 잘 모르는 사람을 위하여 설명하면 아무라도 오래 두면 자연스럽게 이런 수준의 실력을 지닐 수 있다. 그런데 나는 이 수준에서 20 몇 년을 한결같이 놀고 있다. 한마디로 한심한 일이다.

그래서 동료 선생님께 바둑이 늘지 않는다고 하소연한 일이 있다. 그 분은 내가 바둑을 좋아한다는 사실은 물론이고 초속기로 둔다는 것도 잘 알고 있다. 대답으로 내게 온 말은 너무도 당연하다는 것이었다. 생각하지 않으면서 하는 일은 늘 수가 없다는 것이었다. 경험에만 의존하여 무슨 일을 하면 어느 단계에 이르고 나서는 절대로 그 이상 나아지지 않는다는 말도 했다. 특히 공부가 그렇지만 다른 것들도 그렇게 해야 하는 이유를 의식하지 않은 상태로 지나쳐 버리면 사실은 하지 않은 것이나 마찬가지일지 모른다. 이런 얘길 하니까 마침 톨스토이의 일기가 떠오른다.

> 나는 방을 청소하고 있었다. 그리고 왔다 갔다 하다가 소파로 다가갔다. 그런데 소파의 먼지를 털었는지 안 털었는지 생각이 나지 않았다. 이러한

동작은 습관적이고 무의식적이어서 기억해 낼 수가 없었다. 그리고 기억해 내기가 불가능하다고 느꼈다. 따라서 내가 소파의 먼지를 털고 그 사실을 잊어 버렸다면, 다시 말해서 무의식적으로 행동했다면, 그것은 행동하지 않은 것과 같은 셈이었다. 만약 의식 있는 어떤 사람이 내 먼지 털기를 지켜보았다면 그것은 기정사실로 될 터였다. 그러나 아무도 본 사람이 없거나 있다 하더라도 무의식적으로 보았다면, 또 많은 사람들의 복합적인 삶 전부가 무의식적으로 진행된다면 이러한 삶은 없었던 거나 진배없다.

(쉬클로프스키, 「기법으로서의 예술」(1971), 조주관 옮김, 『러시아 현대비평이론』, 믿음사, 1993, 24쪽에서 재인용)

무서운 얘기가 아닐 수 없다. 무엇을 의식적으로 하지 않으면 인생을 낭비하는 것이 된다 — 더 정확히 말하면 살지 않는 것이 된다 — 니 말이다. 그러므로 남이 하니까 나도 한다거나 늘 해오던 것이라 그대로 따른다는 생각은 버려야 한다. 내가 스스로 결정해서 하나하나 따져가며 뭘 해야 효과도 있고 그래야 내 인생을 제대로 살았다고 할 수 있다.

아무튼 세상의 모든 일이 다 이유가 있어서 그렇게 된 것이라고 생각할 일이다. 그러므로 그렇게 된 연유를 살펴봐야 하는 것이 인간의 운명이다. 처음에는 이런 일이 어렵지만 자꾸 연습하다 보면 안 되는 것은 아닐 것이다. 글쓰기 같은 것이 그 구체적인 예다. 휴식이 참다운 의미를 가지려면 평소에 머리가 아플 정도로 예민하게 산 대가로 누리는 것이어야 한다. 물리적으로는 꼭 같은 시간이지만 어떻게 사느냐에 따라서 엄청난 차이가 생긴다.

내가 뭐관데……

박완서라는 소설가를 모르는 사람은 없을 것이다. 그녀가 외아들을 잃었다. 자식이 죽으면 가슴에 묻는다는 말에서 그 아픔이 얼마나 클지 조금 짐작할 수 있을 뿐이다. 그런데 작가는 스스로의 노력과 주위 사람들의 도움으로 홀로 설 수 있게 된다.

> 역설적인 얘기가 될지도 모르지만 나의 홀로 서기는 내가 혼자가 아니었기 때문에 가능했다고 생각한다. (중략) 나만이 알고 느끼는 크나큰 도움이 또 있다. 먼저 간 남편과 아들과 서로 깊이 사랑하고 믿었던 그 좋은 추억의 도움이 없다면 내가 설사 홀로 섰다고 해도 그건 허세에 불과했을 것이다. (박완서, 「한 말씀만 하소서」, 『한 말씀만 하소서』, 솔, 1994, 106쪽)

삶이 외롭고 무슨 전망이 안 보일 때 가까운 사람과 따뜻하게 어울린 추억이 큰 힘이 된 것이다. 또 다른 사람이 마련해 준 뜻하지 않은 깨달음도 은총처럼 이 작가의 고통을 벗어나게 하는 데 도움을 주었다. 슬픔을 견딜 수 없어 수녀원에서 잠시 지낼 때였다.

> 그 중 어린 수녀님이 속세의 친구에게 하는 소리가 문득 내 관심을 끌었다. 수녀원에 들어오기 전 얘기였다. 남동생이 어찌나 고약하게 구는지 집안이 편할 날이 없었다고 한다. 왜 하필 내 동생이 저래야 되나? 비관도 되고 원망스럽기도 하다가 어느 날 문득 '세상엔 속썩이는 젊은이가 얼마든지 있다, 내 동생이라고 해서 그래서는 안 되란 법이 어디 있나' '내가 뭐관데...'라고 생각을 고쳐먹고 그 사실을 받아들이니 한결 마음이 가벼워지고 동생과의 관계도 호전이 되더라고 했다.
>
> '왜 내 동생이 저래야 되나?'와 '왜 내 동생이라고 저러면 안 되나?'는 간발의 차이 같지만 실은 사고의 대전환이 아닌가. 나는 신선한 놀라움으

로 그 예비 수녀님을 다시 바라보았다. (중략) 내가 만약 "왜 하필 내 아들을 데려갔을까?"라는 집요한 질문과 원한을 "내 아들이라고 해서 데려가지 말란 법이 어디 있나"로 고쳐먹을 수만 있다면, 구원의 실마리가 거기 있을 것 같았다.(위의 책, 79－80쪽)

육체적인 것이든 정신적인 것이든 고통을 겪는 사람은 그 아픔을 정도 이상으로 드러내려고 한다. 조금 냉소적으로 표현한다면 고통을 과장하고 그것을 은근히 즐기기까지 한다는 느낌을 주기도 한다. 또 고통스러운 사람은 대체로 마음의 문을 닫는다. 아예 다른 사람의 말이 들리지 않는다고 해야 옳을지 모르겠다. 그러니 자기의 것만 크게 보이고 다른 사람의 말이나 사정이 눈에 들어올 수 없다.

마음을 열고 눈을 크게 떠야 한다. 그러면 나보다 더 못한 사정에 있는 사람도 보이고 자신의 것만을 과장하는 것이 아닌가 하는 반성의 마음도 생기게 된다. '내가 뭐관데'라든지 '나도 얼마든지 고통을 당할 수 있다'는 생각도 이런 데서 나오는 것이다. 그러면 고통의 무게가 조금은 가벼워지고 감싸 안을 수 있게 될 것이다. 그러고 보면 고통은 치유하거나 다스리는 것이 아니라 더불어 살아야 하는 그런 것인지 모른다.

나

홍세화에 의하면 프랑스와 한국의 문화에서 근본적으로 차이나는 것은 참다운 개성의 존재 여부에 있다. 프랑스 사람들은 각자가 개인으로 존재하지만 한국 사람들은 획일화되어 있다. 그래서 한국에서는 권위주의와 지역주의가 판을 친다.

성숙한 개인주의와는 동떨어진 우리 모습은 너무 흔한 것이어서 아무데서나 찾아볼 수 있다. 떠오르는 대로 얘기해 보자. 먼저, 외국을 여행하면서 느낀 것이다. 어딜 가든지 좀 과장하면 한국 사람의 떼로 넘쳐 난다. 그런데 거기에는 꼭 안내자가 있고 여행객들은 그를 졸졸 따라다닌다. 아주 멀리서라도 줄을 지어 다니고 있는 사람들이 보이면 한국인이라고 생각하면 틀림없다. 우리는 여행하면서도 지도자에게 순종하는 온순한 시민이 되는 훈련을 받고 있는 것이다. 여행이 뭔가? 쉬거나 마음대로 뭘 하거나 하지 않기 위해서 떠나는 것 아닌가! 그렇다면 우리는 여행의 정신에 정면으로 어긋나는 짓을 하고 있는 셈이다. 군사 문화가 군대만 있는 것이 아니라 우리 일상생활에 의식하지 못하도록 촘촘히 스며들어 있는 것을 생각하면 섬뜩해지지 않을 수 없다. 이른바 우리 안의 파시즘이 깃드는 통로가 우리 한국 사람의 여행인 것이다. 대학생들이 과 단위로 어디로 가 자유와 비판을 근간으로 하는 대학의 정신과 도무지 어울리지 않는 군사 훈련 비슷한 것을 한다는 것도 이런 맥락에서 보면 그렇게 이상한 것이 아닐지 모른다.

이제 곧 유월이다. 작년(2002년)의 월드컵 열풍과 '붉은 악마'의 응원이 떠오른다. '붉은 악마'의 일방적인 응원은 나를 아주 불편하게 했다. 축구 경기에 지나지 않는 것을 가지고 지나치게 우리나라 선수들을 일방적으로 응원했기 때문이다. 다양성을 무시하는 획일주의의 벌거벗은 모습을 보는 것 같았다. 혹시 초대형 태극기가 젊은이들의 개성적인 얼굴과 생각을 가려 버린 것은 아닐까? 이런 것과 연관되는 것으로 획일주의가 우리 사회가 풀어야 하는 중요한 문제라는 점도 지적해 두자. 악성의 지역주의야말로 이런 현상의 전형적인 예이다.

이러한, 자유로운 개인이 없는 집단주의는 내가 아니라 가족이나 나라를 위하여 산다 – 따지고 보면 나 아닌 다른 사람이나 사회를 위하여 제대로 산다고 할 수도 없지만 – 고 생각하기 때문에 나타나는 현상이다. 예를 들어, 일본 선수와 무슨 경기를 하면 우리가 꼭 이기지 않으면 안 된다고 대놓고 얘기하는 사람이 있다. 한국 사람이 일본에 가서 선수 활동도 하고 따라서 경기 그 자체를 즐겨야 하는 쪽으로 현실이 변하고 있는데도 우리는 아직도 국가주의에 얽매여 있다. 흥미를 가진 사람만 즐겨야 할 축구 경기가 어째서 이른바 국민적 관심사가 되어야 하는지 나는 도무지 이해할 수가 없다. 경기를 볼 때도 선수들의 국적에 관계없이 기량이 훌륭하면 찬탄의 박수를 보내면 된다. 우리나라 선수들이 지면 어떤가? 기분 상할 일이 그런 것이어서는 쑥스럽지 않은가! 본론에서 좀 벗어나지만, 경기 그 자체를 즐기는 것이 최고의 경지라는 점도 덧붙이고 싶다.

> 이제는 축구경기도 '우리 모두'가 되어 "대한민국"이라는 함성의 매력에 이끌려 볼 것이 아니라, 축구를 즐기는 애호가답게 경기 그 자체를 즐기며 볼 수 있는 시대가 되었다는 것이 나의 생각이다. 축구 선수들을 태극전사가 아니라 히딩크처럼 이 나라 저 나라를 돌아다니며 자신들의 기술을 연마하는 고급 전문가로 볼 수 있는 시대가 되었다는 것이다.
>
> (박노자, 『나를 배반한 역사』, 인물과사상사, 2003, 199쪽)

이 세계화 시대에 우리를 내세우면서 남과 우리를 배타적으로 구분하는 일은 한마디로 우스꽝스러운 일이 아닐 수 없다. 서로 다른 개성을 가진 사람들이 한 울타리 안에서 평화롭게 살아가는 일이야말로 우리가 꿈꾸는 이상 세계의 모습이다. 다른 집단에 대해 배타적일수록 그 내부에서는 온갖 억압과 불의가 판을 친다.

앞으로 돌아가서, 홍세화는 프랑스 사람들이 우리와 아주 다르게 개성적인 인간이 된 이유 가운데 하나는 어릴 때부터 토론을 일상적인 삶의 방식으로 삼고 있기 때문이라고 지적하고 있다. 새겨들을 만한 말이 아닐 수 없다.

> 내가 들은 풍월에 의하면, 프랑스의 어린이들이 '엄마' 다음으로 가장 많이 사용하는 단어가 '왜?'로서 '아빠'보다 더 자주 사용한다고 한다. 실제 어린이들은 세상과 만나면서 끊임없는 물음과 만나게 된다. 손가락은 왜 다섯 개이며 입은 하나인데 귀는 왜 두 개인가? 호기심에 가득 찬 순진무구한 어린이들이 말을 배우면서부터 끊임없이 '왜?'라는 물음을 던지는 것은 당연한 일이다. 이 점에는 한국의 어린이들과 프랑스의 어린이들 사이에 차이가 없다. 차이는 엄마에게서 비롯된다. 프랑스의 엄마들－아빠도 마찬가지인데－은 때로는 순진하고 때로는 엉뚱하기 짝이 없는 아이의 물음에 성실하게 답해준다. 순진한 물음에는 순진하게 엉뚱한 물음에는 엉뚱하게, 끊임없이 이어지는 물음에 참을성 있게 끝까지 답해 준다. 나는 단 한 번도 "그런 건 몰라도 돼"라든가 "귀찮게 왜 자꾸 그러니"나 "크면 다 알아"와 같은 대꾸를 들어본 적이 없다. 왜? 시간여유가 충분해서? 그런 점도 있을 것이다. 그러나 그보다는 아이를 가족의 한 성원으로 보고 대화의 상대로 인정해 준다는 점이 더 크다고 본다. 습속이 그런 것이다.
>
> 이와 같은 프랑스 엄마들에 비해 한국의 엄마들은 어떤가? 또 아빠들은 어떤가? 아이를 끔찍이 생각한다는 점에서는 한국의 부모들이 더 열성이다. 아이가 원하는 것이라면 무엇이든지 사줄 용의도 있다. 그러나 끝없이 이어지는 '왜?'에 성의있게 대답하는 엄마와 아빠는 아주 드물다. (중략)
>
> 한국과 프랑스의 이 습속의 차이는 대단한 중요한 사회적 결과를 가져온다. 아이들의 사회에서부터 대화가 통하지 않고 '힘의 논리'가 관철되는 것이다. (중략) 나는 이 글을 읽는 부모에게, 또 장래의 부모에게 아이들의 '왜?'라는 물음에 성실하게 대답해 주라고 간곡하게 당부하고자 한다. 간

단히 대답할 수 있는 질문에는 간단하게, 황당한 질문에는 더욱 황당하게 답변하시라. 아이는 꿈과 상상의 날개를 마냥 펼쳐 나갈 것이다. (중략)

이와 같은 '힘의 논리'의 관철은 그 아이가 사회에 진출할 때까지, 아니 죽을 때까지 계속된다. 과연 그 아이는 아주 어렸을 때 포기했던 '왜?'라는 물음을 언제, 어디서, 어떤 계기로 되찾을 수 있는가? 학교에서? 군대에서? 직장에서? 이 세상에서 가장 가까운 엄마에게서 거부되었는데? 사회 곳곳에서 힘의 논리, 서열의 논리가 관철되고 있는데? 그 아이가 커서 힘을 논리, 서열의 논리가 관철되고 있는데? 그 아이가 커서 힘을 무조건 따르고 권위에 경배하는 것을 어떻게 피할 수 있는가? 대중은 이미 '힘의 논리'에 무감각하기까지 하다.

(홍세화, 『악역을 맡은 자의 슬픔』, 한겨레신문사, 2002, 48-51쪽)

나는 서양의 법정 영화(이런 말이 있는지 모르겠다. 아무튼 재판 과정을 주로 보여 주는 영화를 뜻하는 말로 쓴 것이다)를 아주 즐겨 본다. 살아 있는 토론 문화의 현장이기 때문이다. 거기서는 피고인이라고 하더라도 다른 사람과 동등한 자격으로 자기 주장을 편다. 나이나 권위 같은 것은 헤아릴 만한 요소가 전혀 되지 못한다. 오로지 논리와 증거를 가지고 동등한 권리를 가진 상대방의 주장에 맞설 뿐이다. 그러니 재미가 없으면 이상하다. 물론 이렇게만 얘기하면 사태를 왜곡할 위험이 있다. 돈이라든가 권력이라는 배경이 재판을 좌지우지하는 경우가 없지 않기 때문이다. 그래도 우리와 비교하면 하늘과 땅만큼의 큰 차이가 있다는 것은 다 인정할 것이다.

결국 토론이 제대로 이루어지려면 서로가 동등한 자격을 가진 존재라는 점을 흔쾌히 인정하지 않으면 안 된다. 논리나 증거 이외에는 어떤 것으로도 상대방을 누를 수 없다고 전제해야 하는 것이다.

결국 중요한 것은 개인의 자유와 자율성에 대한 확고한 믿음을 갖는 일이다. 내가 속한 집단이나 권위를 지닌 존재가 강요해서가 아니라 내 마음 깊은 곳에서 자발적으로 우러나오는 것을 따르고야 만다는 개인의 의지와 그것을 절대적인 것으로 존중하려든다는 사회의 태도가 필요하다. 그럴 때만 우리는 저마다 독자적인 삶을 누리는 '나'가 된다.

방송에서 토론 프로그램이 늘어나는 것은 반가운 일이 아닐 수 없다. 처음부터 잘할 수는 없는 일이기 때문에 좀 어설픈 모습이 나타난다고 하여도 고쳐 나가면 될 일이라고 여유를 가지고 보는 것이 좋겠다.

손에 대하여

사람이 동물과 다른 점, 달리 말해서 인간만의 고유한 특질을 설명하는 데는 여러 가지 관점이 있을 수 있다. 이를테면 생각한다든지 논다든지 하는 성질을 강조하는 것이 그것이다. 다 아는 얘기들이다. 이 밖에도 도구를 만드는 것을 인간의 특징으로 드는 사람들도 있다. 이 경우에 자유로운 손은 거의 절대적인 근거가 된다고 하겠다.

다 아시다시피 인간은 자유롭게 쓸 수 있는 손을 갖고 있다. 물론 이 글도 손으로 쓰고 있다. 다른 동물들에게도 손이 있다고 할지 모르나 발과 거의 구분할 수 없다는 점에서 인간의 손과는 본질적인 차원에서 다르다. 유인원은 예를 들어 이를 잡는 데 손을 쓰지만 인간처럼 늘 서서 걸어다니지 않는다는 점에서 도무지 인간의 손과는 같은 차원에서 얘기할 수는 없다. 그리고 인간이 유전적인 것은 물론이고 여기에다 후천적으로 배우고 닦은 손 재주를 후손들에게 전할 수 있다는 점에서도 오로지 유전적으로 물려받은 손의 기능만을 반복하는 침팬지와는 질적으로 차이가 난다. 그렇다면 같은 손이지만 유인원의 것은 손이 아니라고 해도 좋다. 주어진 것만을 쓴다는 점에서 인간을 제외한 다른 동물에게서 손의 역사를 거론하는 것이 불가능하다. 여기서 역사란 물론 변화, 좀더 적극적으로 말하면 발전을 뜻하는 것이다.

손은 나는 물론 나 밖의 세계와 직접적인 관계를 맺도록 하는 도구다. 나와 세계 사이의 매개물인 것이다. 그런데 인간이 만들어서 사용하는 도구들은 이 손을 확장한 것이라고 할 수 있다. 도구를 만드는 인간이라는 개념은 바로 여기서 나온 것이다. 손이 만들어 낸 기계들이 우리에게 어떤 의미를 갖는지에 대해서는 길게 얘기하지 않아도 될 것이다. 이 기계를 사용하는 덕분에 우리 인간들은 생존에 필요한 시간을 절대적으로 줄

일 수 있게 된다. 얼른 보기에 쓸데없는 일에 시간을 할애할 수 있게 된 것이다. 예술 같은 것을 그 예로 들 수 있다.

물론 예술이 꼭 여유가 있어서만 나오는 것은 아니다. 아무리 어려워도 인간의 감정이 없어지지 않는 한 예술이라고 할 만한 현상이 늘 존재할 것이기 때문이다. 그렇지만 생존을 위해서 대부분의 시간을 써야 하는 사회에서 생산되는 예술의 성취는 보잘것없는 것이기가 쉽다. 마르크스의 발언이 그럴 듯하다.

> 조야한 실제적 욕구에 사로잡혀 있는 '감각'은 역시 '제한된' 감각일 따름이다. 굶주림에 지친 인간에게는 음식의 인간적 형식이 존재하지 않으며, 오로지 음식으로서의 추상적 현존재만이 존재할 따름이다. 이처럼 음식은 가장 조야한 형식으로 존재하는바, 우리는 이러한 영양 활동이 무엇에 의해 '동물적인' 영양 활동과 구별되는가를 말할 수 없다. 근심에 가득 차 있는 굶주린 인간은 아무리 훌륭한 연극을 보더라도 '감흥'을 느낄 수 없다. 광물 상인은 광물의 상업적 가치만을 알 뿐이지 그 아름다움과 고유성까지는 깨닫지 못한다. 그는 광물학적 감각을 지니고 있지 않다.
>
> (마르크스, 『경제-철학 초고』, 1844)

그런데 손이 노동과 기계의 제작을 통해서 이른바 물질문명의 발달에만 이바지한 것은 아니다. 사실은 손을 통해서만 인간은 동물적인 수준에서 참다운 인간으로 성장할 수 있다고 해야 맞다. 앞에서 이 글도 손으로 쓰는 것이라고 그냥 지나가면서 말하듯이 했지만 손을 거쳐야 제대로 된 생각도 나온다. 머리에서 맴도는 생각을 손으로 꽉 붙잡아야 글을 쓸 수 있다. 머리에서 굴리는 것들은 발전하지 못하고 그냥 그 자리에서 맴돌고 만다. 손을 거쳐야 생각이 비로소 살아 움직이면서 구체화된다.

'파악(把握)'이라는 말이 있다. 잘 아시다시피 뭘 손에 잡아 쥔다는 뜻인데 비유적으로 확실하게 이해한다는 뜻도 갖고 있다. 그러니까 손에 잡아야 대상을 제대로 이해할 수 있다는 것이다. 신기하게도, '잡는다'는 뜻을 지닌 영어 단어 'catch'나 'grasp'도 마찬가지의 생각을 보여 준다. 이런 맥락에서 보면 생각도 손으로 붙잡아야 글쓰기가 시작된다고 하는 것은 헛말은 아니다. 하얀 종이에 한 글자라도 써 놓으면 그 뒤를 따라서 뭔가 나오게 된다. 사람마다 얼마나 나오느냐에는 차이가 있겠지만 손을 거쳐야 글이 된다는 점을 부인할 수 없다고 생각한다. 그래서 나는 글을 쓰려고 하는 사람들에게 글감을 제시하면서 한 문장이라도 좋으니 직접 써 보라고 주문한다.

그런데 다음의 설명을 들으면 손이 글을 쓰는 데만 중요한 것이 아니라는 점을 알게 될 것이다.

> 해밀튼(Victoria Hamilton)도 이와 비슷하게 유아가 사물을 움켜쥐는(grasping) 능력을 획득하는 것이 건강한 나르시시즘과 나르시시즘의 초월 모두를 예증한다고 강조한다. 움켜쥐는 능력은 어린아이에게는 엄청난 성취이며, 종종 성취감과 만족감을 낳기도 하는 것으로 보인다. 높은 탁자에서 가까스로 컵을 당겨 생전 처음으로 입에 댈 때, 어린아이의 눈에는 의기양양한 표정이 담긴다. 또한 움켜쥐는 능력이란 유아가 자기중심성에서 탈출하는 것, 즉 그 단어가 비유적으로 사용되듯이 현실세계와 만나는 것을 의미한다. 그 능력은 (영어에서는) 관념들을 이해하는 능력을 지칭한다. 아이를 '망치는 것', 즉 자율성을 해칠 정도로 지나치게 돕는 것은 세계를 발견하는 이러한 과정을 방해하는 것이다.
>
> (제레미 홈즈, 유원기 옮김, 『나르시시즘』, 이제이북스, 2002, 54－5쪽)

이렇게 손은 대상이나 현실 세계와 접촉함으로써 자기화하면서 아울러 폭 좁은 자기 중심주의를 초월하도록 한다. 주로 손으로 이루어지는 노동의 참다운 의미는 바로 세상과의 소통에 있다.

노동은 나를 둘러싼 세계와 적극적으로 관계를 맺는 일이다. 특히 자발적으로 이루어지는 노동이 그렇다. 따라서 나와 세계가 주고받는 관계 속에서 나는 세계에 대해 문을 열게 되고 그것이 바로 고통의 치유 과정이 되는 것이다. 이를테면 땅을 판다고 해 보자. 너무도 당연하게도 잘 파내려면 땅의 성질을 잘 파악해야 된다. 이렇게 내 힘이 가해져야 할 대상의 성질을 파악하는 것이야말로 내 마음을 여는 일이다. 다른 말로 하면 땅과 내 마음이 일치된 상태로 되는 것이다. 이러한 상태에서 이루어지는 노동은 내 안에 숨어 있는 능력을 이 세계에 드러내 보이는 일이기도 하다. 어떤 일을 해냈을 때 느끼게 되는 보람은 바로 이러한 능력의 외화와 노동 대상과의 일치된 리듬에서 오는 것일지 모른다.

이렇게 손은 인간을 인간답게 만들어 주는 것이다. 그런데 소통의 측면에서 다른 인간과의 관계를 친밀하게 만들어 주는 것이 손이라는 점도 강조해 둘 만하다. 무얼 잘하면 손뼉을 치고 절대적인 존재에게 손을 모아 기도하며 사랑하는 사람들은 손을 잡는다. 물론 화가 나거나 상대방이 미우면 손으로 때리기도 한다. 그런데 이 경우에는 다른 기관들을 쓰기도 한다. 이를테면 발로 차고 입으로 욕을 할 수 있다. 이런 식으로 말하면 다른 것으로도 사랑하는 게 아니냐고 할지 모르지만 사랑이 진행되는 단계에 따라 사용되는 기관이 다르다고 하는 것이 정확할 것 같다. 구체적으로 사랑을 하게 될 경우, 손을 잡는 것과 입을 맞추는 일이 자연스럽게 이루어지는 시기가 다르다는 뜻이다.

그런데 다시 생각해 보니 손이 친밀한 관계를 이루는 데만 쓰이는 것은 아니다. 그와는 많이 다르게, 무엇에 항의하기 위해서 주먹을 단단히 쥐어 팔을 흔들기도 하고 무엇보다도 손으로 싸우기도 한다. 그러므로 앞의 주장을 고쳐서 손이 인간의 관계를 살아 있게 하는 데 이바지한다고 해야겠다. 여기서 '살아 있다'는 것에 대해서는 이 글의 마지막을 읽으면 구체적으로 이해할 수 있을 것이다.

앞에서 기계를 손의 연장이라고 하면서 그 유용성을 강조했지만 이렇게 일면적으로만 얘기해서 안 된다는 데 문제가 있다. 흔히 말하는 인간의 소외 현상을 손의 역사에서도 볼 수 있다는 말이다. 음식을 놓고 우리는 손맛이라는 얘기를 흔히 해 왔지만 앞으로는 과거의 말로 남아 있을 가능성이 높다. 요컨대 기계화가 진행됨에 따라 점점 더 손맛을 느끼기가 어려워진다는 것이다. 문명화 또는 그 문명화의 척도인 예의는 자꾸 손의 직접적인 개입을 금지하는 쪽으로 나아가는 것이다. 박물관 같은 곳에 들어가면 전시된 작품을 만지지 말라고 한다. 더 이해하기 쉬운 예를 들면, 코를 풀 때 과거에는 직접 손으로 했지만 이제는 손수건이나 휴지가 코와 손 사이에 있어야 한다. 손의 간접화라고나 할 추세를 시각의 압도적인 이용과 비교할 만하다. 눈이 어느 때보다도 많이 이용된다는 말은 그만큼 손의 사용이 줄어든다는 것과 직접적인 관계가 있을 것도 같다.

손의 직접적인 개입이 줄어드는 현상은 자동차의 대중화로 발이 땅에 직접 닿는 일이 드물어지는 것과 비슷하다고 할 수 있겠다. 자동차뿐만 아니라 현대의 삶 자체가 발과 생명의 터전인 땅과의 직접적인 소통을 가로막는 방향으로 간다고 해야 옳다. 사무실에서도 집에서도 양말을 신고 사는 게 일반화되었다. 미국이 이라크를 공격한다고 해서 세계적으로 반대가 무척 거센데 전쟁도 과거와는 다르게, 총을 들고 하기보다는 방에 앉아서 손가락으로 무슨 단추를 누르면 되는 식으로 변했다. 인터넷에서 무슨 게임을 하듯이 말이다. 이러다 보니 실제의 인간의 목숨이 가상의 것과 구별되지 않고 따라서 아주 하찮게 되어 버렸다.

그러므로 풀어야 할 문제는 손의 직접성이랄까 이런 측면을 어떻게 살릴까 하는 것이다. 특히 교육의 현장에서는 이 문제를 중요하게 다루어야 한다. 머리로만 하는 공부가 아니라, 예컨대 손으로 직접 땅을 파 보고 무얼 심고 하는 일이 온전한 인간으로 자라는 데 결정적인 의미를 갖고 있으니 말이다. 여기서 다시 글쓰기의 중요성을 되풀이하여 강조할 필요는 없을 것이다.

어떤 주례사

그럴듯한 주례사를 들어서 여기 소개한다. 주례사라면 으레 덕담이 나오고 부부 일심동체니 사랑, 믿음, 이해니 하는 아주 멋진 말이 마치 판박이처럼 되풀이된다. 그럴 만한 이유가 없잖을 것이다. 원래는 남이었던 사람들이 모여 한 가정을 이루니 마땅히 하나가 되려는 노력이 있어야 할 것이기 때문이다.

그런데 내가 들은 주례사는 이와는 달라서 신선했다. 먼저, 부부는 일심동체가 아니란다. 다른 환경에서 자라난 사람들이 어떻게 하나가 될 수 있느냐는 것이었다. 오히려 차이를 적극적으로 인정해야만 제대로 된 가정이 된다고 했다. 처음 보는 순간 사랑의 불꽃이 타오른다고 하는 얘기를 듣지만 대체로 환상이기가 쉽다. 내 마음에 들어 있는 헛것이 시킨 것인지 모른다. 그러니 상대방이 나와 다른 사람이란 점을 흔쾌하게 인정하고 조금씩 맞추기도 하고 나를 이해시키기도 하는 것이 결혼 생활이라고 생각하는 것이 좋다. 모든 일에서 똑같이 갈 수는 없는 일이다. 사람이라면 혼자만의 시간과 공간이 필요한 법이다. 그러므로 '부부 일심동체'론의 실상은 획일화로 가는 지름길이다.

> 조종되는 집단의 통일성은 각각의 개체를 부인함으로써 가능하다. 왜냐하면 개인이란 존재 자체가 자신을 획일화시키려는 사회에 대한 조소이기 때문이다. 히틀러 청년 조직에 분명히 그 이름이 등장하는 그러한 집단은 과거의 야만 상태로 복귀하는 것이 아니라 억압적인 획일성의 승리이며, 권리의 평등을 평등과 획일화를 통한 불의로 변화시키는 것이다.
>
> (M. 호르크하이머, Th. W. 아도르노, 김유동 외 옮김, 『계몽의 변증법』, 문예출판사, 1995, 37쪽)

여기서 '집단'을 '부부'로 바꾸면 일심동체라는 말의 허위성이 바로 드러난다. 사실 우리 사회에서 이 말은 여자가 남자를 무조건 따라야 한다는 남녀 차별의 뜻을 갖고 있다. 그러므로 이제는 과거의 유물로 처리하여 아예 쓰지 않는 것이 좋다. '부부'를 떼고서라도 '일심동체'라는 것 자체가 사실은 얼른 보기와는 달리 고약한 뜻을 담고 있다. 각각의 개성을 없애야 이루어지는 것이기 때문이다. 내가 누구를 닮는다고 할 때 나를 죽여서야 되는 것이라면 그게 무슨 의미가 있는가? 거꾸로 남을 나와 같은 존재로 만드는 것에는 선의에서 나온 것이라고 해도 폭력의 요소가 깃들어 있다는 점을 늘 명심할 일이다.

다음 말도 멋졌다. 자식은 부모의 소유물이 아니라 독립적인 주체라는 것이다. 의식적으로 개인의 자유가 아이에게도 적용된다는 점을 확인하는 것은 참으로 중요하다. 우리 교육의 현실을 조금만 들여다보면 어른들이 숭고한 사랑의 이름으로 자식들을 학대하고 있다는 것을 알 수 있다.

집으로 오면서 곰곰이 나를 돌아보았다. 차이라고 말하면서 실제로는 차별한 것은 아닌가? 상대방의 자유를 인정하겠다고 하는 것은 존중해서라기보다는 마지못해서이거나 따지기 귀찮아서 나온 반응이 아닐까? 되도록 딸을 방임하련다는 내 마음의 실상은 무관심의 다른 이름이 아닐까? 자신 있게 아니라고 할 수 없었다.

모르면 다 안다!

'안다는 것'은 무슨 말일까? 내 생각에 그것은 무엇에 대해 정보를 가지고 있다는 것보다는 어떤 것을 모른다는 것을 의식한다는 것이라고 해야 맞을 것 같다. 그래서 모르는 것이 있으니까 알려고 노력하게 된다. 읽을수록 모르는 게 많아지는 것은 그러므로 당연한 일이다. 책이 책을 부른다고 할 만한 현상이 나타나는 것이다. 그래서 책들로 이루어진 길을 따라가다 보면 생각지도 않은 곳에 이르게 되기도 한다. 모른다고 의식한 것에 대한 뜻하지 않은 선물이다!

그런데 반대로 책을 읽지 않으면 무엇을 모르는지를 모르니까 거꾸로, 다 아는 것이 되어 버린다. 그래서 책이 필요 없다. 모르는 것이 하나도 없는데 뭐 하러 눈과 머리 아프게 책을 읽겠는가!

제대로 안다는 것은 모른다는 것을 안다는 뜻이므로 물음을 던지는 행위이기도 하다. 정답을 아는 것은 쉽다. 정보를 모아 놓은 책을 외우면 된다. 그러나 질문은 여간해서는 잘 나오지 않는다. 문제를 지금까지와는 다르게 봐야 하기 때문이다. 더군다나 어떤 경우에는 기존의 답이 갖고 있는 권위에 도전할 수 있는 용기도 요구된다. 억압적인 사회에서일수록 정답은 힘이 센 사람들이 정해 놓은 것이 되기 때문에 그에 대한 문제 제기를 억압하거나 심지어는 금지하기도 한다. 그런 점에서 권력이야말로 지식(진리)이다. 이렇게 위협적인 상황이 아니더라도 창조적인 질문은 쉽게 나오지 않는다. 해오던 대로 하는 것이 편하기 때문이다. 습관의 힘은 무섭다. 그래서 상투적인 대답과 삶이 나오게 된다. 일상의 늪에 자신도 모르는 사이에 빠지고 마는 것이다. 이렇게 금지와 습관에 길들여진 우리는 아주 자연스럽게, 자신의 능력과 소질을 묻지도 않은 채 그냥 점수에 맞춰 대학도 가고 전공도 정한다.

질문하지 않으면 우리는 우리 삶의 주인이 되지 못한다. 그러므로 질문이 자유롭게 허용되는 여건을 만들어야 한다. 특히 젊은이에게는 이런 조건이 꼭 필요하다. 그래야 개인적인 성숙도 도모하고 더 나아가 학문의 발전에도 이바지할 수 있다. 대학이 사회의 어느 영역보다도 자유로운 것은 창의적인 생각이 나오려면 무엇보다도 기존의 관습이나 제도, 학설 들에서 자유로워야 하기 때문이다.

이런 맥락에서 보면 '물음의 발견'이야말로 과학 발전의 터전이라는 말은 아주 그럴듯하게 들린다.

> 과학과 의학은 미리 주어진 수많은 물음들에 답하기보다는 새로운 종류의 물음을 '발견'하면서 발전해 온 것이다.
>
> (강신익, 「끝나지 않은 면역 논쟁」, 『한겨레』, 2006. 3. 3 http://www.hani.co.kr/arti/BOOK/106170.html)

같은 대상에 대해 여러 이론들이 공존하는 것은 새로운 물음에 답을 낸 결과라고 할 수 있다. 창조적인 물음이 있어야만 다른 패러다임이 나오게 되는 것이다.

이렇게 얘기하면 모르는 것을 의식하는 것이 앎이라는 역설적인 사실이 어느 정도 설명됐을 것이다. 스스로 질문하고 답을 찾아냈을 때만 자기의 참다운 지식이 된다. 자기 자신에게는 물론이고 이 세상 모든 것에 대해 열정적으로 호기심을 가지고 열심히 묻자!

빛나는 5월에 교육을 생각하며

5월은 어느 때보다도 교육과 관계가 깊은 달인 것 같다. 이 달에 어버이날과 스승의 날이 있을 뿐만 아니라 봄의 절정에 이르러 신록으로 아름답게 치장한 자연이 저절로 변화와 성숙을 생각하도록 만들기 때문이다. 이 변화와 성숙이야말로 교육의 핵심을 차지한다고 말할 수 있지 않을까?

내 생각에 교육은 원석을 갈고 닦아서 보석으로 만들어 내는 작업이다. 여러 말 할 것 없이 어려운 일이다. 좋은 보석을 만들자면 전문적인 기술은 물론이고 원석의 성질을 이해한 바탕 위에서 자신의 목표를 이뤄 가는 수양이라든지 인내심이 필요하기 때문이다. 무슨 일이든지 주체의 마음대로만 되지는 않는다. 대상에 쏟는 관심이 깊어지면 그 대상은 어느새 제 나름의 단단한 고집을 지닌 주체로 탈바꿈해 버린다. 그러니까 단순히 원석만 다듬으면 되는 것이 아니라 자기 자신을 깎아 내는 아픔도 겪어야 한다. 어떤 이가 말했듯이 학생뿐만 아니라 선생도 바뀌어야 교육이 제대로 이뤄진다. 이렇게 가르치고 배우는 사람 모두가 서로 영향을 주고받아 바뀌는 것이 교육의 이상을 이룬다. 교육에서 얻는 보람이 어느 일에서보다도 크다면 그것은 바로 선생과 학생이 그 과정에서 함께 변하는 데서 오는 것일 것이다. 이런 말을 하다 보니 보석에다 조각을 새기는 일에서 느끼는 기쁨과 뿌듯함이 고통과 반성의 결과라는 점을 얘기하는 자전적인 소설의 구절이 자연스럽게 떠오른다.

> 광을 내는 작업이 지문이 없어질 정도로 제 삶을 문지르는 작업이라면 조각도 마찬가지다. 꽃을 피워내는 기쁨, 잎을 틔워 올리는 뿌듯함은 제 살을 파내는 고통스런 의식을 거치지 않고는 이루어지지 않는다. 조각은 바로 자기 생살을 파내는 작업이다. 삶이라는 수평 바이스에 물려 몸 받

은 자로써 고통을 감내하는 의식은, 우선 자기 뼈와 자기 피를 통하지 않고는 어떤 꽃도 피울 수 없고 어떤 이파리 하나 매달 수 없다는 치열한 자기 반성에서 시작해야 한다. 쌀 알 하나에도 수백 자의 글씨를 새겨 넣는 사람들의 집중된 땀구멍을 들여다보라.

(유용주, 『마린을 찾아서』, 한겨레신문사, 2001, 112－3쪽)

그렇다. 죽은 것을 가지고 하는 일도 이럴진대 사람을 가르치는 일은 말해서 무엇하랴! 거기에 쏟아야 하는 성의를 생각하면 숙연해지지 않을 수 없다.

정말이지 초등학교 선생님들의 능력은 신비롭기까지 하다. 요즘에야 젖먹이 때부터 여기저기서 교육을 받아 아이들이 유식(?)하지만, 우리 때만 해도 글을 쓰기는커녕 읽지도 못하는 상태에서 학교에 들어갔다. 잠시 개인적인 추억을 얘기하면, 초등학교에 들어가 처음으로 배운 숫자를 집에 돌아와서 쓰는데 2와 8자를 제 모양대로 베끼지 못해 낑낑대는 나를 지켜보던 어머니가 한숨을 크게 쉬던 모습이 지금도 생생하게 떠오른다. 아무것도 모르던 그런 아이가 선생님에게 배워 이만큼이나 어른으로 자랐던 것이다. 선생님은 마술사다!

봄이 되면 꽃이 피고 새 이파리가 나오는 것이 아주 자연스러운 일이지만 달리 보면 세상의 모든 기운이 참여하는 무척 신비로운 현상이듯이 사람이 크는 과정에도 분명히 그런 측면이 있다. 그 대표적인 것이 교육이다. 그러므로 교사, 특히 어린이를 가르치는 선생님들은 축복 받아 마땅하다. 우리 모두가 학생이거나 한때는 학생이었으므로 교육에 바친 선생님의 남다른 정성을 생각하며 편지라도 써 볼 일이다.

나를 불편하게 하는 글

『녹색평론』과 김규항은 나를 불편하게 만든다. 내가 속물로 살고 있다는 점을 아프게 깨우쳐 주기 때문이다. 어제(2006. 4. 1)는 그 김규항을 읽었다. 모든 글이 내 가슴을 치는 것이어서 따로 소개하는 것이 이 책의 가치를 떨어뜨리는 일이 될지도 모르지만 그래도 몇 구절은 꼭 읽어 드리고 싶다.

> 늙는 게 숙명이라는 말은 거짓말이거나 절반만 맞다. 몸이 늙는 건 숙명이지만 정신이 늙는 건(온갖 요사스런 핑계와 그럴싸한 설명에도 불구하고) 선택이다. 일흔의 몸에 스물의 정신을 가진 청년이 있고 스물의 몸에 일흔의 정신을 가진 노인이 있다. 그것은 전적으로 제 선택이다. 대개의 사람들이 조금씩 하루도 빠짐없이 신념과 용기와 꿈이 있던 자리를 회의와 비굴과 협잡으로 채워 갈 때, 그런 순수한 오염의 과정을 철이 들고 성숙해 가는 과정이라고 거대하게 담합할 때, 여전히 신념과 용기와 꿈을 좇으며 살아가는 청년들이 있다.
>
> (김규항, 「세 청년」, 『나는 왜 불온한가』, 돌베개, 2005, 97－8쪽. 참고로 이 글에서 말하는 세 청년은 지금은 돌아가신 이오덕, 윤구병, 서준식이다.)

> "아이들에게 어떤 생각을 심어 주겠다고 생각해서는 안 됩니다. 아이들은 어른들이 잃어버린 것들을 아직 가지고 있다는 걸 믿어야 합니다. 우리가 할 일은 그게 잘 열매 맺도록 도와 주는 겁니다."
>
> (「추모」, 132쪽. 이 책의 저자가 "삶에 대한 태도를 바꿀 가능성이 남은 사람들을 위해 뭔가를 만들"기 위하여 시작한 어린이 교양 월간지 『고래가 그랬어』 발간에 대해 이오덕 선생이 당부한 말씀이다.)

> "무엇보다 가난해야 한다. 강요된 가난은 죄악이고 극복해야 하는 것이지만 자발적으로 선택한 가난은 바로 예수의 모습이다. 그것에 의심이 없

다. 이젠 버리는 것이 어렵지 않고 갖지 않는 게 편안하다는 걸 몸으로 알고 있다. 돈이 없으면 없는 대로 버틸 수 있다고 믿고 웬만한 건 걱정을 안 한다. 아이들 과외도 못 시키지만 과외를 시키는 게 비정상인 거고 설사 아이들이 대학을 못 가고 가난한 기층 민중으로 살더라도 전혀 걔들한테 불행한 게 아니라고 믿는다. 도시 빈민이나 농민 노동자의 삶 속에는 지식인들이나 중산층들의 삶이 가질 수 없는 게 있다."

"당신에게 가난은 자기 절제인가?"

"편안한 거다. 그러나 무작정 편안한 게 아니라, 가난해야만 가난의 가치를 가질 때만 세상의 여러 문제들이 해결될 수 있다는 믿음이 있고 나는 그걸 따라가는 거다. 가난은 이제 내 가치관이고 다른 생각은 하지 않게 되었다."

(「가치관」, 160－1쪽. 세상을 바꾸려면 가치관이 달라져야 하는데 저자가 아는 좌파 인텔리 가운데 그 가치관을 자식에게까지 적용시키는 사람을 거의 보지 못했다고 하면서 예외적인 인물로 다큐멘터리 감독 김동원을 들고 있다. 위에서 인용한 것은 그 김동원의 말이다.)

생각과 행동 사이의 커다란 괴리에서 오는 내 복잡한 마음을 좀 얘기하고 싶은데 핑계와 변명에 지나지 않으므로 그만두는 것이 좋겠다.

정신이 번쩍 들 테니 꼭 읽어 보기 바란다.

수목장 어때요?

도보 여행을 하다 보면 보기 싫은 장면과 마주치게 된다. 그 가운데 하나가 납골묘나 납골당을 만드는 석재상에서 보기에도 가격이 많이 나갈 것 같은 돌—아마 외국에서 들여온 것이겠지?—로 좀 과장하면 그 안에 들어가 사람이 살아도 좋을 만하게 큰 납골당을 전시해 놓는 것이다. 죽음을 떠올리게 하는 것이어서 그런 것이라고 여기면 한참 잘못 생각한 것이다. 죽은 다음에 저렇게 묘지를 치레해서 뭐하느냐는 물음에 나로서는 마땅히 대답할 거리가 없기 때문에 그런 데를 지나자면 공연히 화가 난다. 그래서 사진을 찍어 두기도 하고 여행기에서 뭐라고 하기도 했다.

> 우리의 정도를 넘는 묘지 치레에 대해서 한마디만 하고 넘어가야겠다. 이번에 도보 여행 비슷한 것을 하면서 언짢았던 것은 곳곳에서 볼 수 있는 묘지를 꾸미는 돌을 취급하는 석재상을 지나는 일이었다. 저렇게 큰 돌을 가지고 으리으리하게 비석을 세우고 납골당을 만들어서 뭐하나 하는 안타까운 생각을 지울 수가 없었다. 죽은 이의 안식처는 결국 한 줌의 흙 밖에 더 있을까! 정말로 조상을 기리고 싶다면 그가 살았던 모습을 꼼꼼하게 정리하여 책으로 남기는 게 여로 모로 좋을 것이다.
>
> (http://dorim.mokpo.ac.kr/~kll/way/lee/way-board.cgi?db=lee-9&j=v&no=334)

사람마다 저런 석재나 묘지를 쓰지는 않을 것이다. 아마 조상의 이름깨나 알려진 가문에서 다른 사람들 보라고 하는 작태일 것이다. 혹시 누가 예민하게 구는 내 반응을 두고 보잘것없는 내 출신에 대한 자격지심에서 나오는 것이냐고 묻는다면 부인할 자신도 없고 굳이 그러고 싶지도 않지만 개인 심리의 차원을 훌쩍 넘어서서 사회적으로 매우 중요한 의미를 지니는 것이라고 대답할 수는 있다.

무엇보다도, 납골당이든 납골묘든 묘지를 쓰자면 땅이 너무 많이 들어간다.

> 보건복지부가 파악하고 있는 것을 보면, 70% 이상이 산림지역에 들어서 있는 전국의 묘지가 차지하는 면적은 전토의 1%인 998㎢에 이른다. 해마다 20여만기의 묘지가 새로 생기면서 이 면적은 해마다 여의도 시가지 면적의 두 배 꼴인 600여ha 가량씩 늘어나고 있다. 환경단체들이 산림 훼손의 또다른 주범으로 지목하고 있는 전국의 골프장 면적이 193.9㎢(문화관광부 '2005 전국 등록, 신고 체육시설업 현황')에 불과한 것을 감안하면 묘지에 의한 산림 훼손 규모가 어느 정도인지 짐작할 수 있다.
>
> (http://www.hani.co.kr/arti/society/environment/100570.html)

돌아다니다 보면 주위로 미뤄 보건대 나무가 무성하게 자랐을 곳에 떡하니 무덤을 만들어 산림을 보기 흉하게 하는 모습을 흔하게 만날 수 있다. 나는 그런 것을 볼 때마다 우리의 묘지 문화가 근본적으로 바뀌지 않으면 안 된다고 생각하곤 한다. 세상에 영원한 것이 어디 있으랴! 언젠가는 없어지고 말 텐데 또 다른 생명인 나무를 죽여 가며 무덤을 만들 필요가 있을까? 빈손으로 왔으면 이승의 것 다 버리고 빈손으로 가는 것이 순리다. 한 시대를 호령하던 자의 무덤도 오래 되면 흔적조차 없어지고 마는 것이 아닌가.

자연스러운 죽음의 완벽한 결말은 주검을 벌판에 내다버려 들짐승이나 독수리 같은 날짐승의 먹이가 되게 하는 것이겠지만 이제는 그럴 만한 장소도 없거니와 시대의 분위기와 안 맞을 것이 분명하니 조금 그 정도를 낮춰서 수목장이 어떨까 한다. 그런데 수목장은 도대체 뭔가? 구체적인 실례를 들면 다음과 같다.

> 지난 2004년 9월 어느 바람 맑은 날 경기도 양평의 고려대 농대 연습림 한 가운데서 특별한 장례식이 열렸다. 유족들은 한 참나무 아래에 구

덩이를 판 뒤 작은 상자에 모셔온 유골을 넣고는 다시 흙으로 덮었다. 그것이 끝이었다. 봉분도 만들지 않았고, 묘비도 세우지 않았다. 다만 바로 위 참나무에 '김장수 할아버지 나무'라는 작은 푯말 하나를 달았을 뿐이다. 원로 임학자 김장수 고려대 농대 교수의 유족들이 "죽어서 나무로 돌아가겠다"고 한 고인의 뜻에 따라 치른 '수목장'이었다. (위의 기사)

내 아내와 나는 먼저 가는 사람에게 수목장을 치러 주기로 합의를 봤다. 묻힐, 정확하게 말하면, 유골이 뿌려질 데는 내가 잘 가는 수락산도, 내 고향의 숲도 다 좋겠다. 여러분은 어떤가?

오늘을 즐겨라

오늘(2006. 7. 12) 목포대학교 영재교육원에서 전화가 왔다. 초등학교 6학년과 중학교 1학년을 대상으로 논리적인 생각과 글쓰기를 주제로 해서 하루에 한시간 반씩 이틀을 강의해 달라는 것이었다. 여러 얘기가 오간 끝에 한번 해 보기로 했다.

전화를 받으면서도 마치고 나서도 막연했다. 무엇보다도 수강생이 내게는 몹시 낯설다. 대학생이거나 그 비슷한 수준이면 좀 어려운 얘기－사실은 아는 것이 없지만－를 해도 되지만 이 어린 학생들 앞에서 무슨 얘기를 어떻게 해야 할지 도무지 방향을 잡을 수가 없어서 괜히 받아들였다고 후회하기도 했다. 이리저리 생각한 끝에 내린 결론은 다음과 같다. 첫날은 생각하는 법－얼른 떠오르는 것으로 삐딱하게 굴기(권위나 관습, 상식을 문제 삼기), 자기 중심주의에서 벗어나기(다른 사람의 처지에 서기), 대상을 한 측면만으로 판단하지 말기(복잡성을 존중하기), 획일주의에서 벗어나기(가치의 다양성을 추구하기) 등－을 알기 쉽게 예를 들어 가며 설명하고, 그 다음날은 첫날 수업에서 과제로 내 준 글을 돌려가면서 읽고 첫날에 한 얘기와 연결하여 고치기로 했다. 물론 이날은 문법 얘기도 곁들여야 할 것이다.

이렇게 마음먹고 그 다음 차례로 강의 준비에 쓸 수 있는 책 몇 권을 눈에 띄는 대로 골라 봤다. 이오덕의 『글쓰기 어떻게 가르칠까』(보리, 1993), 탁석산, 『오류를 알면 논리가 보인다』(책세상, 2001), 페르난도 사바테르, 안성찬 옮김, 『청소년을 위한 이야기 윤리학』(웅진닷컴, 2005), 스티븐 로, 하상용 옮김, 『철학학교』(창비, 2004)가 그 목록이다. 목차를 살폈더니 이들을 잘 소화해서 쉽게 풀면 그럭저럭 맡은 시간을 즐겁게 보낼 수 있을 것 같기도 했다.

이야기가 좀 길어져 버렸다. 내가 하고자 한 것은 위의 책을 넘기다가 읽은 부분이 평소의 내 다짐과 같은 내용이어서 여러분께 들려 드리는 것이기 때문이다. 바로 읽어 보겠다.

> "해가 갈수록 우리의 손에서 빠져 나가는 삶의 기쁨과 향락을 이빨과 손톱으로 붙잡아라."
>
> 몽테뉴의 이 금언에서 두 가지 점을 강조하고 싶다. 그 하나는 세월이 우리에게 즐거움의 가능성을 끊임없이 빼앗아 가기 때문에 너무 오랫동안 결정을 미루고 즐거움의 가능성을 미뤄 두는 것은 현명하지 못하다는 것이다. 너무 오래 망설이면 결국 기회를 놓쳐버리게 된다. 사람은 오늘의 즐거움을 누리는 데 모든 힘을 쏟아야 한다. 로마인들은(그리고 『죽은 시인의 사회』에 나오는 시인 선생님도) 이것을 "오늘을 즐겨라(carpe diem)"라는 금언으로 요약한 바 있다. 하지만 이 말은 모든 즐거움을 오늘 찾으라는 것이 아니고 오늘의 즐거움을 모두 찾으라는 것이다.
>
> 오늘의 즐거움을 망쳐버리는 가장 확실한 방법은 매순간 모든 것을 얻으려 하고 수많은 불가능한 만족을 한꺼번에 누리려고 하는 것이다. 부적절한 즐거움을 얻기 위해 한순간에 억지로 매달려서 자신을 끊임없이 괴롭히지 말고, 주어진 모든 것에서 가장 작은 즐거움을 얻으려고 노력해라. 지금 이 자리에 없는 햄버거를 얻기 위해 눈앞의 달걀부침을 식게 내버려 두지 말고, 케첩이 없다고 손에 든 햄버거를 내버리지 말라는 뜻이다. 네게 즐거움을 주는 것은 달걀이나 햄버거, 소스가 아니라 네 주위 어디에나 널려 있다는 것을 생각하기 바란다.
>
> (페르난도 사바테르, 안성찬 옮김, 『청소년을 위한 이야기 윤리학』, 웅진닷컴, 2005, 153－4쪽)

나는 이런 이야기도 '즐겁게 많이 놀아야 한다'는 것과 함께 우리 아이들에게 꼭 해 주고 싶다. 이런 게 글쓰기와 무슨 관계가 있느냐고 할 사람이 있을지 모르겠다. 누가 하라고 해서가 아니라 자기가 간절하게 바라서 해야 참다운 주체성에 이를 수 있고 이래야 좋은 글도 나온다. 글은 멋진 삶을 추구하는 윤리이기도 한 것이다.

그런데 여기에 이르면 좀 걱정이 되기도 한다. 자율성과는 거리가 있는 환경에서 자란 우리 아이들이 이런 얘기에 진정으로 공감할지도 문제—그래도 아이들의 잠재력을 믿을 일이다—거니와 무엇보다도 이런 내용을 전해 들은 우리 학부모들의 반응이 예상되기 때문이다. '공부하라고 보내 놓았더니 아이들 망친다'는 말을 하는 이도 있을 것이다. 그래도 나는, 뭐든지 즐겁게 자율적으로 해야 진짜 공부가 되며, 10년 후에 멋진 요리를 먹고자 눈앞의 달걀부침을 그냥 지나쳐서는 안 된다는 점을 고집스레 주장하련다.

세련된 진보주의자의 눈으로 본 한국과 프랑스

『쎄느강은 좌우를 나누고 한강은 남북을 가른다』의 지은이 홍세화에 대하여 간략하게 소개해 두자. 그는 1947년 서울에서 태어나 66년 서울대 금속공학과에 입학하였으나 이듬해 그만 두고 69년 서울대 외교학과에 다시 입학하였다. 72년에 민주화 운동 때문에 제적되는 등 순탄치 않은 대학생활 끝에 77년에 졸업하였다. 졸업 후 남조선민족해방전선(남민전)에서 활동하던 중 무역회사의 해외 지사에 근무하려고 유럽에 갔다가 남민전 사건으로 귀국하지 못한 채 20여년 간 이방인 생활을 하고 있다. 올해(1999년)에 잠시 고국에 들른 바 있다. 95년에 자전적 고백록인 『나는 빠리의 택시 운전사』를 발간했다. 그 자신의 말을 빌리면 그는 "이론적인 밑바탕이 부족한, 다만 느낌으로서의 사회주의자, 즉 감성적인 사회주의자"이다. 극히 간단한 소개에서도 곧 알 수 있듯이 그의 삶 자체가 독자들의 관심을 끌 만하다. 책의 가치가 결정적으로 그의 책을 흥미의 대상이 되게 하고 있는 것은 물론이다.

그러면 그의 책을 읽을 만하게 하는 것은 무엇인가? 먼저, 한국과 프랑스 문화를 비교함으로써 우리의 시각을 넓혀주는 역할을 훌륭히 해내고 있다. 그에 의하면 두 나라 문화의 근본적인 차이는 참다운 개성의 존재 여부에 있다. 프랑스 사람들은 각자가 개인으로 존재하지만 한국 사람들은 획일화되어 있다. 그래서 한국에서는 권위주의와 지역주의, 배금주의가 판을 친다. 그런데 프랑스 사람들이 개성적인 인간이 된 이유 중의 하나는 어릴 때부터 토론을 일상적인 삶의 방식으로 삼고 있기 때문이다. 예를 들어 바칼로레아(대학입학자격시험)의 철학 과목에 대해서 다음과 같이 소개하고 있다.

> 학생들은 고3 일년 동안 플라톤부터 데카르트, 로크, 흄, 몽테스키외, 루소, 볼테르, 칸트, 헤겔, 니체, 프로이트 등을 파악해야 한다. 우리처럼 시기 연대를 암기하고 저작명이나 주의주장의 단순한 내용을 대충 알고 넘어가는 것과 차원이 다르다. 그 차이는 시험문제로 출제되는 논제의 몇 가지 예를 보면 곧 알 수 있을 것이다. 예컨대 '망각이란 무엇인가' '신이 없다면 모든 것이 허락되는가' '지혜는 혁명적일 수 있는가' '좋은 편견은 있는가' '과학의 발전은 인간을 행복하게 하는가' '데모크라시는 꼭 가장 좋은 체제인가' '역사에 방향이 있는가' 등 추상론부터 사회철학, 역사철학의 중요한 문제까지 등장한다. 시험은 세 가지 논제 중에서 하나를 골라 네 시간 동안 논술하게 되어 있다.
>
> (홍세화, 『쎄느강은 좌우를 나누고 한강은 남북을 가른다』, 한겨레출판, 1999, 99쪽)

둘째로 우리 것은 무조건 옳다든지 혹은 반대로 외국의 것은 모두 우월하다든지 하는 단순한 태도를 벗어나고 있다는 점을 이 책의 장점으로 들 수 있겠다. 두 나라의 문화를 비교하면서 겉으로 드러나는 차이점을 지적하는 데 그치지 않고 그렇게 된 역사적이고 사회적인 배경을 검토하며, 본받아야 할 프랑스의 장점과 함께 개인주의의 부정적인 측면이라든지, 프랑스의 제국주의적 속성도 놓치지 않는다. 그렇기 때문에 한국에 대한 비판도 애정을 동반하게 되고 한국의 독자에게는 귀담아 들어야 할 충고가 된다.

마지막으로 인권 내지 사회복지에 대한 지은이의 뜨거운 관심이 이 책에 관심을 갖게 한다. 이 점에 대해서는 문제를 내는 것으로 설명을 대신하자. 첫째 문제, 만우절에 빠리의 지하철 노동자들이 역 이름을 바꾸어 버렸다. 그래서 당연히 승객들은 낭패를 당하는데, 그때 그들의 반응은? 둘째, 1995년에 프랑스의 공공부문 노동자들이 3주 동안 파업을 벌였는데, 몇 사람이 체포·구속됐고, 신문 방송은 어떤 시각으로 이 사태를 보도했을까? 물론 답은 『쎄느강은 좌우를 나누고 한강은 남북을 가른다』에 있다.

쉬운 글 쓰기는 민주주의의 실천이다

오늘(2002. 6. 15) 아침 『한겨레』에서 공감이 가는 글을 읽어서 여기에 소개한다. 제목은 「법률 전문용어의 '미로'」이다.

> 전세로 살고 있는 집이 경매에 넘어 가게 되었다. 사업을 하던 집주인이 부도를 내고 잠적한 것이다. 혹여 전재산 날리면 어쩌나 노심초사한 마음으로 지낸 지 일 년. 경매일이 다가 오면서 월드컵 출전 선수들의 마음도 아마 이렇지 않을까 싶었다. 그날, 아침을 일찍 먹고 법원에 나갔다. 병원과 경찰서, 그리고 법원은 역시 안 갈수록 좋은 곳이라는 생각이 들었다. (중략)
>
> 해당 입찰 법정을 찾아갔다. 문 앞에 경매안내 및 순서를 적은 칠판이 높다랗게 달려 있었다. 더러 희미해진 글자도 있었지만 알아서 읽어내려야 했다. 자신 있게 이해할 수 있는 문장은 '경매브로커 피해신고를 받는다'는 것뿐이었다. 그동안 난 정말이지 '글줄이나 이해한다'고 자부하면서 살아왔다. 그런데 '법의 울타리' 안에서 오가는 말들은 정말 내 능력 밖이었다. 몇 달 전 경매통지서를 받았을 때다. '…배당요구를 하더라도 임차권등기를 경료함이 없이 낙찰기일 이전에 … 대항요건을 상실한 경우에는 우선변제를 ….' 아, 이게 도대체 무슨 조화인가. 난 더럭 겁이 났었다. 법이 두렵게 느껴지는 데는 어려운 말도 한몫을 단단히 하고 있다는 사실을 절실히 깨닫는 순간이기도 했다. (중략)
>
> 법은 왜 이렇게 어려운 방식으로 우리에게 말을 건네는가? 법은 평범하고 쉽게 대화하는 방법을 모르고 있는 것일까? 혹시 어려운 말과 법의 권위가 정비례한다고 생각하는 것은 아닐까? 그럼 법원에서 오는 통지서를 이해하지 못하는 국민은? 법률 전문가에게 달려갈 돈도 없는 사람들은? 법은 아무래도 보통 사람들과 보통으로 얘기하길 싫어하나 보다.
>
> (권은정/ 자유기고가
> http://www.hani.co.kr/section-001057000/2002/06/001057000200206141833125.htmi)

법대를 나왔거나 사법 고시를 치르기 위하여 공부한 사람이 아니라면 이런 얘기에 공감하지 않을 사람은 아주 드물 것이다. 생각해 보면 국민을 위해 존재해야 할 법이 몇 사람의 전문가만이 이해할 수 있도록 되어 있다면 민주주의 원칙에 대한 중대한 침해가 아닐 수 없다. 우리에게는 마땅히 그래야 할 것이 안 그런 것이 너무 많다. 그러다 보니 정상인 것이 오히려 비정상적인 것으로 생각되기까지 한다.

국민의 삶과 관련되는 글은 되도록 많은 사람들이 이해하게 써야한다. 그래서 특별한 일이 아닌 경우에는 스스로 문제를 해결할 수 있어야 한다. 이렇게 생각을 이어가다 보면 법률적인 용어가 소수의 사람들만 알아보도록 된 데는 그럴 만한 이유가 있다는 점을 깨닫게 된다. 다 알면 전문가가 필요 없고 그렇게 되면 그 특권을 유지할 수 없다.

그러므로 보통 사람들이 다 이해할 수 있는 쉬운 글을 쓰는 일은 민주주의를 실천하는 행위이기도 하다. 글이 쉬우냐 어려우냐 하는 것은 단순히 글의 형식에 관련된 문제만은 아닌 것이다. 누가 알고 모르느냐 하는 것은 중요하다. 모르는 사람은 여러 가지 권리를 제대로 누리지 못하게 될 것은 당연하다.

물론 모든 글이 다 쉬운 것은 아니고 또 그래야 할 필요도 없다. 대상 자체가 불가피하게 어려운 내용을 요구하는 경우가 있다. 예를 들어 아인슈타인의 상대성 원리를 제대로 이해하는 일은 아무래도 전문가에만 가능할 것이다.

이렇게 전문적인 소양을 요구하는 영역이 없는 것은 아니지만 국민의 삶과 직결되는 곳에서는 되도록 쉬운 글이 통용되어야 한다. 영어 공용화도 민주주의의 실천이라는 측면에서 보면 쉽게 그 문제점이 보일 것이다. 구체적으로 영어를 쓰는 사람과 못 쓰는 사람과의 차이가 곧바로 차별로 나타나리라는 것은, 참다운 개인이 존재하지 못하기 때문에 개인의 자유와 다양성을 무시하는 우리 사회에서 불을 보듯 뻔한 일이다.

2002년 월드컵 축구대회에 대한 이런저런 생각

『한겨레』(2002. 6. 20)에 좋은 글이 있어서 소개한다. 「월드컵 과열보도 하는 언론」이 그 제목이다.

> 월드컵 축구대회의 한국 대표팀 경기의 승부에 대한 언론의 집착이 국민적 열기에 편승해 도를 훨씬 넘어섰다는 생각이 드는 요즈음이다. 아무리 한국 팀이 선전해왔다고 하더라도 지난 경기 장면을 연일 쉴 새 없이 내보내며 승리 주문만 되뇌거나 최소한의 객관성도 없이 아전인수 격으로 경기를 전망하거나 해석하며 바람몰이에 나서는 언론의 행태는 언론 본연의 자세를 상실한 점에서는 물론이고 스포츠 정신의 망각이나 대회 개최국의 자국 중심주의라는 점에서 비판받아 마땅하다. (중략)
>
> 한국 대표팀 경기가 있을 때 거리로 몰려나오는, 수십만에서 수백만에 이르는 저 인파들의 환호는 도저히 합리적으로 해결하기가 난망해 보이는 사회 갈등과 피곤하기 이를 데 없는 일상을 축구 경기에 홀림으로써 잠시 잊고 싶은 욕구의 발현에 지나지 않을지도 모른다. 자국 대표팀의 승리에 대한 국민들의 집착에서 언론이 할 일은, 잠시나마 미치지 않고는 견딜 수 없는 삶의 어려움에 대한 그들의 토로를 헤아리는 것이지, 미치고자 하는 이들을 애국심을 구실로 더욱 미치도록 부추기는 일이 되어서는 안 된다.
>
> 월드컵이 지구촌 축제라는 이름에 최소한이나마 값하도록 하기 위해서라도 언론은 월드컵을 즐기는 주체를 국민이 아니라 대중으로, 그 즐김도 자국 팀의 승리에 대한 즐김이 아니라 경기 자체에 대한 즐김으로 바꾸어 가도록 해야 하는 책임이 있다.
>
> (정문순/ 자유기고가
> http://www.hani.co.kr/section-001062000/2002/06/00106200206191845127.html)

세계의 일류 선수들의 뛰어난 기량을 보는 것은 즐거운 일이 아닐 수 없다. 그들이 뛰어다니는 모습을 보면 우리 몸이 어떻게 저리 유연하며 아름다울 수 있는지 절로 감탄하게 된다. 그렇게 되기까지 들였을 시간과 정성을 생각하면 숙연해지기도 한다.

그런데 우리 한국 사람이 월드컵을 대하는 태도를 보면 지나치다는 느낌을 갖게 된다. 텔레비전의 뉴스를 보면 무섭기까지 하다. 어제, 그저께는 경기가 없는 날이어서 제대로 정해진 시간에 뉴스를 내보내기는 했는데 거의 월드컵 얘기로 채우고 있었다. 같은 장면을 지겹게도 틀어대는데 누가 우리를 세뇌시키기 위하여 저러는 게 아닌가 하는 끔찍한 상상이 들 정도였다. 월드컵을 치른다고 해서 다른 중요한 일들이 안 일어나거나 없어지는 것은 아닐 텐데 왜 이러는지 모르겠다.

이른바 히딩크 현상에도 못마땅한 데가 있다. 웃자고 하는 얘기에 대해 너무 진지하게 반응한다고 할지 모르지만 히딩크 교라든지 히딩크 당 같은 얘기를 들으면 우리 사회의 획일주의적인 가치관을 뼈아프게 확인하게 된다. 물론, 특히 우리 정치인에 대한 환멸이 이러한 우스개를 만들어 낸다는 점을 모르는 바는 아니지만 히딩크는 유능한 축구 감독일 뿐이라는 점을 명심해야 한다. 나는 그를 정도 이상으로 신화화하는 데서 우리 사회가 병들었다는 징후를 읽는다.

'붉은 악마'에 대해서 긍정 일변도로만 보는 것에도 큰 문제가 있다. 나는 그들이 열광하는 것을 보면서 가장 먼저 우리 젊은이들이 평소에 심리적으로 많이 억압받으면서 살고 있다는 점을 생각한다. 아마 학생들을 가르치는 처지에 있어서 그런 것 같다. 아무튼 너무 지나친 열정이다. 이번 지방 선거에서 나타난, 젊은이들의 낮은 투표율을 보면 내 판단이 그렇게 틀린 것은 아닐 것이다. 우리 선수들을 응원하는 열기가 우리의 사회나 정치 문제에 대한 적극적인 관심으로 나타나면 얼마나 좋을까!

'붉은 악마'의 일방적인 응원도 내게는 좋게 보이지 않다. 위에서 인용한 정문순의 글의 마지막 부분을 응용해서 얘기하면 이제 응원이나 관전은 "자국 팀의 승리에 대한 즐김이 아니라 경기 자체에 대한 즐김으로" 바뀌어야 한다. 나라를 사랑하는 일이 속 좁게 자기 나라 축구팀만을 일방적으로 응원하는 것으로 나타나서는 너무 슬픈 일이다. 여기서도 다양성을 무시하는 획일주의의 벌거벗은 모습을 본다. 혹시 초대형 태극기가 젊은이들의 개성적인 얼굴과 생각을 가려 버린 것은 아닐까?

'노동은 기도입니다'

『한겨레』에서 좋은 기사를 보았다. 그 제목은 「노동은 기도입니다」이다.

아침 식사 후 수도승들은 8시가 되면 자기가 맡은 일을 시작한다. 80명의 가족 가운데 행정적인 일을 하는 몇 명의 신부 외에 대부분의 수도승들은 하루 8시간씩 노동을 한다.

블라시오 신부가 긴 열쇠로 굳게 닫힌 공장 문이 연다. 공장은 수도원장의 특별 허가를 얻지 않고는 들어 갈 수 없는 '봉쇄 구역'이어서, 안에서 일하고 있는 중에도 열쇠 없이 들어갈 수 없도록 문은 늘 이렇게 잠겨 있다.

유리화공예실에선 4명의 수사가 일하고 있다. 일이 힘들어 밖에선 기피 직종이 된 지 오래지만 블라치온 수사는 1963년 수도원에 들어온 이래 줄곧 이 일을 해왔다.

"사람이 노동을 해야지요"

그에게 노동은 인간으로서 해야 할 당연한 일일 뿐이다.

5명의 수사가 일하는 금속공예실. 피르마트 수사가 망치로 연신 뭔가를 두드리고 있다. 무엇을 그토록 두드리는 것일까. 영성체를 담는데 쓰이는 컵을 만들기 위한 쇠다. 하지만 그가 두드리는 것은 주님을 온전히 담아내지 못하게 하는 자신의 분심과 이기심과 젊음이 가져다주는 욕정인지 모른다. 그가 그리스도와 합일되지 못할 땐 산란한 마음의 상태가 성구에 그대로 드러나고 만다. 따라서 그에게 망치질은 기도의 다른 이름일 뿐이다. 한참의 망치질 후 웃음 띤 피르마트 수사의 얼굴이 맑다.

(2002. 8. 15, 전체 기사 :
http://www.hani.co.kr/section－009100020/2002/08/00910002020020815212205 5.html)

물론 여기서 말하는 것은 자발적인 노동이다. 의무적으로 강요되는 환경 속에서 하는 일은 대체로 지겨운 것이 된다. 노동의 리듬 속에서 자신과 대상을 일치시키지 못하기 때문일 것이다. 나는 본격적으로 노동을 해 본 적은 없다. 그렇지만 시골에서 자랐으므로 그 분위기를 대강이나마 짐작할 수는 있다. 아버지가 교사라 어머니가 농사짓는 일을 맡아 했으므로 나도 학교에 갔다 와서 그냥 놀 수만은 없는 처지였다. 동생을 돌보는 것은 늘 장남인 내 몫이었음은 말할 필요도 없을 테고, 집안을 청소하며, 연탄은 안 썼고 가스나 전기 밥솥은 들어 보지도 못했기 때문에 눈물깨나 흘리며 직접 땔감으로 불을 때서, 어머니가 돌아와 보리와 쌀을 섞은 밥을 지을 수 있도록 미리 보리를 익혀 놓아야 했다. 그리고 어떤 때는 학교에 가기 전에 도대체 떠지지도 않는 눈을 비비며 그때의 걸음으로 갔다오는 데 두 시간 넘게 걸리는 목장에 가 소들을 몰고 내려와야 했다. 밭도 갈고 마차를 끌기 위해서다. 그리고 저녁에는 다시 목장으로 소들을 돌려보내기도 했다. 물론 하고 싶지 않은 일이었다. 내 어렸을 때의 가장 큰 소원은 그저 친구들과 어울려 맘껏 노는 것이었다. 참, 젊은 사람들을 위해서 참고로 말하면 그때의 시골에서 책 공부는 학교에서만 하는 것이었다. 그러므로 잘하든 못하든 공부 때문에 신경 쓸 일은 거의 없었다.

그때는 그렇게 하기 싫었지만 지금 와서 생각하면 참 어린 시절을 잘 보낸 것 같다. 크게 내세울 것은 전혀 없지만 그래도 내가 이만큼이나 몸과 마음이 튼튼하게 된 데는 어린 시절의 경험이 크게 작용한 것만 같기 때문이다. 특히 책 공부에서 자유로울 수 있었던 것은 그 자체로 크나큰 행복이었다. 그 대신에 늘 몸을 움직이고 자연과 접촉함으로써 의식했다고는 할 수 없으나 내 몸이 자연의 일부라는 근원적인 진실을 몸으로 익힌 것이 아닌가 한다. 소는 외로운 길을 함께했던 내 형제였고, 아무도 지나가지 않는 이른 아침의 대지는 나를 감싸 주는 부모였던 셈이다. 부모님은 아주 오래 전부터 소를 키우지 않게 되었지만 내 어린 시절의 그 어미 소는 지금도 선명하게 떠오른다. 노동의 궁극적인 의미는 바로 이런 데 있다고 생각한다.

노동은 단순히 육체적인 고통을 통하여 정신적인 아픔을 잊게 만드는 일만 하는 것은 아니다. 앞에서 말한 대로 고통을 겪는 사람들은 외부 세계에 대해 마음의 문을 여는 것을 거부한다. 자기 안에만 틀어박힌다. 그래서 마음의 고통을 더 키우게 되는 것이다. 그런데 노동은 나를 둘러싼 세계와 적극적으로 관계를 맺게 한다. 특히 자발적으로 이루어지는 노동이 그렇다. 따라서 나와 세계가 주고받는 관계 속에서 나는 세계에 대해 문을 열게 되고 그것이 바로 고통의 치유 과정이 되는 것이다. 이를테면 땅을 판다고 해 보자. 너무도 당연하게도 잘 파내려면 땅의 성질을 잘 파악해야 된다. 이렇게 내 힘이 가해져야 할 대상의 성질을 파악하는 것이야말로 내 마음을 여는 일이다. 다른 말로 하면 땅과 내 마음이 일치된 상태로 되는 것이다. 이러한 상태에서 이루어지는 노동은 내 안에 숨어 있는 능력을 이 세계에 드러내 보이는 일이기도 한다. 어떤 일을 해냈을 때 느끼게 되는 보람은 바로 이러한 능력의 외화와 노동 대상과의 일치된 리듬에서 오는 것일지 모른다. 고통을 치유하는 과정은 나에게 고통을 준 것을 감싸안거나 보통의 감정으로 받아들일 수 있게 되는 시간을 말하는 것인지 모른다. 그러자면 나를 열어야 한다. 노동이 고통에 대한 훌륭한 치료법이 된다면 마음을 여는 것에 그 핵심이 있을 것이다.

그런데 전적인 침묵과 고독은 위험하다고 생각한다. 나를 돌아보자면 필수적으로 침묵과 고독이 동반되어야 한다. 그러나 한편으로는 이 침묵과 고독은 우리를 우리 삶의 터전인 현실과 절연하도록 할 우려도 있다. 세상과의 소통을 가로막을 수 있다는 말이다. 내가 침묵과 고독을 깊은 산속에서 수도하는 사람의 그것으로만 생각해서 그런 것인지도 모르겠다. 그들은 모든 고통의 원인이 마음에 있다고 여기므로 마음만 어떻게 하면 문제가 잘 풀리는 것이라고 생각한다. 마음이 제대로 자리잡지 못하여 고통이 온다는 점을 부인할 수는 없겠으나 보통사람에게는 사회적이고 정치적인 현실의 문제가 고통의 큰 원인을 이루는 것도 사실이다. 어느 것이 옳다고 하기보다는 서로 스며든다고 하는 것이 좋겠다. 현실에서 오는 고통이 문제된다면 현실에 개입함으로써 풀 수밖에 없다. 그러므로 침묵과 고독 속에서 기도하면서도 아울러 이 세상의 일에 섞여서 울고 웃어야 균형을 잡을 수 있다. 이 세상의 일을 뭉뚱그려서 말하면 노동이 될 것이다.

하느님과 대면하는 일로서의 노동을 너무 세속적으로 해석하였다. 그렇지만 제대로 된 마음을 갖추는 일이라는 점에서 기도와 내가 말하는 노동이 본질적으로 다른 것은 아닐 것이다.

교양인이 읽어야 할 책 몇 권

우리 목포대학교 신문사로부터 신입생에게 추천하고 싶은 책을 선정하고 그것에 대하여 짤막하게 소개하여 달라는 부탁을 받았다. 읽을 만한 책 몇 권을 생각해 보았다.

■ 아르놀트 하우저, 백낙청 외 옮김, 『문학과 예술의 사회사』, 창작과비평사

선사시대 동굴벽화에서 20세기 초 영화의 탄생까지 통사적으로 문학과 예술을 분석하고 있다. 저자는 인간의 모든 정신활동이 사회·경제적 조건의 산물이라는 점을 전제하여 작품을 사회역사적 상황과 연결시켜 해석한다. 서양예술사를 개관하기에 이 이상의 책이 없다고 해도 좋을 정도로 명저다. 모두 4권인데, 특히 19세기부터 현대까지를 다룬 4권은 교양인이라면 반드시 읽어야 한다.

■ 헬레나 노르베리-호지, 김종철, 김태언 옮김, 『오래된 미래』, 녹색평론사

스웨덴의 여성 언어학자인 지은이가 티베트 고원에 위치한 라다크 지방에 언어를 연구하러 갔다가 인간과 자연 생태를 존중하는 그곳 사람들의 삶에 매료되어 16년 동안 살면서 본, 거친 자연 환경에서도 늘 웃음을 잃지 않고 살아가는 사람들의 삶과, 서구식 산업화를 지향하는 근대화가 이 사회에 미친 파괴적인 결과를 생생하게 들려준다. 오늘날 대세가 되고 있는 미국 중심의 세계화에 대한 대안을 찾고 인간의 근원적인 행복을 생각하는 사람은 꼭 읽어 보아야 한다.

■ 김종철 엮음, 『녹색평론 선집 1』, 녹색평론사

2개월마다 나오는 주목할 만한 잡지 『녹색평론』에 실렸던 글을 모은

것이다. 보통 우리가 꿈꾸는 것과 반대로 고르게 가난한 삶을 선택해야 한다는 점을 강조하고 있다. 엄청난 생명 파괴와 비인간화가 일상화된 현실에서 그 근원을 살피고, 자연과 생명의 질서에 순응하는 새로운 삶의 논리를 모색하려는 사람이라면 반드시 읽어야 하는 책이다. 재생지로 만들어졌다.

■ 박경리, 『토지』, 나남

1969년부터 시작하여 마치기까지 26년이 걸린 대하소설이다. 모든 것이 속성으로 처리되는 이 시대에 이런 느림과 끈질김은 이것 자체로 경이롭다. 시간적으로 최참판댁 가문의 5대에 걸친 흥망성쇠를 중심으로 동학혁명의 좌절과 식민지 시대를 거쳐 해방에까지 이르며, 공간적으로는 경남 하동 평사리에서 만주, 연해주, 서울, 부산, 진주, 동경 등으로 확대된다. 가히 우리 민족의 한 많은 근현대사가 고스란히 담겨 있다고 할 수 있다. 역사에 대한 감각을 키우는 것은 물론이고 특히 깊은 사랑과 한을 맛보고자 한다면 이 소설을 읽어야 한다.

■ 이진경, 『철학과 굴뚝 청소부』, 새길

철학이라면 어렵게 생각한다. 사실이다. 근원을 따지는 일이 쉬울 리가 없다. 그런데 이 책은 근대철학을 비교적 쉽게 풀어내고 있다. 단순히 철학자의 이론을 소개하는 것이 아니라 근대라는 것이 무엇이며 이것을 넘어서는 것(탈근대)이 어떤 것인지 하는 것에 초점을 맞추어 데카르트에서부터 최근 들어서 많이 거론되는 라캉, 푸코까지를 살피고 있다. 도전해 볼 만한 역작이다.

■ 『그리이스 로마 신화』

그리스 로마 신화를 모르고서는 서양의 문화를 제대로 이해할 수 없다. 신화가 서양 문화의 거대한 배경을 이루고 있기 때문이다. 소설, 영화, 그림 등을 감상할 때 신화를 아느냐 모르느냐는 참으로 많은 차이를 가져온다. 굳이 서양 문화를 전공하지 않더라도 신화는 인간의 삶의 원형에 대해서 얘기해 주기 때문에 관심의 대상이 되어 마땅하다. 우리가 누구인지를 알기 위해서 말이다. 여러 종류가 있는데 주제별로 묶어서 의미를 살펴보는 책도 나와 있다.

■ 홍세화, 『쎄느강은 좌우를 나누고 한강은 남북을 가른다』, 한겨레신문사

프랑스인들의 삶과 우리 한국의 정치, 문화, 사회를 비판적으로 살펴보고 있다. 우리를 잘 알기 위해서 우리와 다르게 살게 있는 사람들과 비교해야 하는데 이 책은 그런 역할을 하고 있다. 우리와 비교되는 프랑스에 대한 문제 둘. 첫째 문제, 만우절에 빠리의 지하철 노동자들이 역 이름을 바꾸어 버렸다. 그래서 당연히 승객들은 낭패를 당하는데, 그때 그들의 반응은? 둘째, 1995년에 프랑스의 공공부문 노동자들이 3주 동안 파업을 벌였는데, 몇 사람이 체포·구속됐고, 신문 방송은 어떤 시각으로 이 사태를 보도했을까? 물론 답은 이 책에 나와 있다.

■ 박노자, 『당신들의 대한민국』, 한계레신문사

한국인보다 더 한국을 잘 아는 러시아 태생의 귀화 한국인인 박노자의 칼럼을 모아 엮은 것이다. 지은이는 뛰어난 우리말 능력으로 한국 사회가 안고 있는 전근대적인 성격을 날카롭게 짚어 내고 있다. 운동권 안에서도 흔하게 볼 수 있는 가족주의와 권위주의, 폭력 문화, 힘없는 타자를 멸시하는 인종주의, 맹목적인 민족주의, 국가주의, 지역주의, 연고주의, 물질주의와 상품화가 그 대상이다. 안에 있어서 우리가 보지 못하는 점을 아프게 반성하게 하는 소중한 성과이다.

■ 유홍준, 『나의 문화 유산 답사기』, 창작과비평사

교과서에 실릴 정도로 유명한 책이다. 우리 문화유산의 역사적 배경과

그 주위의 자연까지를 아우르면서 유려한 말솜씨로 설명해 준다. 지은이는 답사를 제대로 하려면 자연과 역사를 알아야 하는 것은 물론이고 사람들의 삶을 이해해야 한다는 점을 설득력있게 보여 준다. 우리가 우리 것을 얼마나 모르고 있으며 또 우리 조상들의 문화적 감각이 얼마나 빼어난지를 깨닫게 해 준다.

■ 황석영, 『황석영 중단편 전집』, 창작과비평사

황석영의 소설은 민중에 대한 애정, 정확한 문장에 실린 빼어난 감수성과 세련된 묘사, 문학과 현실과의 복잡한 관련을 세련되게 드러내는 그의 미학 등 한마디로 우리 문학사의 고전이라고 할 만하다. 우리는 그의 소설을 통하여 분단과 산업화라는 고통스러운 현실과 결코 훼손되지 않는 인간의 존엄과 품위를 확인하게 된다. 그의 장편도 다 추천하기에 손색이 없이 훌륭하다.

■ 한국역사연구회, 『우리는 지난 100년 동안 어떻게 살았을까』, 역사비평사

우리의 지난 100년은 서세동점과 식민지, 한국전쟁, 숨가쁜 근대화를 겪은 시간이었다. 이 책은 젊은 학자들이 한국인의 생활과 문화를 주제별로 골라 "근대 문물의 고고학" 기행을 시도한 결과물이다. 예컨대 패션의 변화, 외식 문화의 변천, 달동네의 형성, 지역감정 같은 것을 통하여 우리 근대의 자화상을 재미있게 그리고 있다. 과거를 알아야 우리 자신의 현재를 잘 알 수 있다는 점을 굳이 말할 필요가 있을까!

■ 자와할랄 네루, 곽복희, 남궁원 옮김, 『세계사 편력』, 일빛

인도의 성자 간디와 함께 인도 독립운동을 이끌었던 네루가 1930년 11월부터 1933년 8월까지 약 3년 동안 감옥에서 그의 외동딸이었던 인디라 간디에게 보낸 편지를 묶은 역사서다. 서구중심적 역사관을 극복하고 동서양 역사를 균형 잡힌 시각으로 서술하고 있다. 피압박 민중과 민족들에

대한 애정과 역사의 진보에 대한 낙관적인 믿음이 돋보이는 책이다.

■ 한국 성폭력 상담소 편, 『섹슈얼리티 강의』, 동녘

이 책은 젊은 연구자들이 90년대의 성 문화와 성에 대한 얘기를 해석하고, 포르노, 다이어트, 매춘, 낙태, 동성애자, 성폭력 등을 연구한 내용을 수록하고 있다. 섹슈얼리티는 여성과 남성의 생물학적 특성뿐 아니라, 사회, 역사적으로 주어지고, 또 창조해 내는 특성이기도 하다. 그러므로 섹슈얼리티 연구는 몸에서 출발하여, 사회적 권력 관계, 정치로 확대된다. 여성을 차별하는 것이 일상화된 우리 사회를 점검할 수 있는 좋은 책이다.

■ 조세희, 『난장이가 쏘아올린 작은 공』, 이성과힘

난장이 일가를 통해 소외된 도시 노동자들의 애환과 삶을 사실적으로 묘사한 연작소설집이다. 난장이는 그 왜소한 모습을 통해 광포한 산업시대에 접어든 우리 사회의 허구와 병리를 적나라하게 폭로하면서 사람답게 사는 꿈과 자유에 대한 열망을 보여 준다. 우리가 이만큼 살게 되기까지 어떤 어려움을 겪었는가 하는 점을 고통스럽게 되돌아보게 하는 뛰어난 소설이다. 지금도 여전히 우리는 난장이로 살고 있다.

교육인가, 야만인가

우리 아이들을 볼 때마다 '불쌍하다'는 느낌을 지울 수가 없다. 오로지 책 공부, 과외, 학원에만 매달려야 하니 말이다. 그래서 나는 대학생이 되기 전에는 열심히 노는 일이 무엇보다 우선되어야 한다고 주장한다. 늘 즐겁게 놀아야 몸도 마음도 튼튼하고 다른 사람과 잘 어울릴 수 있다. 그리고 공부는 하고 싶은 사람만 해야 한다. 특히 대학에서는 그렇다. 하기 싫어하는 사람들까지 공부를 억지로 하도록 하는 것은 쓸데없는 낭비이다.

고등학교까지만 다니고서도 인간적으로 품위 있게 살 수 있도록 하면 되는 것이다. 지금처럼 능력에 관계없이 누구나 공부해야 하는 것은 우리 사회가 남을 괴롭히는 데 취미를 가진 사람들이 모여 사는 곳이라는 점을 드러내는 데만 기여할 뿐이다. 왜 공부하고 싶지도 않은데 억지로 해야 하는가? 공부해서 남 주느냐고 하겠지만 스스로 즐겁게 하지 않으면 어떤 일에서도 바람직한 결과를 얻어내지 못한다.

우리 아이들의 밝은 미래를 위해서 교육의 문제는 밑바탕에서부터 새롭게 생각하지 않으면 안 된다. 마침 『한겨레』에 우리 교육의 현실을 근본에서부터 따지는 글이 있어 여기에 소개한다.

> 복권이나 도박에 빠진 사람들은 좀처럼 그 놀음에서 헤어나지 못한다. 절대 다수가 결국 잃고 만다는 점을 잘 알고 있음에도 놀음의 중독증에서 쉽사리 헤어나지 못하는 것은 극소수의 횡재한 사람들을 선망하면서 그 안에 자신이 포함될 것을 기대하기 때문이다. 이 사회 학부모들의 자식에 대한 '교육열'도 이와 비슷한 심리에 바탕을 두고 있다. 경쟁을 통한 계층 상승 게임에서 절대 다수는 결국 뒤떨어지거나 패배하고 말지만 혹시나 자기 자식은 극소수의 승리자가 되지 않을까, 하고 기대하는 것이다. 그러나 이른바 '명문' 대학생들의 집안 분석에서 드러났듯이 교육과정은 사회

계층을 순환, 이동시키지 않고 단순 재생산한다. 소수의 승리자는 이미 정해진 집단에서 나오는 것이다. 대부분의 사회구성원들에겐 교육이라는 이름의 경쟁게임보다 무작위로 추첨되는 복권이나 도박이 더 기회균등적이다.

이 땅의 교육현장은 실상 미래에 대한 사회구성원들의 불안심리를 이용한 장사판이다. 이 점은 사교육 현장에서 두드러지지만 학교도 언론도 정부도 크게 벗어나지 않는다. 모두 교육 파행과 왜곡을 낳는 학벌사회에 대해 문제제기하고 해법을 찾기는커녕 오히려 학벌사회를 부추기는 편에 속해 있다. 학교는 학부모들의 막무가내 자식이기주의에 올라타 아이들을 밤늦게까지 교실에 가두면서 직간접수당을 챙기고 있고, 언론은 도박심리와 불안심리를 부추기면서 장사를 도모하고, 교육관료는 아무 일 없다는 듯 뒷전에서 철밥그릇에 만족하고 있다.

이 노름판, 장사판에서 죽어나는 것은 아이들이다. 도대체 일어나서부터 잠잘 때까지, 아니 잠도 제대로 재우지 않으면서 학습노동을 하루도 빼지 않고 강요하는 것이 억압이 아니고 학대가 아니라면 그 무엇인가. 학대받고 억압당한 아이들은 학대받고 억압당한 그만큼 남을 학대하고 억압한다. 피학은 그 상처의 깊이만큼 가학을 낳는 법이다. 학교에서 왕따가 사라지지 않는 것은 다른 학생에 대한 학대와 억압을 통하여 자신이 당하는 학대와 억압을 보상하려는 것이며, 따라서 다른 학생에게 주는 고통에 대해 무감각하다. 게다가 아이들은 가정을 떠나면서부터 오직 경쟁을 강조하는 사회만 경험한다. 그들에게서 남에 대한 배려나 연대의식을 기대할 수 없는 것은 너무나 당연한 귀결이다.

학벌사회의 폐해는 부, 명예, 권력을 일부가 독점하는 문제 정도에서 끝나는 게 아니다. 학교의 좁은 교실과 과외수업밖에 모르게 된 아이들은 대자연의 정서를 상실했다. 어린 시절의 시냇물을 모르고 함께 별을 헤던 동무가 없고 바람소리, 풀벌레소리에 귀 기울이지 않게 된 아이들에게 '꿈'은 이미 옛말이 되었다. 꿈을 상실한 아이들이 과연 아이들인가. 어린 아이들을 죽음에 이르게 하는 야만을 그만두고 아이들에게 꿈을 되돌려주기 위해서 지금 당장 사회전체가 달려들어야 한다.

(홍세화, 「교육인가, 야만인가 2」:
http://www.hani.co.kr/section-001012000/2002/11/001012000200211171817029.html)

학벌 사회의 폐해를 없애려면 가치관이 다양해져야 한다. 어느 하나가 최고의 가치가 되어 버리면 그것이 모든 사람의 추구 대상이 되는 것은 당연하다. 사법고시를 생각해 보면 쉽게 알 수 있다. 왜 전국의 머리 좋다는 학생은 다 법과로 갈까? 거기서 공부하여 사법고시에 합격하면 모든 것을 다 얻을 수 있다고 생각하기 때문이다. 사실 그런 점이 없지 않다.

그런데 조금만 눈을 크게 떠도 가장 머리 좋은 사람들이 법과로만 몰리는 것은 사회 전체적으로 보면 인력의 엄청난 낭비라는 게 너무 분명하게 보인다. 그러므로 창조적인 일에 뛰어들어 좋은 성과를 얻어 낼 능력을 지닌 사람들이 어느 한쪽으로만 몰리는 것은 그만큼 그 사회가 병들었다는 증거다.

해결책은 그렇게 멀리 있지 않다. 사법고시 합격자를 대폭 늘리고 자격증을 주는 것으로 바꾸면 된다. 중요한 것은 합격자들만이 과도하게 좋은 대우를 받아서는 안 된다는 것이다. 이를테면 대학 졸업생이 취직하여 유형, 무형으로 받을 수 있는 것과 사법고시 합격자의 그것이 큰 차이가 나서는 안 된다. 이렇게 형평이 이루어져야 그 분야에서 일하고 싶은 사람만 가게 될 것이다. 그리고 일반 국민은 쉽고 싸게 변호사의 도움을 받을 수 있게 된다. 이런 제도의 개혁은 우리 사회의 가치관을 다양하게 하는 데 결정적으로 이바지할 수 있다.

한줌밖에 안 되는 기득권자들이 눈앞의 이익만 챙기지 말고 우리와 우리 아이들의 미래를 생각한다면 얼마든지 고칠 수 있는 문제라고 생각한다. 중요하게 여기는 가치가 많아질수록 그 사회의 성숙도는 높아지고 그만큼 그 구성원이 인간적인 삶을 영위할 수 있는 가능성도 커진다. 이번의 대통령 선거에서도 이런 점을 고려하여 투표권을 행사해야 한다. 교육은 사회 전체의 문제이고 따라서 너무도 당연하게 정치의 영역이기도 하다. 자녀의 교육에는 그렇게 깊은 관심을 가지면서도 정치는 잘 모른다거나 정치 얘기는 신물나니 그만 하자는 말을 하는 사람은 바보라는 욕을 먹어도 싸다. 아이들이 공부 때문에 건강하게 자라지 못해도 좋으며, 오로지 공부 잘하는 사람만 인간답게 살 수 있다고 주장하는 것과 마찬가지기 때문이다.

어떤 옷차림

지난 4월 24일 국회의원 재보선에서 당선된 유시민 의원의 옷차림이 문제되어 의원 선서식을 못하는 어떻게 보면 희극적이고 곰곰이 따지면 비극적인 사태가 벌어졌다. 기사를 보자.

> 4·24 국회의원 재보선에서 당선된 유시민 개혁국민정당 의원이 평상복 차림으로 국회 본회의에 출석했다가, 이를 문제삼은 한나라당 의원들의 집단퇴장으로 의원 선서를 못하는 의정 사상 초유의 일이 일어났다.
>
> 29일 오후 서울 여의도 국회 본회의장은 회의 시작과 동시에 소란에 휩싸였다. 유 의원이 흰바지와 티셔츠에 진한 감색 윗도리를 받쳐입은 채 한나라당 홍문종·오경훈 의원 등과 함께 의원 선서식을 위해 단상에 오르면서 한나라당 의원들이 야유와 고함을 질렀기 때문이다. 의원들은 "복장이 저게 뭐냐" "국회 권위를 뭘로 아는 거냐" "차라리 우리가 퇴장하자" 등의 호통과 고함을 쏟아냈다.
>
> 유 의원은 소란에 아랑곳없이 단상에서 선서식을 기다렸지만, 한나라당 의원 50~60명이 줄지어 자리를 박차고 회의장을 빠져나갔다. 박관용 의장은 결국 5분여 만에 "내일 본회의를 다시 열어 당선자 선서식을 하고, 오늘은 심의안건만 처리하자"며 유 의원을 비롯한 3명의 의원을 의석으로 돌려보냈다.
>
> 유 의원은 "본회의 시작을 알리는 구내 방송이 13번이나 나갔음에도 정시보다 35분 늦게 본회의가 열렸다"며 "법을 만드는 국회의원들의 상습적인 지각은 문제가 안되고, 능률적인 의정활동을 위해 편안한 옷차림을 한 것은 문제가 되느냐"고 말했다.
>
> 국회 사무처 관계자는 "국회 직원의 경우 본회의 때 지정된 복장을 입도록 하는 규정이 있지만, 의원에게는 이를 따로 규정하고 있지 않다"며 "이런 일이 처음이라서 당황스럽다"고 밝혔다.
>
> (안수찬 기자.
> http://www.hani.co.kr/section-00310001/2003/04/00310000120030429162 4994.html)

요즘처럼 낡은 것과 새것이 싸움을 벌이고 있다는 느낌을 주는 때도 드물 것 같다. 국정원장 인사 청문회에서 보인 국회의원들의 낡은 잣대도 그랬을 뿐 아니라 교장 선생님의 자살이나 전교조의 반전 교육에 대한 도무지 수긍할 수 없는 비난에서 이 싸움의 실체를 본다. 반전은 되지만 반미는 허용될 수 없다는 태도가 어떻게 성립할 수 있는 걸까? 세상에 전적으로 지고지순한 존재는 극히 드물다는 우리의 경험에 비추어 보아도 그렇고 나쁜 것을 좋다고 얘기할 수 없다는 내면의 소리를 듣더라도 어떤 것은 무조건 허용되지 않는다는 주장은 도대체가 말이 되지 않다. 특히 교육에서는 사실을 있는 그대로 정확히 알려 주는 것이 무엇보다도 중요하다. 한마디로 낡은 것을 주장하는 사람들은 이 사실의 존재를 부인하려는 태도로 세상을 보고 있다. 그러니 희극배우들이라고 할 수 있다.

그런데 문제는 한바탕 웃어넘길 수 일로만 그치지 않는 데 있다. 국회에서 다수를 차지하고 있는 한나라당 국회의원이나 거대 언론이 대체로 이런 낡은 태도를 굳건히 지켜야 한다고 소리를 높이고 있는 것이다. 몇 사람이 그런다면 그래, 저런 사람도 있어야 하는 거라고 웃으며 지나칠 수 있지만 이들은 이른바 여론 주도층인 것이다. 그래서 보는 사람으로 하여금 우울한 느낌에 사로잡히게 하는 것이다.

시작하는 말이 너무 긴 것 같으니 옷 이야기로 갈까 한다. 옷 이야기라고 하니 옷 로비 사건이 떠오른다. 그때와 비교해 많이 발전했다는 감회가 들어 기쁘기도 하다. 로비 사건의 실체가 어떻게 됐든 이런 사건의 뒤에는 어두운 구석이 있다. 그야말로 낡은 시대의 전형적인 사건이라고 할 수 있다. 이에 비해서 이번의 옷차림 사태는 그런 음습한 느낌을 주지 않는다. 밝은 대낮에 이루어지기도 했거니와 옷 뒤에 숨어 있는 이익을 둘러싼 암투 같은 것이 개입되지 않았기 때문이다. 물론 옷 자체의 문제만은 아니다. 옷에 대한 다른 관점은 또한 세계관의 차이를 드러내는 것이기도 하기 때문이다.

낡은 것을 고수하려는 사람들에게서 보이는 공통점은 본질보다는 주변적인 문제를 중요한 것으로 여긴다는 것이다. 국회의원에게 중요한 것은 말할 필요도 없이 그들의 임무를 얼마나 잘 수행하느냐 하는 것이다. 그러므로 회의에 참석하지 않거나, 회의장에서 잠을 잔다든지 개인적인 대화를 나눈다든지 하는 것이 옷차림보다 훨씬 더 중요한 사안이 되어야 한다. 그런데 국회의원들이 이런 문제를 공개적으로 거론한 적이 있다는 얘기는 들어 보지 못한 것 같다.

옷차림 자체를 살펴보아도 문제를 삼은 국회의원들이 지나쳤다고 생각한다. 다른 것도 그렇지만 옷차림은 당사자의 자유로운 선택에 맡기면 된다. 옷이 너무 더럽거나 냄새가 나거나 해서 누가 보아도 명백하게 다른 사람의 기분을 나쁘게 하는 경우는 온전히 당사자의 자유에만 기댈 수는 없겠지만 말이다.

또 어떤 일에 정답이 있다고 전제하는 듯한 것도 아주 눈에 거슬린다. 회의에는 꼭 정장을 해야 하는 것일까? 도대체 정장이 뭔데? 유행이거나 다수의 취향 아닌가? 이렇게 생각한다면 소수의 취향도 앞에서 말한 전제 조건을 지키는 한에서는 얼마든지 허용되어야 마땅하다.

어떤 곳보다도 민주주의의 원리가 실천되어야 할 국회에서 개인의 자유에 맡겨야 할 일을 가지고 소동을 일으키는 국회의원들의 행태는 우리를 웃긴다. 그리고 모든 일에는 정답이 있으며 그것을 벗어나면 안 된다고 주장하는 데서 보이는 고집스러운 불관용의 태도는 우리를 한없이 슬프게 한다. 날마다 달라지는 찬란한 봄날 아침이어서 더 그런 것 같다.

아인슈타인의 개인주의

먼저, 편지 한 구절을 읽어 보자.

> 내가 당신에게 편지를 썼을 때 나는 내 편지가 얼마나 하찮은 것인지를 뼈저리게 느꼈습니다. 내 편지는 다만 호의로 보내는 편지일 뿐이며 당신에 비하면 나는 놀라운 물고기를 낚기 위해 매달린 작은 벌레에 불과합니다.

아인슈타인이 프로이트에게 보낸 편지에서 나오는 구절이다. 나는 아직 편지 전체를 읽지는 못했다. 프로이트 책의 표지에 인용된 부분만을 보았을 뿐이다. 그게 바로 위에 옮긴 것이다. 그런데 이제 그 편지를 읽을 수 있을지도 모르겠다. 아인슈타인의 세계관을 알 수 있는 책이 번역되었기 때문이다. 『아인슈타인의 나의 세계관』(알베르트 아인슈타인 지음, 홍수원, 구자원 옮김, 중심)이 바로 그것이다. 프로이트에 관심이 있다 보니 20세기 최고의 천재 물리학자가 또 하나의 놀라운 인물 프로이트에게 어떤 말을 했을지가 늘 궁금했는데 이 편지가 실렸다면 이제 궁금증을 풀 수 있게 되었다.

참고로, 프로이트 전집에서 아인슈타인의 다른 편지를 읽을 수 있다. 전집판의 설명에 의하면, 1931년 국제연맹의 국제지적협력협회는 '국제연맹과 지적 생활의 공동 이익에 기여할 것으로 여겨지는 문제들'에 관해 대표적인 지식인들 사이에 편지 교환을 주선하고, 그 편지들을 정기적으로 공간하기로 했다. 그래서 아인슈타인에게 의뢰하였는데 그는 그 상대로 프로이트를 제안했다. 이에 따라 '왜 전쟁인가?'하는 문제를 다루는 편지를 주고받게 된다. 그 글이 프로이트 전집 15권인 『문명속의 불안』(김석희 옮김, 열린책들)에 들어 있는 것이다.

주변적인 곳으로 흐른 감이 있다. 내가 소개하고자 하는 것은 아인슈타인의 개인주의다. 오늘(2003. 6. 7) 아침 『한겨레』에 소개된 내용을 읽어 드리겠다. 위에서 그 제목을 든, 아인슈타인의 책을 안내하는 내용이다.

> 아인슈타인의 반전 평화주의를 꿰는 밑실은 '개인'이다. 그는 모든 사람은 개체로서 존중받고 그 누구도 우상의 대상이 되어서는 안 된다고 생각했다. "사회의 건강성은 구성원들간의 긴밀한 사회적 응집성만큼이나 그 사회를 이루는 개개인의 독립성에 좌우된다." 그는 개인의 해방과 상대적 고립이야말로 르네상스 같은 눈부신 개화의 기본 바탕이라고 보았다. 바로 그렇기 때문에 그는 전쟁이 개인을 "굴욕적인 예속의 구렁텅이로 몰아넣는" 범죄행위이며, 그런 행위를 "사회가 그 구성원들에게 자행한다는 것은 정말 끔찍한 일이 아닌가"고 반문한다. 그는 여기에서 더 나아가 국민국가 단위에서 행해지는 의무병역제야말로 바로 "문명화한 인류가 오늘날 겪고 있는 가장 치욕스런 개인 존엄성 상실의 증상"이라며 모든 국가에서 의무병역제를 철폐해야 한다고 주장했다. 세계 군축회의에 앞서 쓴 1931년 「네이션」 기고문에도 그의 이런 생각이 잘 나타나 있다. 그는 "과학의 경우에도, 나아가 국가의 경우에도 그것이 사람을 위해 있는 것"이라는 원칙을 전제한 뒤 "따라서 국가가 개인들에게 병역과 참전을 강제한다면 이런 원칙을 위반하는 것이 된다"고 했다.
>
> (http://www.hani.co.kr/section－009100003/2003/06/009100003200306061855177.html)

어떤 사람이 천재가 되는 데는 여러 가지 요인이 복잡하게 작용했을 테니 그런 분야에 아무런 지식이 없는 사람이 뭐라고 하는 것은 주제넘은 짓이다. 그렇지만 한 가지 맞는 얘기는 할 수 있을 것 같다. 권위, 관습, 상식, 편견 같은 것에 얽매이지 않은 자유로운 정신이 무엇보다도 필요하다는 것 말이다. 이런 태도를 키우자면 개인의 자율성과 존엄성을 강조하는 데로 가지 않을 수 없다.

자식들의 책 공부에 유달리 관심이 많은 우리나라 부모들이니 아이들에게만 책을 보라고 할 것이 아니라 모범을 보일 겸하여 아인슈타인의 책을 읽어서 우리 부모들의, 자식에 대한 지나친 관심과 사랑이 그 의도와는 정반대로 아이들의 창의성을 죽이는 것이 아닌지를 살피고 반성하는 계기가 되었으면 한다. 늘 말하는 것이지만 우리의 사랑은 학대의 다른 이름일 가능성이 높다. 그런데 싸디스트는 남을 잘 괴롭히기만 하는 것이 아니라 과도한 억압도 견뎌낸다. 싸디스트와 매저키스트는 동전의 양면이기 때문이다. 예를 들어 아이들의 교육에는 깊은 관심을 보이다가도 정치 문제만 나오면 무관심하거나 아무것도 모르는 사람이나 아니면 극우파가 되어 버리는 데서 이런 모습이 잘 드러난다. 몹쓸 악순환이다. 이런 맥락에서 보면 우리는 나라나 사회에서 부당하게 대접받고 자기보다 힘이 약한 아이들에게 앙갚음하는 것이라고 할 수 있다.

참다운 개인이 되어야만, 우리 부모와 자식 사이에서 흔하게 볼 수 있는, 부모에게 귀찮게 떼를 쓰거나, 아이를 윽박지르는 일이 부끄럽게 된다. 개인의 자율성을 존중하는 토론 문화가 생활화된 프랑스의 부모와 아이들에게서 이런, 낯 뜨거운 일을 잘 볼 수 없다는 견문기를 귀담아들어야 한다.

국익?

요즘 돌아다니는 말 가운데 가장 귀에 잘 들어오는 것이 '국익'인 것 같다. 어떤 사람이 국익을 팽개치고 개인의 이익만을 챙기려고 했다고 하여 시끄럽다. 조사하고 있어서 나로서는 그에 대한 의혹에 대해 뭐라고 할 수 없으나 떳떳하게 행동하지 못했다는 점은 여기저기서 보인다. 노욕이라는 생각이 들면서 나는 늙으면 저렇게 추해지지 말아야지 하고 마음을 다졌다. 다른 분야에서도 이를테면 교육감이 선거에서 어쩌고 하는 흉흉한 소식이 들리는 것을 보면 이 나라는 사람이 깨끗하게 사는 게 몹시 어려운 데라는 한탄 섞인 푸념이 안 나올 수 없다. 도대체 얼마나 오래 떵떵거리면서 살자고 그러는 것일까?

내가 얘기하고자 하는 것은 이게 아닌데 방송에서 새소식을 들을 때마다 울화통이 터져 조금 그 마음을 털어놓았다. 생각해 보고자 하는 것은 국익이라는 말이다. 우리는 이 말만 나오면 이성이 마비되어 버린달까 아무튼 그런 지경에 이르고 만다. 평창을 동계 올림픽의 개최지로서 과연 자랑스럽게 내세울 수 있으며, 그야말로 국가적인 차원에서 유치단을 만들고(거기다가 돈을 쓰고 다닌다는 말도 나왔다), 많은 돈을 들여가며 올림픽을 개최해야 할 가치가 있는 것이냐를 따지는 것이 순서일 텐데도 국익이라는 말만 나오면 이런 합리적인 절차는 무시되어 버린다. 눈치 없이 이런 얘기를 꺼냈다가는 무슨 욕을 먹을지 모른다. 이런 생각을 우울하게 굴리고 있었는데 반가운 글을 만났다. 먼저 읽고 나서 얘기를 계속하는 것이 좋겠다.

> "잘츠부르크의 조그마한 숙박업소들이 아무리 뭉쳐봐야 '대한민국'을 당해낼 턱이 있겠습니까"

지난 3일 늦은 시각 체코 프라하 시내 한 피브니체(맥주전문판매업소)를 찾은 기자는 강원도 평창과 겨울올림픽 유치 경쟁을 벌인 오스트리아 잘츠부르크 유치단원 20여명과 우연히 마주쳤다. 그들은 1차 투표에서 탈락한 뒤 그곳에서 '쫑파티'를 열고 있었다.

화제는 단연 평창의 선전이었다. 그들은 국제 겨울스포츠에서 전혀 알려져 있지 않은 평창이 1차 투표에서 2위보다 11표나 많은 1위(51표)를 한 게 도무지 믿어지지 않는다는 분위기였다. 잘츠부르크에서 민박을 운영한다는 볼프강 로트만(38)이란 남자는 "세계적인 스키장을 지니고도 몇몇 친목단체 중심으로 겨울올림픽 유치 운동을 펼친 것이 우리의 한계"라며 정부는 물론 세계적인 기업의 대대적인 후원을 받고 유치경쟁을 펼친 평창에 대해 부러움을 표시했다.

시민단체 중심으로 유치 운동을 벌인 잘츠부르크, 시 자체적으로 추진한 밴쿠버에 비해 평창은 그야말로 국력을 기울인 총력전이었으나, 결국 개최권을 얻는 데까지에는 이르지 못했다. 그것이 김운용 국제올림픽위 위원의 '이적 행위' 때문이었든, 애초의 비관적 전망이 그대로 나타난 것이든, 현지에서 느낀 분명한 한 가지는 더는 단순히 로비력에 모든 걸 거는 유치 방식은 이제 한계에 이르고 있다는 사실이었다. 겨울올림픽을 열려면 그에 걸맞은 세계적인 스타들도 키워야 하고, 기본적인 올림픽 시설도 갖춰놓은 뒤에야 '말발'이 제대로 먹히겠구나 하는 것이었다.

이번에 불거진 '책임론 공방'도 기실 특정인의 외교력이나 정부, 기업의 로비력을 믿고 일단 덤벼든 뒤 '바덴바덴의 신화'를 재현해보겠다는 '한국적 방식'이 빚어낸 씁쓸한 '패전 뒤풀이'란 느낌을 지울 수 없다. 투표 당일 총회장 내 메인프레스센터의 외국기자들이 평창이 얻은 표를 놓고 "Korea, Great!"(대한민국, 정말 대단한 나라야!)를 연발하던 목소리가 지금은 왠지 비아냥이 아니었을까 하는 생각을 해보게 되는 것도 이 때문이다.

(박원식, 「'바덴바덴의 미몽'서 벗어날 때」, 『한겨레』 : http://www.hani.co.kr/section－001033000/2003/07/001033000200307072236277.html)

이렇게 일방적인 분위기에 거스르는 글이라도 있으니 숨통이 트이는 기분이다. 우리도 잘츠부르크처럼 올림픽을 개최하려는 지역에서 자체적으로 나서서 유치 활동을 벌이는 쪽으로 나가야 한다. 그러면 아주 그럴듯한 민간 외교도 될뿐더러 주민들 스스로가 주체가 됨으로써 자발적이고 적극적인 활동도 가능하게 될 것이다. 정부가 해야 할 일이 얼마나 많은가! 얼른, 아이들로 하여금 밥도 제 때에 못 먹게 하는 우리 비참한 교육 현실이 떠오른다. 아이들이 제대로 살 수 있느냐 하는 절박한 문제를 해결하지 않은 채 올림픽을 유치한들 누가 우리를 대단하게 여기겠는가!

국익이라면 꼼짝 못하는 우리들의 정서도 문제지만 과연 2010년에 평창에서 올림픽이 열려야 국익에 보탬이 되는 것인지도 심각하게 따져 봐야 된다고 생각한다. 보나 마나 제대로 된 것이 없을 것이다. 만약 개최가 결정되었다면 또 국가적인 차원에서 급하게 공사가 이루어질 것이다. 당연히, 그 지역은 산이 많은 데니 아름드리 잘 자란 나무들이 사정없이 잘려 나갈 것이다. 이렇게 해서 사람이 많이 모이고 돈을 버는 게 무슨 의미가 있느냐 하는 점도 헤아려야 한다. 무슨 한가한 소리냐고 할지 모르지만 이제 우리도 자연과 더불어 살아야 한다는 점을 깨달을 만한 객관적인 여건을 어느 정도는 갖추었다고 생각한다. 경제 사정이 나빠졌다고 하지만 잘사는 동네 사람들의 소비는 여전하며 해외 여행객도 그렇다고 한다. 요는 세금을 잘 걷어들이는 것이다. 경제적인 약자에 대한 사회복지도 이런 차원에서 마련되어야 할 것이다. 물론 이것도 정부가 해야 할 중요한 일 가운데 하나다.

말이 나온 김에 체육 활동도 국가 대표급 선수들이 모여서 하는 거창한 행사 위주로 나가는 것에서 벗어나야 한다는 점도 강조하고 싶다. 곳곳에 몸만 가면 쉽게 운동할 수 있는 운동장이나 놀이 시설을 잘 만드는 것이 중요하다. 내가 건강하지 못한데 뛰어난 몇 사람이 나라의 이름을 걸고 상을 타고 하는 게 나에게 무슨 의미가 있을까? 보통 사람들이 건강하게 살 수 있는 제도와 시설을 만드는 것이 참다운 국익이 아닐까 한다.

모든 일에서 구별 없이 마구 나라를 내세우지 말았으면 좋겠다. 이런 분위기가 자연스럽게 여겨지게 되면 합리적인 비판이 들어설 자리가 없어질 뿐 아니라 좀 엉뚱한 생각과 행동을 하는 사람은 살아남지 못하게 된다. 너와 내가 꼭 같은 끔찍한 세상이 되는 것이다. 또 큰 행사 때문에 이 땅에서 사라지게 될 귀중한 것들—나무, 맑은 물, 새 소리 들이 우리 행복에 결정적으로 이바지한다는 점도 놓치지 말아야 한다. 산에 다니면서 늘 하는 생각이다.

참고로, 국가와 개인의 관계에서 국가가 절대적으로 우위가 되는 것을 강하게 비판하면서 개인의 중요성을 옹호하는 책으로 박노자, 『나를 배반한 역사』(인물과사상사), 임지현, 시카이 나오키, 『오만과 편견』(휴머니스트)이 있다. 읽기를 권한다.

반말

좋은 영화 『살인의 추억』을 감독한 봉준호의, '반말의 날'을 만들자는 그럴듯한 제안이 마음에 들어 옮긴다. 예술 창작에 자유는 필수적인 요구사항이다. 이 자유 가운데는 상식이나 관습에 대한 거부도 포함되어 마땅하다. 형식적인 존대는 싫다는 감독의 말을 듣고 좋은 영화가 그냥 나온 것이 아님을 확인하는 기쁨을 누렸다. 같은 생각을 하는 사람도 있구나 하는 반가움도 컸다는 점도 적어 두어야겠다.

> 나의 두번째 영화 '살인의 추억'이 산 세바스티안 영화제에 초청돼 스페인에 와 있다. 경쟁부문으로 초청된 영화제에선 늘 기자회견 같은 것을 하게 마련이다. 파란 눈의 서양기자들이 눈빛을 반짝이며 질문을 던지기 시작한다. 영화의 바탕이 된 실제 사건과 그 당시 한국 사회의 맥락 같은 것에 대한 질문들이 이어진다. 사실 해외에서의 인터뷰나 기자회견은 국내에서보다 두 배의 시간이 소모된다. 질문이건 대답이건 통역자에 의해 한 번씩 더 반복되는 셈이니 당연한 일이다.
>
> 다소 지루한 회견이 계속되던 중, 문득 나는 엉뚱한 생각이 든다. 어차피 여기엔 전부 스페인과 유럽 기자들뿐이고, 한국말을 알아듣는 사람은 통역자 외엔 아무도 없다는 것. 나는 슬그머니 … 반말을 쓰기 시작한다. "그게 말야, 그 당시 한국 상황이 실제로 그랬거든" "라스트 신은 배우가 카메라를 정면으로 보는 느낌이 중요했어…." 공식석상에서 반말을 사용하니 묘한 스릴과 짜릿함이 밀려온다. 하지만 반말 중에도 나의 억양이나 얼굴 표정은 진지하기 때문에 외국기자들은 변함없이 심각한 눈빛으로 내 말에 집중한다. 오로지 통역을 해주시는 한국분만 슬며시 삐져나오는 웃음을 참느라고 애쓸 뿐.
>
> 그런데 묘하게도, 반말을 함으로써 내가 그 외국인들을 무시하거나 조롱한다는 생각은 들지 않는다. 오히려 묘한 친근감, 나 자신이 솔직해지는

기분이 든다. (중략)

누구나 느끼지만, 사람이 쓰는 말은 사람의 행동과 사고를 규정한다. 우리는 우리말의 특성에 힘입어 사람관계를 어떻게든 상하관계, 수직관계로 몰고가려는 경향이 있다. 그리고 공식석상의 언어가 사적 세계의 언어와 너무나 달라 답답함을 느끼기도 한다. 물론 우리말 특유의 섬세한 존댓말 표현들은 언어 그 자체로 무척이나 흥미롭고 아름다운 표현들로 넘쳐난다. 그러나 한편 반말의 시원함과 솔직한 뉘앙스 또한 똑같은 아름다움을 가지고 있다고 나는 생각한다.

딱딱한 공식석상에서 무심코 튀어나온 연설자의 반말이 유독 장쾌하고 시원하게 느껴진 경험이 누구나 있을 것이다. 만우절 하루에는 온갖 거짓말도 애교로 용인되듯이, '반말의 날' 같은 것이 일년에 하루라도 있어서 그날만큼은 공식석상이건 방송에서건 누구나 반말을 써도 된다면 매우 즐겁겠다는 공상을 해본다. "안녕. 아홉시 뉴스 엄기영이야. 오늘 임시국회 소식부터 말해줄게…." 상상만 해도 신선하지 않은가?

(봉준호, 「형식적인 존대는 싫어요」, 『중앙일보』, 2003 9 .23.)

나도 평소에 나이에 관계없이 서로 반말(정확히 말하면, 우리말의 경어법 체계 안에서의 '반말'이 아니라 높이고 낮춤이 없는 말이란 뜻으로 쓴다. 아래의 덧붙임 참조)을 쓰면 좋겠다는 생각을 해 왔다. 그래서 농담 비슷하게 경어법 체계를 없애자는 그런 주장을 하기도 하고 받아들여질 만하다고 판단되면 실행해 보기도 한다. 사실 사람을 이루는 많은 요소들 가운데 하나인 나이를 기준으로 하여 말을 높이고 낮추는 것은 좀 우스운 데가 없지 않다. 아닌 게 아니라 시비의 끝에 그 주제가 완전히 변하여 나이를 따지는 희극이 벌어지는 일을 흔히 보기도 하는 것이다.

중학교 3학년인 딸은 부모에게 반말을 한다(지금은 고등학교 3학년인데 반말은 여전하다). 아주 어릴 때부터 그랬으니 우리는 존댓말을 거의 들어 보지 못한 셈이다. 처음에는 고치기 위해서 반말을 하면 못 듣는 척도 하고 설득도 해 봤지만 꾸준히 행하지도 못하거니와 부부 사이에 반말을 쓰기도 하니 성공하기를 바랄 수는 없었다. 아이가 좀 커서는 높이면 부모가 아닌 것 같고 어색하다고 하니 어떻게 하겠는가? 그냥 넘어갈 수밖에. 그래도 욕할 일이 있을 때는 어린것이 어른에게 반말이나 한다고 해 보지만 감정을 앞세우는 윽박지름에 지나지 않는 것이어서 아이에게는 아버지가 한심하고 웃기게 보였을 것이다. 그래서 생각을 바꾸기로 했다.

요컨대, 나이가 어리다는 것 때문에 괜히 기죽지 말고 주체적인 인간으로 자랐으면 하는 것이다. 그렇게 하는 데 부모에게 하는 반말이 조금이라도 도움이 될 것이라고 믿어 보자는 것이다. 그래서 지금도 내가 크게 화를 낼 일이 있더라도 딸아이가 끝까지 반말로 자신의 주장을 굽히지 말았으면 하는 마음을 갖고 있다. 물론 나도 잘 참아야 할 것이다. 사실 좀 심한 경우에 이르러 감정을 추스를 수 없게 되면 자식과 부모 사이라는 점을 환기시켜 아이를 내리누르려고 하게 된다. 이럴 때는 스스로가 위태위태하게 느껴지기도 한다. 그렇다면 아이의 반말은 내 민주적인 삶의 태도를 시험하는 좋은 기회를 마련해 주는 셈이기도 한 것이다. 나도 뭘 배우게 되는 것이다.

부디, 딸의 반말이 나와 딸을 거침없이 자기 주장을 펴고 힘이 더 센 것들에게 의연할 수 있는 사람으로 만들어 주었으면 한다. 제발 그렇게 됨으로써 어설픈 내 반말론(?)이 자식 잘못 키운 것을 합리화하기 위한 핑계가 되지 않았으면 좋겠다.

덧/붙/임

내가 얘기하고자 했던 것은 경어법 체계를 없앴으면 좋겠다는 것이다. 정확하게 말하면 영어처럼 해 보자는 말이다. 높이는 말이 없으면 낮춤말도 그 대립적인 의미를 가질 수 없게 된다. 이런 의미의 반말이 일상화된다면 사람들 사이의 관계가 훨씬 합리적이고 민주적인 게 될 것이다. 나는 늘 합리적인 개인 주체의 형성을 우리 사회의 가장 중요한 과제라고 생각하고 있다.

경어법 체계가 엄연히 존재하는 데서 반말은 그 쓰이는 환경에 따라서 정겹거나 상대방을 무시하게 되는 것은 말할 필요가 없다. 나는 자극을 주고 싶다는 생각으로 그렇게 하는 경우가 있는데 아마 듣고서 기분이 나쁜 사람이 더 많을 것이다. 그러므로 지금으로서는 봉준호 감독의 제안처럼 하루를 정해 서로 반말하는 것을 연습 삼아 해 보면 좋을 것 같다.

한국 현대문학을 공부하게 된 사연

인생의 전환점이 되는 일이나 감동을 줄 수 있는 속 깊은 이야기를 써 달라는 부탁을 받은 적이 있다. 별 생각 없이 승낙하고 나서 곧 후회하기 시작했다. 요구하는 바를 충족시킬 만한 것을 전혀 지니지 못하기 때문이다. 지금까지 사십 몇 년을 사는 동안에, 성격이 소극적이고, 책 읽는 일 이외에는 별 능력을 갖지 못해서 주어진 길을 바꾸겠다는 생각은 아예 없었다. 하다 못해 큰 병을 앓거나 사고 같은 것도 겪은 적이 없다. 그러니 할 말이 없는 것은 물론이고 더구나 다른 이들에게 감동을 주는 일은 꿈에도 생각할 수가 없다. 무엇인가에 미친 사람을 늘상 부러워하면서 사는 것은 바로 이런 사정 때문이다.

그렇지만 감동을 준다는 조건을 달지 않는다면, 할 이야기가 아주 없는 것은 아니다. 그 가운데서 한국 현대문학을 전공하게 된 사연을 이야기할까 한다.

중학교 시절에는 국어 선생님의 소개로 학교 도서관에서 아주 가끔씩 소설책을 빌려 보곤 했는데 남도 하니까 따라 한 것에 지나지 않았다. 고등학교 2학년 때부터 본격적으로 한국소설을 접하기 시작했는데 그 계기가 된 것은 친구 집에서 빌려다 본 신구문화사판 『현대한국문학전집』이었다. 60년대 말에 나온 것인데 지금 보아도 아주 잘 만든 책이다. 또 그 집에는 삼중당에서 나온 『한국대표문학전집』도 있었는데, 그 가운데서 최인훈의 장편소설 『회색인』이 보여주는 관념의 폭과 깊이는 그야말로 경이 그 자체였다. 이런 책들을 섭렵하면서 소설 창작의 꿈을 키우고, 또래들보다 앞서고 있다는 건방진 태도를 은근히 지녔던 것 같다. 물론 내 능력과 처지를 감안하지 못한 철부지 소년의 헛된 꿈에 지나지 않은 것이었지만.

이렇게 취미를 벗어나지 못한 좀 막연한 상태에서 문학을 공부하기로 마음먹은 것은 고등학교 3학년 때였다. 『동아일보』를 받고 있었는데 거기에 현재 한국의 대표적인 문학평론가의 한 사람인 김병익 기자가 한국의 문단 역사를 '문단 반세기'라는 제목으로 연재하고 있었다. 육당과 춘원으로부터 1960년대 초까지를 다룬 것인데 좋아하는 분야여서 일일이 스크랩하여 줄을 치면서 읽는 재미가 상당했다. 그런데 결정적으로 앞으로 문학을 내 전공 분야로 삼기로 한 것은 그 연재 마지막에 나오는 멋진 문장들 때문이었다.

김병익은 한국의 문인들이 어렵게 살아왔다는 점을 강조했다. "언어의 창조자인 문학인은 어느 시대 어느 사회이든 자신의 내면 탐구와 현실의 풍속적 해부란 과제만으로 충분한 고난의 수형자"이지만, "여기에 한국의 문인들은 사회의 개조와 시대의 선구, 저항의 용기와 인내의 감수란 문학 외적 '투쟁'까지 부여받지 않을 수 없었다"는 것이다. 이어서 조금 웅변조로 이들의 삶이 주는 감동을 다음과 같이 썼다.

> 사실 한국의 문학자를 비통한 감동 없이 대할 수 없으리라. 그들은 '고독한 탐구자'로서의 내적 결단을 한 그 위에 핍박과 오욕에의 대결이란 또 한 차례의 생의 결단을 내려야 한다.

이러한 구절들은 당시의 내 정조에 딱 맞는 것이었다. 고3 생활이 가져다주는 압박에서 오는 약간의 비관적인 태도와 엉터리 독서 때문이었을 고통에 대한 감상적인 동경이 곁들여져서 열렬하게 반응했던 것이다. 고통스러운 만큼 해 볼 만한 가치가 있다고 생각하면서 말이다. 그 다음부터 별 고민 없이 일관되게 한국 문학을 내 영역으로 삼고 있다. 그런 점에서 나는 조금은 행복한 사람일지 모르겠다. (2000년)

솔직히 말하면 고등학교 때 내 책 읽기는 일종의 도피였기도 했다. 대학별로 본고사 – 전국적으로 똑같이 실시된 예비고사에 합격해야 이 본고사를 볼 수 있었다 – 를 치를 때라 3학년 2학기에는 날마다 서울의 일류 고등학교랑 학원의 모의고사를 풀어야 했다. 잘 안 되니까 학교에서 도망가고 싶었다. 그래서 결석도 많이 했다. 그 덕분(?)에 한국 소설을 꽤 많이 읽었다. 『현대문학』이라든가 당시로서는 창간된 지 얼마 안 된 『문학사상』 같은 월간지도 사서 봤다. 그 결과로 대학에는 떨어지고 말았다. 결국 일 년 재수해서야 들어갈 수 있었다. 물론 길게 보면 내 인생에 오히려 보탬이 된 것 같기는 하지만 그 당시에는 그렇지 않았던 것도 사실이다.

그런데 내가 한국 현대문학을 전공하게 된 데는 부모님의 포용력 있는 무관심(?)도 한몫했다는 점도 얘기해 두고 싶다. 대학에 보기 좋게 떨어지고 나서 부모님께 재수한다고 했을 때 처음에는 안 된다고 했다. 고등학교 3학년 말에 한 것처럼 해서는 싹수가 노랗다는 거였다. 당연한 반응이었다. 도대체 뭐라고 반박이 불가능한 현실적인 판단이었지만 나로서는, 아주 건방진 소리지만, 내 잠재적인 능력(?)이 부정된 데 대하여 도무지 억울하여 앙앙불락하고 있었기 때문에 받아들일 수 없는 것이었다. 울고 불고 해서 겨우 승낙을 얻어내고 서울로 학원을 찾아 큰 가방 짊어지고 올라왔다. 서울에는 2학년 때 수학여행 온 것을 빼고는 처음이었다. 꽤 결심이 굳었었는지 혼자 배와 차를 타고 서울에 와서는 하숙을 정하고 종로학원에서 입학(입원?) 시험을 봐 합격하고서 등록했다.

하고자 하는 것은 이게 아닌데, 옆길로 한참을 새고 말다. 아무튼 대학에 들어갈 때 나는 완전히 자유롭게 내 영역으로 인문계열로 정했고 2학년 때 전공을 택할 때도 마찬가지로 내 생각대로 했다. 부모님께는 어디에 원서를 내고, 무슨 학과로 정했다고 알리기만 했을 뿐이다. 그래서 나를 끝까지 믿어 준 부모님께 지금도, 정확히 말하면 지금에서야 큰 고마움을 느끼고 있다. 나도 우리 아이가 어떤 일을 하더라도 다 받아들이겠다고 마음먹고 있다. (2005년 1월)

생각해 보면 참 이상한 일

조금만 생각해 보아도 아주 이상한 일인데 당연한 것처럼 여기는 일이 많다. 우리 목숨과 관계되는 것으로 사람이 차를 피하는 것을 그 예로 들 수 있다. 파란 신호가 엄연하게 켜 있을 때도 혹시 차가 안 오나 살피면서 길을 건너야 할 정도니 신호등이 없는 골목길 같은 데서는 말할 필요도 없이 차가 먼저인 것이 우리 현실이다. 오기가 나서 차가 뒤에 있는 것을 알면서도 옆으로 가지 않고 짐짓 천천히 걷기도 해 보는데 그런 일이 목숨을 거는 것일 수 있다는 생각이 들어 꾹꾹 실천하기가 어렵다. 운전자는 사람들이 많이 다니는 길에서는 여유를 가지고 보행자가 다 건너간 다음에야 지나가겠다는 생각을 해야 마땅하다. 그리고 걸어가는 사람이 옆으로 비키지 않으면 가만히 기다려야 한다. 사람보다 기계가 우선일 수는 없다!

차 얘기를 하니까 고속도로에서 교통사고를 겪은 일도 생각난다. 대학교에 임용되어 학교에서 쓸 짐을 큰 트럭에 싣고 운전사와 함께 앞에 앉아서 고속도로를 달리던 때였다. 큰 트럭이라 앞이 멀리까지 잘 보였다. 그런데 앞에 가던 차의 트렁크 같은 것이 열리는 것처럼 보였다. 바로 앞의 차가 아니라 몇 차 건넌 앞 차에서 일어난 것이라 그 당시에는 뭔가 갑자기 위로 솟아나온다는 느낌밖에 없었다. 그런데 운전사는 경험이 많은지 차를 멈추려고 했는데 빨리 달리던 참이라 바로 앞차에 부딪치며 그 차의 뒷 부분을 부수고서야 설 수 있었다. 조금의 과장도 없이 사고는 그야말로 눈 깜짝 할 사이에 일어나고 말았다. 내려서 봤더니 몇 중의 추돌 사고였다. 다행히도 다친 사람이 없어서 방송 같은 데서 나오지는 않았지만 큰일을 치를 뻔했다.

내가 하고자 하는 얘기는 차 사이의 거리를 반드시 지켜야 한다는 것이다. 아주 당연한 일이라 말할 필요도 없어야 할 것 같은데 실제로는 그렇지 않다. 이 거리를 두지 않고 조금 빨리 가려다가 그야말로 일생을 단축시킬 수 있다는 점을 왜 모르는지 참으로 이상한 일이다. 그런데 잘 아시다시피 차가 많이 다니는 길에서 혼자만 그 거리를 지키는 것이 도무지 불가능하다. 중간에 끼어들기는 예사고 뒤에서는 빨리 가라고 바싹 좇아온다. 느리게 산다는 것이 중요하다는 점을 자동차를 탈 때만큼 심각하게 느낄 때도 드물 것 같다.

다음은 우리 정신에 관계되는 것이어서 위에서 얘기한 것만큼 중요할 수 있는 예를 들어 보겠다. 우리말 쓰기와 관련된 문제이다. 과제를 내면 학생들이 겉장에 리포트라고 하고서 이름 등을 적고 나한테 가져온다. 정확하게 말하면 '리포트'도 아니고 'REPORT'이다. 나는 틈이 날 때마다 이 영어 글자를 가리키면서 무슨 말이냐고 묻는다. 한국문학을 전공하거나 듣는 학생이 이렇게 무의식적으로 몸에 익은 것처럼 외국 말을 쓰는 게 내게는 아주 이상하게 보인다. 외국어를 써야 될 경우가 없는 것은 아니지만 우리말로 얼마든지 할 수 있는 것까지 그래서는 안 된다. 이와 비슷한 예로 쪽을 나타내는 'p'가 있다. 이것도 당연하게 초등학교에서부터 배운 대로 '쪽'이어야 한다. 그런데 바로 그 선생님들마저 'p'라고 하는 경우가 많이 있다. 도대체 어떤 생각으로 이렇게 우리말을 학대하는지 나로서는 놀라울 뿐이다. 아이들에게 가르치는 대로 쓰는 것은 당연한 것 아닌가?

그런데 이렇게 몸에 밴 일은 고치기가 어렵다. 생각해서 하는 일들은 내 마음을 바꾸면 바로 고칠 수 있는데 깊이 따지지 않고 자연스럽게 하는 일은 마치 내 몸의 일부와 같아서 그렇다. 쉽게, 담배를 습관적으로 피우는 사람을 생각해 보면 된다. 처음 피울 때야 담배의 해독을 떠올리면서 그냥 참아 버리면 쉽게 끊을 수 있는데 인이 박히면 담배가 몸에 나쁜 줄 알면서도 자기도 모르게 담뱃불을 붙이게 된다. 겪어 본 사람은 누구나 공감하는 평범한 얘기이다.

위에서 예로 든 말을 쓰는 것도 이와 다르지 않은 지경에 와 있다고 생각한다. 혹시 그 무의식을 파헤쳐 보면 우리 것을 낮추고 외국의 것을 우러러보는 그런 태도가 깃들어 있는 것은 아닐까? 자연스럽게 일어나는 일을 뭘 그렇게 심각하게 해석하냐고 할지 모르지만 내게는 그렇게 보인다. 내가 이상한 것일까? 영어 단어의 철자를 잘못하면 큰 실수나 저지른 것같이 군다. 우리말 맞춤법이나 띄어쓰기를 그렇게 했을 때와 견주어 보기 바란다. 실제로 선생끼리 공부하면서 그런 것을 지적하면 이상하게 여기는 경우를 겪기도 했다. 다른 나라 말을 제대로 못하는 것은 당연할뿐더러 그렇게 부끄러워할 것도 없다. 좀 틀리면 어떤가. 그런데 우리는 거꾸로 여긴다. 생각할수록 참으로 이상한 일이다.

말을 하는 김에 방송 같은 데 나와 외국어를 쓰는 사람에 대해서도 몇 마디 해야겠다. 방송은 대중 매체이다. 누구나 다 본다는 뜻이다. 그렇다면 당연히 방송에서는 누구나 알아들을 수 있는 쉬운 말로 해야 한다. 어떤 방면에 대한 전문가들끼리의 대담이라고 해도 그렇다. 그것을 보고 듣는 사람들이 이해할 수 있어야 되기 때문이다.

당연한 것이지만, 이런 말을 한다고 해서 외국어를 배우지 말자거나 전문적인 일일 경우에도 우리말만 써야 된다는 뜻이 아니라는 점을 밝혀 두겠다. 필요하면 얼마든지 사용할 수 있다. 다만 우리말을 늘 의식적으로 대해야 한다는 조건을 달아 두어야겠다.

보고서의 겉장에 대한 얘기에 하나 덧붙일 것이 있다. 앞에서 말한 대로 큼직한 글자로 'REPORT'라고 쓴 뒤에 보고서의 제목, 제출자의 이름들을 적고 나면 하얀 종이 그대로이다. 시퍼렇게 살아 있는 나무로 만든 종이를 이렇게 함부로 낭비하는 것은 벌 받을 짓이다. 그리고 큰 글자를 출력하느라 들어간 천연색 잉크도 여간 아까운 게 아니다. 쪽을 넘기는 데 힘도 들어가고 하니 여러 모로 겉장은 불필요하다. 제목 아래 학번과 이름을 쓰고 바로 본문을 시작하면 된다. 혹시 형식이 내용에 영향을 미치니 형식을 무시하기만 할 일도 아니라고 할지도 모르고 맞는 얘기기도 하지만 이 경우에는 아니다. 내용과는 조금도 관계가 없는, 좀 어려운 말로 하면 기계적인 형식에 지나지 않는다. 겉장을 보기 좋게 하는 것하고 본문의 내용을 잘 갖추는 일은 같이가지 않는다는 뜻이다.

생각해 보면 이상한 일이 이런 것뿐이겠는가! 좀 냉소적으로 보면 인간이 하는 일 대부분이 인간으로 살아가기 위해서 어쩔 수 없이 하는 일일 수도 있으니 말이다. 아마 동물이라면 당연한 일만 할 것이다. 물론 몹쓸 인간의 개입이 없을 때의 일이다.

이상한 일을 얘기하는 김에 톨스토이도 인용하는 게 좋겠다.

> 그들이 채찍질이나 그리스도교에 대해서 이야기하는 것은 나도 잘 이해할 수 있었으나, 다음과 같은 말이 도대체 무엇을 의미하는지는 그때 나로서는 전혀 이해가 되지 않았다. 자기의 망아지라든가, 그의 망아지라는 말은 무슨 뜻일까. (중략)
>
> 예를 들어서 나를 자기의 말이라고 부르고 있던 많은 사람들은 내 위에 올라탄 적이 없으며, 전혀 다른 사람들이 내 등에 올라탔다. 나를 길러 준 것도 역시 그들이 아니라 전혀 다른 사람들이었다. 그리고 나를 정답게 보살펴 준 것도 나를 자기의 말이라고 부른 사람들이 아니라 마부나 수의사들과 같은 전혀 관계가 없는 사람들이었다. 그 후 점차 관찰의 범위가 넓어짐에 따라 우리 말들에 대해서뿐만 아니라 나의 것이라는 개념이 사유의 감정 또는 소유권이라고 불리는 저열한 동물적인 본능 이외의 다른 어떤 근거도 가지고 있지 않다는 것을 나는 확신하게 되었다. 사람들은 나의 집이라고 말하면서도 결코 거기에는 살지 않고 그저 가옥의 건축이나 유지에만 마음을 쓰고 있을 뿐이다. 예를 들어서 상인은 나의 가게니 나의 양복점이니 말하고 있지만 그 가게에 있는 고급 양복지로 만든 양복을 가져 본 적이 없는 것이다.
>
> 토지를 자기 것이라고 부르면서도 그것을 본 적도 없거니와 그것을 지나간 적도 없는 사람들이 있고, 남을 자기 것이라고 부르면서도 그 사람을 본 적도 없는 사람들이 있다. 이들 사람들의 관계는 전자가 후자를 학대하는 데 있을 뿐이다.

여자들을 자기의 여자 또는 자기의 아내라고 부르면서도 그 여자들을 다른 사내들과 살게 하고 있는 사람들도 있다. 그리고 인간들이 인생에서 바라는 것은 그들이 좋다고 생각하는 것을 실행하는 것이 아니라 될수록 많은 것을 자기 것이라고 부르기 위해서다.

바로 이 점에 인간과 우리가 구별되는 본질적인 차이가 있다고 나는 지금 확신하고 있다. 따라서 그밖에도 존재하는 인간에 대한 우리의 우월성에 대한 것은 지금 말하지 않겠지만, 이 한 가지만 보아도 생물의 서열에서 우리 쪽이 인간보다 높은 지위를 차지하고 있다고 우리는 감히 말할 수가 있다. 적어도 내가 관계를 맺은 인간들의 활동은 말에 따라 움직여지고, 우리의 활동은 행위에 의해 움직여지는 것이다.

(톨스토이, 「홀스또메르」. 쉬클로프스키, 「기법으로서의 예술」, 야콥슨 외, 조주관 옮김, 『러시아 현대비평이론』, 민음사, 1993, 26－8쪽에서 재인용)

60이 넘으면

먼저, 본론에 들어가기 전에 공감이 갔던 글을 읽어 보겠다.

어떤 모임에서 단상에 세워졌는데 눈앞이 깜깜했다. 원래 앞에 나가 말하기를 극히 어려워해서 잘 아는 이들은 절대 그런 자리에 세우는 법이 없었는데 사회자가 잘 몰랐던 것 같다. 최선의 방어는 공격이다, 어쩔 수 없다, 빨리 이 자리에서 내려가자 싶어서 '나이 쉰이 넘으면 입은 닫고 지갑은 열어야 한다고 했다'며 지갑은 열 테니 말은 시키지 말라 했다. 환호에 가까운 박수갈채가 쏟아졌다.

나이가 들면 말이 많아진다. 우리 사회는 아직도 나이가 권위로 자연스레 인식되는 경우가 많아서 나이가 제일 많은 사람이 좌장으로 앉혀진다. 윗사람이나 나이 많은 사람은 이야기를 하기보다 들어야 한다. 될 수 있는 대로 많은 사람들의 이야기를 들을 준비가 되어 있어야 한다. 대부분의 경우 아래의 정서가 위로 잘 전달되지 않는 것은 윗사람이 듣기보다는 말하기 좋아하는 데 원인이 있는 것이다. (중략)

늙은 사람들이 인색해지는 것은 이해 못할 바 아니다. 큰 부자로 돈이 돈을 벌고 부동산이 자고 나면 새끼를 치는 부자가 아닌 다음에야 경제적 능력은 줄고 앞으로 살아갈 날이 몇 년인지 기약할 수 없는데 함부로 쓰다가 나중에 길에서 쪽박을 차게 될지도 모른다는 불안감이 드는 것은 당연하다. 그러나 남에게 조금씩 베풀어서 쪽박을 찼다는 경우는 들어본 적이 없다. 조금 너그러워져도 쪽박은 안 찬다고 장담할 수 있다. (중략)

노인의 가장 큰 특징은 목소리가 크다는 사실이다. 노화 현상으로 귀가 어두워지고 이로 인해 다른 사람 목소리가 작게 들리니까 자신이 목청을 높일 수밖에 없는 것이다. 남의 말이 잘 들리지 않으니까 일방적인 이야기만 하게 되고 고집불통이 되는 것이다. 자녀들에게서 텔레비전 소리를 좀 줄이라는 핀잔을 들으면 이거 내가 목소리가 크다라는 생각을 하고 주로 남의 이야기를 경청하고 내 이야기를 그만해야겠다는 결심을 해야 한다. 또한 눈이 나쁘면 누구나 안경을 쓰듯 귀가 나쁘면 보청기를 꽂을 수도 있다는 사실을 받아들여야 한 것이다. (중략)

노인이 사회의 짐이 되지 않고 힘이 되려면 노인 되는 연습이 필요하고 노인 교육의 장도 많이 필요해진다. 노령연금을 타기 전에 의무적으로 한달 정도 노인 예절을 가르치는 교육 기간을 두는 것이 어떨가 싶다. 노인 본인에게도 도움이 되는 일이고 사회적으로도 긴요한 일이 아닐까 싶다.

개인적으로 노선을 조금 수정했다. '쉰이 넘으면'이라고 했지만 지갑을 여는 것은 언제라도 힘껏 내 수준대로 하겠지만 입을 닫는 것은 예순살로 못박은 것이다. 예순살이 넘으면 진짜 입을 닫으련다. 그때도 내가 말이 많으면 후배들이여, 즉각 지적해주길 바란다.

(김선주, 「입은 닫고 지갑은 열어야지」, 『한겨레 21』 566호, 2005. 6. 30 : http://h21.hani.co.kr/section－021125000/2005/06/021125000200506300566044.html. 참고로, 김선주는 1947년생으로 나와 있다.)

사람이 어느 순간에 확 달라지지는 않을 것이다. 그렇게 느껴진다면 사실이 그랬다기보다는 나이가 든다는 자의식이 시켜 그렇게 보게 만들었거나 변화가 조금씩 진행되고 있는데도 모르고 지나치던 것이 어떤 계기가 생겨 분명하게 의식하게 된 것이라고 해야 옳다. 이를테면, 나이 든 사람이 짧은 기억력을 탓하는데 어느 날 갑자기 기억하지 못하는 것이 생기는 것이 아닐 거라는 뜻이다. 그래도 사람은 세대로 나누어 그 성격을 편리하게 파악하고자 하듯이 10년 단위로 달라지는 것을 얘기하려고 한다.

나도 이런 종류의 얘기를 좀 할까 한다. 그러니까 50대에 들어서서 그 전과 다르게 다가오는 것을 얘기하자는 것인데 실상은 정말로 나이가 들어서 그런 것인지 원래 그런 성향이 다분히 있어서 그런 것인지는 잘 구별이 안 가는 채로 얘기하는 것이니 논리적으로 접근하지 말고 가볍게 읽어 주시기 바란다. 그리고 일반화할 생각은 별로 없으니 오로지 내 경우로만 받아들였으면 좋겠다.

가장 먼저 들어야 할 것은 내 몸에 대한 장악력이라고 할 만한 것이 많이 떨어지는 현상이 뚜렷하게 자각된다는 점이다. 하려고 한 말이 잘 떠오르지 않거나 반대로 생각지도 않은 헛말이나 발음이 불분명한 말이 튀어나오는 것이 그 예다. 밥을 먹을 때도 밥알 같은 것을 흘리는 횟수가 전보다 많아지는 것 같다. 해마다 조금씩 나와 이제는 조금만 친하면 누구나 걱정해 주는 내 배를 이런 예에서 빼면 웃을 사람이 많을 것이다. 무엇보다 가장 뚜렷하게 의식되는 것은 현저하게 떨어진 눈의 기능이다. 아직까지 안경을 쓸 생각을 하지 않는 것을 보면 참 좋은 눈을 복스럽게 타고 난 것 같은데 나이에는 당하지 못하는 것 같다. 조금만 책을 읽어도 이제는 눈앞이 흐릿해진다. 그래서 잠깐이라도 눈을 붙여야 원래의 상태로 회복된다. 물론 눈이 이렇게 나빠지게 된 것은 나이도 나이지만 컴퓨터의 영향도 크다. 아무튼 젊은 사람들은 조금이라도 어렸을 때 책을 많이 읽어 두는 게 좋다. 내 경험으로 보건대, 젊은 시절의 독서는 무시하지 못할 자산이 된다. 물론, 나도 가만있지는 않겠다. 이번에 도보로 서해안을 일주하려는 계획도 이런 노력의 하나다. 여행을 즐기기 위해서지만 마음 한구석에는 내 몸에 대한 장악력을 높여서 젊어지려는 야심도 없잖은 것이다. 좋은 쪽으로 바뀌어 오랜만에 만나는 상대방에게서 당신 누구냐는 소리를 듣고 싶은 기대가 있는 것이다.

둘째의 변화는, 이것도 장악력과 관계가 있는 것인데, 새로운 것에 대한 호기심이 줄어든다는 것이다. 나는 공부하는 사람이니까 이 분야의 예를 들면 석사 논문 같은 것을 읽는 일이 아주 드물어진다. 나는, 공부에서만 한정해서 보면, 젊은 사람들이 그 능력이나 통찰력에서 나이가 든 사람보다 낫다고 생각한다. 그러니까 젊은 사람들의 연구 논문에서 얻을 게 많다는 뜻이다. 이렇게 생각하면서도 이제는 그 쪽으로 눈이 잘 안 간다. 느슨해진 탓이기도 하고 학문의 새로운 동향을 잘 몰라서 이해하기가 어렵기 때문이기도 하다. 아무튼 젊었을 때에 읽은 감각에 기대서 최근의 동향을 정확히 모른 채로 학부생이나 대학원생의 논문을 지도하자면 미안

할 때가 많다. 논문 발표장 같은 데서 내가 전보다 많이 부드러워진 것은 수양이 되어서가 아니라 나이에 따라 비례해서 늘어나는 내 느슨함이나 무능력과도 깊은 관계가 있을 것이다.

셋째로 과거의 얘기를 많이 하는 것도 나이와 관계가 있는 것 같다. 과거 지향이야 나이에 관계없이 존재하고 또 내 세계관—근대의 폐해에 대한 우려와 그 대안으로서의 자연 친화적인 삶—과도 깊은 관계가 있는 것이어서 꼭 나이와 연관 지을 것은 아니지만 그 관계를 전적으로 부인하기도 어렵다. 그러니까 나이 먹을수록 과거로 돌아갈 뿐만 아니라 그런 얘기를 쓰다 보면 자족감까지 은근하게 끼어드는 현상을 스스로 느낀다는 뜻이다. 이럴 때 글을 읽는 사람은 거북해진다. "유아기로의 회귀는 그것을 경험하고 있는 본인에게는 대단히 아름답지만, 다른 사람들은 왕왕 코웃음을 친다"(데스몬드 모리스, 박성규 옮김, 『접촉』, 지성사, 1994, 132쪽)거나, 프로이트가 예술가의 작품과 보통 사람이 하는 꿈 얘기를 비교하여 후자에 대해서 "그들이 우리에게 자신들이 품고 있는 몽상을 털어놓는다 해도 우리가 그들의 고백을 들으며 결코 어떤 즐거움을 경험하지는 않는다는 것이다. 오히려 이런 몽상들은 거부감을 주거나 기껏해야 냉담한 반응만을 얻게 된다."(프로이트, 정장진 옮김, 「창조적 작가와 몽상」, 『창조적인 작가와 몽상』, 열린책들, 1996, 94쪽)고 했다는 점을 모르지 않으면서도 어린 시절을 돌아보고 그것에 대해 쓰노라면 어머니의 품에 안긴 것과 포근함을 느끼면서 거기에 빠져 버린다. 나이가 들면서 더 커지는, 자연에 대한 애틋한 느낌도 이와 비슷하다고 생각한다. 생명이 다하니까 그것을 보충하기 위하여 생명력이 넘치는 쪽으로 자연스럽게 다가가게 되는 것이 아닌가 싶다.

좋든 나쁘든 이런 것들이 나이와 더불어 자연스럽게 나타나는 것이라면 굳이 의식적으로 벗어나거나 할 필요가 있겠느냐고 할 수도 있다. 그러나 새로운 것을 받아들이기는커녕 과거의 것에 고집스럽게 집착하면서 하나 마나 한 말을 되풀이하는 것—이 되풀이도 노인들의 특징이다—은 참 보기 싫다. 그래서 나도 예순살이 넘으면 될수록 입을 닫고, 남 앞에서 나서지 않도록 조심하려고 한다. 노욕과 노추는 면하고 싶은 것이다. 입을 닫는—여기에는 말뿐만 아니라 밥도 포함된다—대신에 지갑은 잘 열 수 있으면 더 좋을 것이다.

좋은 글의 조건

어떤 글이 좋은 글일까? 여러 가지로 대답이 가능하겠지만 글쓴이의 의도가 제대로 실현되어야 한다는 점에 대해서는 누구나 공감하리라 생각한다. 물론 그 의도가 뻔한 것이어서는 안 되고 깊이와 보편성을 갖춘 내용이어야 한다. 그런데 우리 같은 보통 사람에게 이러한 내용의 질은 평생에 걸쳐서 끊임없이 배우고 읽고 쓰고 해야 겨우 그 그림자를 짐작해 볼 수 있는 것일 것이다. 일종의 유토피아인 셈이다. 완전히 접근이 불가능한 것은 아니면서도 실현되지는 않는 상태 말이다. 그러니 좋은 글 못 쓴다고 가만히 앉아서 한탄할 것이 아니라 부지런하게 읽고 생각하고 써 보는 수밖에 없다. 그러다 보면 자기도 모르는 사이에 어떤 경지에 이르게 될지도 모를 일이다. 문제는 성의이다.

아무튼 내용의 깊이나 독창성, 보편성을 갖추는 일은 위에서 말한 대로 평생에 걸쳐서 해야 할 일이니까 여러분의 노력에 맡기기로 하고 여기서는 그 내용을 전달하는 방식에서 반드시 고려해야 할 점에 대해서 얘기하고자 한다.

나는 좋은 글이 갖추어 할 가장 중요한 요건은 구체성이라고 생각하고 있다. 여기 내 앞에 아름다운 꽃이 있다고 하자. 내가 아무리 아름답다고 얘기해도 여러분은 무슨 말인지 모를 것이다. 그 꽃이 눈앞에 보이지 않으니까 말이다. 이렇게 말하면 너무도 당연한 이야기를 왜 입 아프게 하느냐고 역정낼지도 모르겠지만 이런 방식으로 이루어진 글이 이외에도 많다는 사실을 생각하면 그렇게 반응할 일은 아니다. 그러므로 독자의 공감을 얻는 글이 되려면 꽃의 모양이라든가 향기라든가를 마치 눈앞에서 그 꽃을 보고 냄새 맡듯이 보여 줄 수밖에 없다. 이게 구체성이다. 좋은 글이 자연스럽게 갖게 되는 교훈적인 성격도 이 구체성에서 나온다고 해도 좋다. 예를 들어, 열심히 공부하자는 말 대신에 그렇게 하는 모습과 그렇게 하여 얻은 결과를 구체적으로 보여 주면 독자들은 '아! 이러니 열심히 해야겠구나'하고 고개를 끄덕이게 되는 것이다. 이런 차원의 구체성을 직접성이라고 한다. 다시 말하면 우리가 다루는 대상을 우리 감각에 직접적으로 나타나는 듯한 느낌을 주게끔 제시해야 한다는 것이다.

구체성에는 또 다른 뜻도 들어 있다. 세상의 모든 일은 다 보이는 것이 아니다. 이것도 너무나 당연한 말이다. 어떤 사람이 무슨 얘기를 하면 그렇게 해야만 하는 숨은 맥락이 반드시 존재한다. 이러한 연관성을 보이게 해야 좋은 글이다. 그러니까 구체성이란 말은 전체를 이루는 요소들의 연관 관계를 드러낼 때 얻어지는 결과라고 할 수 있다. 좀 어려운 말로 매개라고 한다. 그러므로 이제 구체성은 매개된 직접성이라고 규정할 수 있다. 이런 차원에 이르러서야 참다운 구체성을 이뤘다고 할 수 있는데 다른 말로는 전체와 부분의 변증법이라고도 한다.

> 사람은 그의 현실의 부분과 전체를 보고 산다. 그러나 이 현실을 살아가는 데 있어서나 이를 의식 속에 투영하여 파악함에 있어서 전체와 부분의 균형을 바르게 유지하는 것은 극히 어려운 일이다. 이 균형을 유지하려면, 긴장과 갈등과 투쟁을 무릅쓸 각오를 해야 하는 것이기 때문이다. 긴장이 커짐에 따라 많은 경우 우리는 현실의 한쪽을 선택해 버리고 만다. 그러나 한쪽만의 선택은 우리에게 현실의 전모를 돌려주지 않는다. 우리가 현실의 부분에 눈길을 모으고 그것을 틀림없이 포착하려고 하면, 이 부분은 그것을 포함하는 전체에 의하여 뒤틀리고 제약되었음이 드러나게 되고 따라서 우리가 보는 부분은 현실의 참된 모습이 아닌 것이 된다. 그러나 현실의 전체를 보는 눈은 사람의 세계와 생리적으로 감각적으로 교섭하며 살아가는 과정에서 유일하게 명백한 사실인 구체적인 사실을 잃어버리고 만다. 언제나 전체가 부분의 총화보다 크다고 하더라도 전체는 부분의 집합에 기초해 있다고 할 수밖에 없다. 구체적인 생존에 의하여 매개되지 않은 어떠한 전체적인 현실도 참다운 의미의 전체일 수 없고 단지 퇴화된

> 전체의 겉껍질에 불과할 뿐이다.
>
> 사람의 현실을 의식의 대상으로 또는 의식적인 의도의 대상으로 삼고자 할 때, 우리는 언제나 이러한 부분과 전체의 변증법에 부딪치게 된다.
>
> (김우창, 『궁핍한 시대의 시인』, 민음사, 1977, 12쪽)

나무는 보고 숲을 보지 못한다는 말은 바로 이 변증법의 구체적인 실례라고 할 수 있다. 나무를 아무리 자세하게 그리고 직접 보듯이 묘사했다고 해서 나무를 다 드러냈다고 할 수는 없다. 숲과 연관해서 어디쯤 자리잡고, 어떤 구실을 하는지 등을 살펴야 어느 정도 나무에 대해서 얘기했다고 할 수 있다. 이 변증법은 아주 중요하므로 1917년에 발표된 이광수의 『무정』과 우여곡절을 거쳐 1924년에 완성될 수 있었던 염상섭의 『만세전』을 예로 들어 설명하겠다.

잘 알다시피 1917년이라면 우리가 일본에 합방된 지 7년이나 흘렀고 2년 뒤에 만세 운동이 일어난다. 왜 거족적으로 그런 운동을 했을까? 한마디로 살기가 힘들었기 때문이다. 이것이 우리의 전체적인 상황이다. 그런데 『무정』의 작중화자는 마지막에서 다음과 같이 이야기한다.

> 교육으로 보든지, 경제로 보든지, 문학 언론으로 보든지, 모든 문명 사상의 보급으로 보든지 다 장족의 진보를 하였으며 더욱 하례할 것은 상공업의 발달이니, 경성을 머리로 하여 각 도회에 석탄 연기와 쇠망치 소리가 아니 나는 데가 없으며 연래에 극도로 쇠하였던 우리의 상업도 점차 진흥하게 됨이다.
>
> 아아, 우리 땅은 날로 아름다워 간다. 우리의 연약하던 팔뚝에는 날로 힘이 오르고 우리의 어둡던 정신에는 날로 빛이 난다. 우리는 마침내 남과 같이 번쩍하게 된 것이로다.
>
> (이광수, 『무정』(『이광수 전집 1권』), 삼중당, 1962, 318쪽)

부분적으로, 그러니까 사실 자체만 놓고 보면 실상에 어긋나는 말이라고 하기는 어렵다. 식민지라고 하여도 근대화가 진행되어서 철도도 놓이고 공장도 생기고 했기 때문이다. 그런데 이런 부분을 제대로 인식하자면 일제 식민지 상황이라는 전체와 연관시키지 않으면 안 된다.

이광수는 식민지에서 진행되는 근대화의 실상이 식민지 지배 체제의 경제적 착취라고 하는 전체적인 사실을 몰각한 채 부분인 근대화의 외양만 보고 그것에 대해 감탄하고 있다. "조선이 식민지 통치하에 있다는 사실을 완전히 망각하"(김우창, 「한국현대소설의 형성」, 『궁핍한 시대의 시인』, 민음사, 1977, 104쪽)여 소설을 낙관적으로 끝맺게 되는 것이다. 춘원은 근대화의 화려한 겉모습에 취해 그것이 과연 누구를 위한 것인가 하는 점을 심각하게 따지려고 하지 않았다. 부분에만 주목하고 전체를 보지 못한 맹목이 이런 결과를 가져온 것이다.

『무정』의 현실 인식에서 나타나는 문제점은 염상섭의 『만세전』(1924)과 비교하면 더 뚜렷해진다. 염상섭의 주인공 이인화는 부산 시내를 돌아보면서 다음과 같이 이야기하고 있다.

> "우리 고향엔 전등도 놓이고 전차도 개통되었네. 구경오게. 얌전한 요리집도 두서넛 생겼네. ……자네 왜 갈보 구경했나? 한번 보여줌세."
>
> 몇 천 년 몇 백 년 동안 가문에 없고 족보에 없던 일이 생기었다. 있는 대로 까불릴 시절이 돌아왔다. 편리해 좋아, 번화해 좋아, 놀기 좋아 편해하며 한 섬지기 팔면, 한편에서는 "우리에겐 인젠 이층집도 꽤 늘고 양옥도 몇 개 생겼네. 아닌게아니라 여름엔 다다미가 편리해. 위생에도 매우 좋은 거야."하고 두 섬지기 깝살릴 수밖에 없게 된다. 누구의 이층이요, 누구를 위한 위생이냐. (중략) 집문서는 식산은행의 금고로 들어가서 새 임자를 만난다. 그리하여 또 백 가구 줄어지고 또 이백 가구 줄었다.
>
> (염상섭, 『만세전』(『염상섭 전집 1권』, 민음사, 1987, 54－5쪽)

이인화는 이와 같이 식민지 근대화의 핵심을 이루는 경제적 착취를 정확하게 인식하고 있다. 그는 부산을 명시적으로 "조선을 축사(縮寫)한 것,

조선을 상징한 것"(52쪽)이라면서 '깝살리다' '털리다' '까불리다' '말리다'와 같은 비슷한 뜻을 지니는 어휘를 되풀이 사용하여(52－5쪽) 제국주의 체제의 경제적 착취로 말미암아 생긴 "불쌍한 흰옷 입은 백성의 운명"(53쪽)을 강조하고 있는 것이다. 그렇기 때문에 근대화의 겉모습을 침투하고 안으로 들어가 경제의 발전이 누구를 위한 것인가 하는 근원적인 질문을 던질 수 있었다. 말할 필요도 없이 부분을 전체와 연관하여 파악할 수 있었기 때문에 가능했다.

본론으로 돌아와서, 이러한 매개된 직접성은 자연스럽게 복잡성이라는 또 하나의 좋은 글의 조건에 연결된다. 여기서 복잡성이라는 말은 우리가 다루는 대상의 전체적인 측면을 뜻하는 것이다. 대상을 단순하게 어떤 하나의 성질만을 가진 것으로 간주한다든지 긍정적인 측면만을 일방적으로 부각시킨다든지 하는 것은 이 복잡성을 존중하는 정신에 정면으로 어긋난다. 특히 주장을 내세우는 글에서는 이 복잡성을 고려하는 일이 아주 중요하다. 내 주장이 옳다는 점을 강조하기 위해서 그 주장에 반대되는 측면을 배제하기가 쉽기 때문이다. 그래서 강한 신념이 경직화되는 폐해가 생긴다.

그런데 이 복잡성을 존중하는 눈을 가지려면 무엇보다도 사실 앞에서 겸허한 태도를 길러야 한다. 내 신념이 무너지는 한이 있더라도 사실을 존중하겠다는 태도를 갖추는 일은 말처럼 그렇게 쉬운 일은 아니다. 인간은 자존심 덩어리이기도 하다. 따라서 필요하면 자존심을 버릴 수 있을 정도로 무한히 열려 있어야만 가능한 일이다.

마지막으로 답이나 결론을 바로 제시하는 것보다 그것에 이르기 위한 논의의 과정이 훨씬 더 중요하다는 점을 강조하고 싶다. 답보다는 그것에 이르는 과정이 제대로 되어 있느냐 하는 것에 더 많은 점수가 매겨지는 것은 수학 문제 풀이에만 한정되는 것이 아니다. 글에서도 꼭 마찬가지다. 이런 점에서 모든 글은 그 종류에 관계없이 논리라고 할 수 있다.

이런 조건을 완벽히 갖추는 것은 어렵다. 불가능할지도 모른다. 그러므로 이런 경지에 쉽게 이르는 직선적인 길도 나 있지 않다. 앞에서 말한 대로 쉬지 않고 읽고 생각하고 쓰는 게 겨우 그 길의 입구에 들어설 수 있는 방법이라고 말할 수 있을 뿐이다. 그래도 위에서 말한 몇 가지 조건을 읽고 생각하고 쓸 때마다 의식적으로 고려하는 습관을 들인다면 읽을 만한 글을 지을 수 있다고 생각한다. 결국, 문제는 여러분의 노력과 성의이다!

고등학교를 졸업하면

『한겨레』에 금요일마다 실리는 「홍은택의 아메리카 자전거 여행」 연재를 나는 빼지 않고 꼭꼭 읽는다. 바빠서 보지 못할 때는 따로 챙겨 두었다가 한꺼번에 읽는 재미를 누리기도 한다. 자전거를 못 타는 바본데도, 도보 여행을 한번 한 이력이 같은 여행자를 그냥 지나치게 하지 않는 것 같다. 인터넷(주소는 아래 인용문 다음에 나와 있다)으로도 읽을 수 있으므로 한번 들여다보기 바란다.

여행기라 보통의 미국 사람이 살아가는 것도 엿볼 수 있어 재미도 있거니와 배울 것도 많다. 특히 미국인들의 독립적인 태도랄까 이런 것은 부럽기까지 하다. 일반 가정에서 아이는 고교를 졸업하면 경제적으로 독립적인 삶을 꾸려야 하는 모양이다.

> 스무 살인 장남 라이언은 고교를 졸업했을 때 독립을 강요당했다. 부모는 만약 집에 머무르려고 한다면 집세를 내라고 해서 그를 쫓아냈다. 대신 1천600만 원짜리 집 한 채 사서 독립할 곳을 마련해줬다. 지금부터는 학교를 다니든 말든 혼자 힘으로 꾸려가야 한다고 했다. 며칠 동안 꾸물거리며 독립을 회피하던 라이언은 마침내 새 집에 안착했다. 그는 저녁식사도 초대해야 와서 먹을 수 있는데 오늘은 초대를 받았다.
>
> 미국 평범한 가정의 자녀들은 고교를 졸업하면 재정적으로 독립할 것을 요구 받는다. 이게 미국이 딴 나라와 다른 특징이다. 영국도 이렇게까진 하지 않는다고 한다. (중략) 일하지 않는 자는 먹지도 말라는 전통은 보통 사람들 가운데서 확고하다. 라이언은 대학 1학년을 중퇴하고 지금은 일자리를 못 찾아 아버지 밑에서 일하고 있다. 고속도로순찰대에 들어갈 생각을 하고 있는 중이다.
>
> 아버지 잉겔스가 "고교 졸업하면 독립할 수 있어야 한다. 나도 그랬다"고 말하기에 어떻게 독립했는지 물어보면서 그의 놀라운 인생사를 들을

수 있었다. 잉겔스는 모터싸이클 프로 선수였다. 미국뿐 아니라 유럽 무대에서도 활약했다. 스피드웨이가 주종목으로 400m 코스를 네 번 도는 경기다. 영국에서 활약할 당시 크리스와 결혼했는데 「비비시방송(BBC)」이 결혼식을 보도했을 정도로 대단한 선수였다. 크리스는 그 때 사진을 들고 와 보여줬는데 한 쌍의 왕자와 공주 같다. (중략)

염치없이 이틀 연속 저녁을 얻어먹으면서 그의 인생에 대해 더 들을 기회가 있었다. 첫날 이해가 안 되는 부분이 있었다. 잉겔스가 31살 전성기에 은퇴를 결심하고 목수일을 배우기 시작했다는 대목이었다. 갈채와 박수를 뒤로하고 어떻게 목수로 변신할 수 있었을까.

잉겔스는 유럽에서 고향인 캘리포니아 주로 돌아와 레이싱을 하는데 점점 마약에 빠져드는 것 같이 느꼈다. 점점 더 투약량을 늘려야 하듯 아무리 우승을 해도 만족스럽지 않고 그 다음날에는 다음 대회에서 우승해야 한다는 생각에 사로잡힌다는 것. 일주일에 4번 열리는 대회를 그는 18번 연속 우승한 기록을 세웠다. 하지만 19번째 대회에서 일등으로 들어오지 못했을 때 참을 수 없이 화가 나 손에 집히는 대로 집어 던졌다. 그 때 헤어 나올 수 없는 수렁에 빠지고 있다는 걸 자각하고 은퇴를 결심했다는 것.

한번도 후회한 적이 없다고 한다. 그는 목수학교를 다니면서 또 독학하면서 난방부터 전기시설, 지붕, 벽체, 바닥, 콘트리트 타설에 이르기까지 모든 것을 터득했다. 그 일을 하면서 머나먼 오지와 같은 곳인 미주리 골든 시티에까지 오게 됐다. 그러자 이발사였던 아버지도 어머니와 함께 이사를 와 앞집에 살고 다른 친척도 이곳에 뿌리를 내려 점차 이 동네가 그의 집성촌이 돼간다.

(홍은택, 「홍은택의 아메리카 자전거 여행」 22회 : http://www.hani.co.kr/kisa/section－paperspcl/book/2005/10/000000000200510131927926.html)

아마 여러 조건이 미국보다 많이 나쁘겠지만 우리도 이렇게 못할 것은 없을 것 같다. 사실 많은 대학생들이 부업을 해서 생활비를 스스로 조달하고 있기도 하다. 요컨대 부모의 정이 과도하게 흘러넘치는 것을 잘 통제하기만 하면 우리 아이들도 독립적으로 자랄 수 있다.

경제적인 독립이 더 중요한 것은 온전히 주체적인 인간이 될 수 있는 조건을 갖출 수 있다는 데 있다. 자식이라고 해도 부모와는 별개의 독립적인 삶을 영위하므로 잉겔스처럼 그야말로 인생 전체를 거는 모험도 가능해진다. 늘 청춘처럼 살 수 있는 비밀이 이런 데 있다. 물론 남을 의식하거나 유행을 따르지 않는 창조적인 삶의 원천도 여기에 있다. 저마다의 가치를 추구할 수 있게 되므로 다양한 가치가 공존하는 바탕이 되기도 할 것이다.

이런 이야기를 하다 보니 우리의 불쌍한 '기러기 아빠'가 자연스럽게 떠오른다. 저런 미국인들은 자식의 교육 때문에 몇 년 동안 떨어져서 지내기를 마다하지 않는 우리의 아빠와 엄마를 도무지 이해할 수 없을 것이다. 자식을 위하여 왜 부모의 행복을 희생해야 하는 걸까? 부모와 자식은 똑같은 인간인데 말이다. 설사 아이가 그런 교육을 받아 나중에 잘된다 해도 희생 위에 꽃핀 그 결과가 그리 대단한 것일까?

우리 부모들이 아이들에게 쏟는 관심을 지금보다 줄이고 그 시간을 자신을 가꾸는 데 들이는 것이 참으로 필요하다고 생각해 보는 아침이다. 더구나 고독해도 좋을 깊은 가을이다.

06부 : 시 몇 편 읽기

「서시」 읽기 / 시 한 편 읽기(1) / 시 한 편 읽기(2) / 시 한 편 읽기(3) / 시 한 편 읽기(4)

윤동주의 「서시」 읽기

우리가 잘 아는— 정확히 말하면 잘 안다고 여기는 윤동주의 「서시」를 읽어 보자.

> 죽는 날까지 하늘을 우러러
> 한 점 부끄럼이 없기를,
> 잎새에 이는 바람에도
> 나는 괴로워했다.
> 별을 노래하는 마음으로
> 모든 죽어가는 것을 사랑해야지.
> 그리고 나한테 주어진 길을
> 걸어가야겠다.
>
> 오늘 밤에도 별이 바람에 스치운다.

크게 막히는 곳 없이 술술 잘 읽힌다. 얼른 보면 쉽다고 할 수 있다. 그런데 곰곰이 들여다보면 꼭 그렇지는 않다. 특히 1연의 '바람'과 2연의 '바람'을 받아들이는 태도를 해석하는 것이 그렇게 만만하지가 않다. 앞에서는 바람이 '나'를 괴롭히는 것이었는데 뒤에서는 앞과는 아주 다르게 긍정하는 태도가 나타나고 있다. 물론 아무런 변화가 일어나지 않은 것으로 읽지 못할 것은 없다. 그렇게 되면 이 시는 젊은 이상주의자의 신념을 표명한 것일 뿐이고 시로서는 그다지 의미를 지니지 못한다. 무엇보다도 1연과 2연이 단순한 나열로 그치고 말기 때문이다. 그러므로 바람을 보는 '나'의 태도에 큰 변화가 일어났다고 생각하는 것이 좋다. 시를 따라가면서 이 변화에 대해서 생각해 보자.

1행에 나오는 '하늘'은 바람직한 것을 뜻하는 원형(시간과 공간에 관계없이 모든 사람에게 비슷한 뜻으로 받아들여지는 것을 원형이라고 한다)적인 상징이다. 높은 데는 오르기가 쉽지 않다. 중력이 작용하기 때문이다. 그래서 위에 있는 것은 인간이 추구해야 할 이상적인 것을 상징하게 된다.

> 육체상으로는 모든 사람은 중력의 법칙에 종속되어 있으며 그 때문에 상향 작용은 하향 작용보다 늘 더 어렵기 마련이다. 그래서 상향 운동은 성취의 개념으로 연상되며, 드높음이나 상승의 의미를 지니는 여러 이미지들이 탁월함과 왕권·지배 등의 개념을 흔히 연상시키는 것은 지극히 당연한 일이다. 때문에 누구에게나 '애써 올라가려고 노력한다'고 하면 자연스러우나 '애써 내려가려고 노력한다'고 하면 부자연스럽게 들린다. 왕은 신하들을 그 '위'에서 다스리지(rules 'over') 그 '아래'에서 다스리지는 않는다. 어려움을 '극복하고'('surmounting') 유혹을 그 '위에서'에서 이기지(triumph 'over') 그 '아래에서' 이기지 못한다. 나는 새, 공중에 쏘아 올린 화살, 별·산·돌기둥, 자라는 나무, 드높은 탑 등 위로 향하는 개념과 경험적으로 결부되어 있는 여러 이미지들은(기타 어떤 다른 의미가 이들 가운데 어느 것에 부가됐다 해도) 도달해야 될 대상, 획득하고자 하는 소망, 그렇기 때문에 어떤 의미에서 선한 것을 의미하게 된다.
>
> (필립 윌라이트, 김태옥 역, 『은유와 실재』, 문학과지성사, 1982, 114-5쪽.)

서정적 자아('나')는 잎새에 이는 바람에도 괴로워할 정도로 드높은 이상을 철저하게 추구하고자 한다. 잎새에 이는 바람이니 얼마나 약한 것인가! 그러니까 조금의 흔들림도 용서할 수 없다는 태도를 드러내고 있는 것이다. 이상을 추구하는 마음을 흔드는 것이 바람이다. 그러니까 바람은 현실적으로 편안하게 살고 싶은 일상적인 욕망일 것이다.

5행의 '별을 노래하는 마음'이야말로 서정적 자아가 꿈꾸는 이상적인 삶이다. 쉽게, 그냥 시인이 되고 싶은 게 꿈이라고 받아들여도 좋을 것이다. 그리고 '주어진 길'이라고 했으니 꿈을 이루는 일을 운명으로 받아들이고 있다고 읽을 수 있겠다. 아주 미세한 흔들림에 괴로워하며 현실에 안주하고자 하는 생각만 해도 참을 수 없는 것은 이 운명애에서 오는 것일지도 모른다.

그런데 이런 삶을 어떻게 봐야 할까? 충분히 고결하고 칭찬할 만한 것이라고 해도 어딘가 유연성이 모자라고 포용력이 없는 것이 아닌가 하는 생각이 드는 것도 어쩔 수 없다. 얼른 생각하기에, 기계적일뿐더러 참으로 우러러볼 만한 것이 아니라는 느낌은 아마도 일상적인 소박한 삶을 근본적으로 배척하고 있다는 데서 오는 것일 게다. 세상의 일을 어떤 영역으로 나누어 놓고 어떤 것만을 배타적으로 강조하는 사람을 가까이하기는 어렵다. 당연하게 그런 사람은 쉽게 부러지기도 한다. 세상의 일 자체가 그렇게 나누어지지 않기 때문일 것이다. 그러므로 현실적인 조건을 감안하고서 이상을 얘기할 때라야만 그 이상을 이루는 방법에 대해서 주위의 사람들과 같이 고민해 볼 수 있다. 대체로 큰 이상일수록 내 혼자만의 것은 아니고 다른 사람과 더불어 이루어 내야 하는 것이기 때문에 그렇다.

위의 얘기는 둘째 연을 해석하기 위하여 해 본 것이다. '오늘 밤에도 별이 바람에 스치운다' 오늘 밤에도 여전히 나를 흔드는 바람이 불고 있다. 그것도 내 주위에서 부는 것이 아니라 저 높은 데서 별을 스치고 있는 것이다. 아니, 정확하게 말하면 저 드높은 이상(별)이 흔들림(바람)을 조용하게 수용하고 있고 서정적 자아는 이것을 알아보는 것이다! 한마디로 성숙한 태도에 이른 것이다. 이상도 현실의 조건을 제대로 고려할 때라야만 모든 사람이 끌어안을 수 있는 것이 된다. 이렇게 된다면 내 흔들림이나 사소한 욕망은 일방적으로 배척해야 할 것이 아니라 이상을 이루는 데 감안해야 할 필수적인 조건이 된다고 할 수 있다.

이 시가 읽을 만한 것이라면 무엇보다도 바람을 받아들이는 자아의 태도의 변화에 있다고 생각한다. 누가 나보고 순수하지 못한 자신을 변명하는 것이 아닌가고 한다면 자신 있게 아니라고는 하지 못하겠다. 그렇지만 한편으로는 타락한 세상에서 진실을 추구하기 위해서는 그 세상에 발을 들여놓고 따라서 같이 더러워지지 않으면 안 된다고 하는 점도 감안해 달라고 주문하고 싶다. 어떤 이론가가 소설에 대해, 타락한 세상에서 타락한 방법으로 진정한 가치를 추구하는 것이라고 했는데 이 시를 읽는 데 적용해도 크게 그르지는 않을 것이다.

시 한 편 읽기(1)

시를 읽는 데 무슨 정답이 있는 것은 아니지만 그래도 시 자체를 꼼꼼하게 들여다보는 데서 출발해야 한다는 점에 대해서는 대체로 동의할 것이다. 사실 시를 읽는 재미는 시가 얘기하는 것에 바탕을 두고 이것저것 생각해 보며 상상력을 작동시키는 데 있다. 그러니 먼저 시를 읽어 봐야겠다.

> 군산 가는 길에 벚꽃이 피었네
> 벚나무는 술에 취해 건달같이 걸어가네
>
> 꽃 핀 자리는 비명이지마는
> 꽃 진 자리는 화농인 것인데
>
> 어느 여자 가슴에 또 못을 박으려고……
>
> 돈 떨어진 건달같이
> 봄날은 가네
>
> 안도현, 「벚나무는 건달같이」

1연은 쉽게 읽히기는 하지만 그렇게 간단하지는 않다. 군산 가는 길가에 벚나무들이 쭉 심어져 있는가 보다. 크거나 작은 것들이 연달아 있을 테니 그 모양이 술 취해서 걸어가는 것으로 보일 수도 있겠다. 물론 취한 것은 시각적인 뜻만 있는 것은 아니다. 벚나무가 저 스스로 봄 기운에, 그리고 그 기운이 만들어낸 꽃에 취한 것일 수도 있다. 이 기운은 벚꽃을 보는 사람이면 아무나 취하게 할 만큼 강하다. 그러니 벚나무는 아무에게나 집적거리는 건달인 셈이다.

2연으로 넘어가자. 이곳은 다음 3연과 연결하여 읽어야 한다. 앞에서 보았듯이 꽃이 내뿜는 기운이 하도 강해서 보는 사람으로 하여금 취하게 하여 가슴에 못을 박게까지 한다. 비명은 그래서 나오는 것이다. 다른 식으로도 읽을 수 있다. 꽃봉오리가 벌어질 때의 모습과 못, 다시 말하면 뾰족한 것이 결합하여 만들어 낸 성적인 이미지도 음미해 볼 만하다. 그렇다면 그 결정적인 순간의 소리가 비명이라고 해도 이상할 것은 없다. 그런데 살아 있는 것이 모두 그러하듯이 꽃도 속절없이 이울고 만다. 그 자리에 사랑의 흔적인 듯 버찌를 남긴다. 처음에는 파랗다가 나중에는 검붉게 되면서 물을 흘리는 것이 화농을 닮았다. 아니, 처음부터 이럴 것이 아니라 먼저, 못이 박혀 상처가 난 자리에 화농이 생겼다고 해 놓고, 버찌 얘기를 하는 것이 올바른 순서겠다.

3연은 이미 본 셈이지만 그래도 얘기를 다한 것은 아니다. 또 봄이 되면 벚나무는 지난날의 상처(위에서 보았듯이 사랑은 상처이기도 하다)를 잊은 듯 사람을 달뜨게 할 것이다. 물론 봄이 오기까지 벚나무는 꽃을 달기 위하여 준비해야 한다. 돈(벚꽃)을 마련해야 한다. 또 다 써 버리고 말겠지만 그건 그때 가서 생각할 일이다.

이렇게 읽으면 4연은 크게 문제될 것이 없을 것 같다. 꽃이 졌으니 가졌던 돈은 다 날려 버렸고 어느덧 봄날도 끝나고 말았다.

이렇게 하면 시가 겉으로 얘기하는 것을 어느 정도는 새겨들은 셈이다. 그런데 풀어야 중요한 문제는 이제부터 나온다고 해야 한다. 이런 얘기에서 정작 시가 말하고자 하는 바가 무엇이냐는 것이다. 활짝 피었다가 속절없이 지고 마는 벚꽃에서 우리 삶의 허망함이나, 늘 사랑의 이름으로 상처를 껴안으면서 살아야 하는 인간의 운명적인 행로를 읽을 수도 있을 것이다. 예로 들어 본 것뿐이다. 여러분 각자가 찾아 볼 일이다.

시 한 편 읽기(2)

중앙일보(2001. 2. 2)에 김용택 시인이 소개한 안도현의 시 한 편을 여러 분께 읽어드리겠다. 제목은 「겨울 강가에서」다.

어린 눈발들이, 다른 데도 아니고
강물 속으로 뛰어내리는 것이
그리하여 형체도 없이 녹아내리는 것이
강은,
안타까웠던 것이다
그래서 눈발이 물위에 닿기 전에
몸을 바꿔 흐르려고
이리저리 자꾸 뒤척였는데
그 때마다 세찬 강물소리가 났던 것이다
그런 줄도 모르고
계속 철없이 철없이 눈은 내려,
강은,
어제 밤부터
눈을 제 몸으로 받으려고
강의 가장자리부터 살얼음을 깔기 시작한 것이다.

이 시에 대한 김용택 시인의 짤막한 해설을 들어 보자. 해설 자체가 한 편의 훌륭한 시다.

> 어제 밤에 눈이 살포시 내렸다. 강의 가장 자리가 하얗게 얼어 있다. 얼음 위로 새들이 걸어 간 모양이다. 토끼 발자국이 얼음장 끝 찰랑이는

물가까지 찍힐 때도 있다. 내 몸으로 세상의 무엇을 받을 수 있을까.

내 느낌도 좀 얘기하자. 여기서 내리는 눈은 아마 '어린'이나 '철없이'이라는 말에서 추측하건대, 자기를 소모하는 행위를 뜻하는 것 같다. 극단적으로 말하면 자기 생명을 없애는 행위로 해석할 수도 있겠다. 그래서 강물은 마음이 아프다. 보통 물은 생명 혹은 재생이라는 의미를 함축하고 있다. 어머니 뱃속의 우리는 아주 편하게 있었다. 또 종교의 의례에서 보듯이 세례는 영혼의 죄를 물로 씻고 새로운 삶을 맞이하는 의미를 갖고 있다. 어떻든 철부지의 자기 소모 행위가 생명을 상징하는 강은 고통스러운 것이다. 그걸 시인은 '세찬 강물 소리'로 듣고 있다. 참 시인은 대단하다. 시인이 있어 세상은 살 만하게 되는 것 같다.

그런데 그 고통의 결과가 얼음으로 나타난 것이다. 얼음 위에 눈이 내리면 녹지 않고 그대로 있게 된다. 그래서 눈은 살아 있게 되는 것이다. 세상의 고통을 이해하고 그것을 껴안는 포용력의 고통스러운 아름다움! 그것을 말하는 것 같다. 사랑도 바로 이런 것이다.

시 한 편 읽기(3)

먼저 시 한 편을 읊어 보도록 한다. 천양희 시인의 「배밭을 지나다」이다.

나무들 옷은 나뭇잎이야? 꽃들은 나무의 눈망울이야?
다 늦은 봄 한때 언덕길 오르며 아이가 묻는다
산비탈 아래 배꽃이 환하다
하늘 한쪽에서 햇살이 내려오고
아이는 자꾸 까르르 웃는다
여자는 배나무에 대해 생각한다
저 나무는 꽃을 피울 수 있어서 좋겠다
그러나 세상의 매혹은 짧고 환멸은 길다
아이는 또 뭐라뭐라 하고
나무는 온몸으로 꽃이 된다
저게 나무의 마음이야
그 여자 언제 열릴지 모를
배밭을 지나며 중얼거린다
꽃이 져도 배나무는
배의 나무인 것이야

한번 보면 시가 말하려는 바를 대강 이해할 수 있을 정도로 쉽다. 사실 삶의 지혜가 담긴 말은 이렇게 얼른 들어온다. 그것을 제대로 실천하기가 어려울 뿐이다. 지혜가 주는 감동은 대체로 그 실천의 과정에서 겪었을 고통에서 나온다.

이 시는 다른 시와 차이가 나는데 그것은 마치 소설에서처럼 작중화자가 있다는 점이다. 보통의 시에서는 '내'가 자신의 심경을 드러내는 데

비해 이 시에서는 작중화자가 어떤 여자와 아이가 배밭을 지나며 나누는 말과 생각을 보여 주고 있다. 그래서 우리 독자들은 작중화자의 처지에서 등장인물을 보고 있는 기분을 갖게 된다.

때는 늦은 봄이다. 배꽃이 피었다. 아이는 그 배꽃을 보면서 아이다운 상상력을 발휘하여 여자에게 질문을 퍼붓고 마냥 즐거워서 웃음이 터뜨린다. 하늘도 화답하듯 맑은 햇살을 내려 보내고 있다. '아이는 자꾸 까르르 웃는다'까지 시의 분위기는 너무 즐겁고 행복하다. 하늘과 땅, 인간과 자연이 한치의 불화 없이 그대로 어울리고 있기 때문이다.

그래서 여자는 그런 모습이 부러운 것이다. '저 나무는 꽃을 피울 수 있어서 좋겠다'에서는 나지막한 한숨소리가 들리는 듯하다. 이런 구절을 보면 여자는 아이의 엄마는 아니고 이미 꽃을 피울 수 없게 된 처지에 있는 것임이 분명하다.

그런데 '그러나'로 시작하는 다음 행에 이르러서는 분위기가 확 바뀐다. 아름다운 삶의 절정은 한때의 일이라는 것이다. 사실 그렇다. 꽃피는 좋은 시절이 영원히 지속되는 것은 아니다. 오히려 꽃을 달지 않은 시간이 더 길다. 마찬가지로 젊은 시절도 곧 지나가 버린다. 사실 젊은 날은 한바탕의 꿈인지도 모른다. 그러므로 그 환상이 깨지는 것(환멸)은 모든 생명 있는 것의 필연적인 절차다.

그렇다고 하여 환멸에만 빠질 수는 없는 일이다. 이 시의 핵심은 바로 이 환멸에서 빠져 나오는 방법을 얘기하는 데 있다. 어떻게? 나무 자체를 꽃으로 보면 된다. 또 더 나아가서 나무라는 육신을 나무의 마음과 일치시키는 것이다. 그렇다면 배나무에 배가 열리든 안 열리든 배나무는 언제나 꽃을 달고 있는 셈이다. 여자는 앞에서 말한 대로 자신의 마음과 몸이 모두 꽃을 피울 수 없는 처지에 있었지만, 이제는 자신이 스스로 꽃이 된 것이다.

어떤 젊은 사람이 그것은 마음의 조작이 아닌가고 반문할 수 있을 것이다. 환상이 아니냐고 말이다. 그럴지도 모른다. 그래도 우리 삶이 우리 마음에 따라 달라진다는 것도 부정할 수 없는 진실이다. 그러니 우리 삶이 꽃이라고 여기면서 살아갈 만한 일이다. 꽃이 아니라면 꽃이 되겠다는 마음을 갖는 것도 중요하다.

이제 배꽃이 피는 시절이 돌아온다. 나주를 지나면서 배꽃의 매혹을 느낄 수 있는 시간이 기다려진다.

시 한 편 읽기(4)

『중앙일보』(2003. 9. 2)에 김광규 시인의 시 「보리수가 갑자기」가 소개되어 있다. 그럴 듯해서 옮겼다.

바람 한 점 없이
무더운 한낮
대웅전 앞뜰에서 삼백년을 살아온 나무
엄청나게 큰 보리수가 갑자기
움찔한다
까치 한 마리가 날아들어
어디를 건드린 듯
하기야 급소가 없다면
벗어나야 할 삶도 없겠지

마종기 시인이 덧붙인 말도 마저 읽자.

> 까치 한 마리가 삼백년짜리 큰 보리수에 날아들었더니 나무가 움찔하더란다. 그런 것을 시간 맞추어 확실히 볼 수 있는 눈은 시인의 눈밖에 더 있으랴. 안과 의사보다, 대통령보다 더 좋은 눈을 가진 훌륭한 시인의 눈이 부럽다. 약점이 없는 척하는 인간은 어디서나 인간의 정을 느낄 수가 없다.

바람이 한 점도 없는데다 무더운 한낮이기도 하니 모든 것이 정지해 있고 고요한 상태에 있다. 도를 닦는 데니 더 말할 필요가 없다. 상황이 이러하니 보리수의 움직임이 더 뚜렷하게 드러날 수밖에 없다. 시인은 까치가 보리수의 급소를 찔러서 그런 반응이 나온 것으로 읽고 있다. 아무데나 자극해서는 3백 년이나 된 것이 어디 꿈쩍이나 하겠는가!

아시다시피 보리수 아래서 부처님이 도를 깨쳤다. 그래서 불교에서 이 나무를 신성하게 여긴다고 한다. 그러므로 여기서는 이 나무를 부처 같은 위대한 분으로 읽어도 될 것이다. 그런데 얼른 보기에 하도 크고 높아서 가까이할 수 없는 존재가 아무것도 아닌 것에 놀라다니! 어떤 경지에 이르게 되면 일상인의 상식적인 구별을 넘어서고 마는 것 같다. 나같이 천박한 사람의 눈에는, 도를 깨달을 정도니 하찮은 것이 주위에서 뭐라고 하더라도 아무 영향도 받지 않는 것으로 보이기가 쉽다. 정확하게 말하면, 억지로라도 그렇게 보려고 한다.

사실, 생각해 보면 덜된 것들일수록 자기 안에 들어 있는 부정적인 측면을 감추려고 한다. 솔직하게 인정하지 않으려고 한다고 해야 맞을지 모르겠다. 그래서 뭘 지적하면 감정적으로 나오는 수가 많다. 그러니 고여 있는 물처럼 늘 같은 데 머물러 있게 되고 결국에는 썩고 만다.

부족한 것을 숨김없이 드러내 놓을 수 있는 것이야말로 더 높은 경지로의 도약을 약속해 주는 뜀틀 같은 것이라고 하겠다. 물론 아무나 함부로 넘볼 수 없는, 열심히 연습해야 겨우 그 근처에 다가갈 수 있는 능력이다. 보리수에게는 혹시 삼백 년이 걸렸을지 모르겠다! 아무튼 지금도 완성되는 과정에 있는 것은 분명하다. 급소를 맞으면 아파할 정도로 약한 데가 있으니까 말이다. 죽어서야 깨달음을 얻으려는 움직임이 끝나는 것일 테니 우리도 그렇게 노력할 수 있다는 희망을 가져도 괜찮을 듯하다.

너무 높아서 감히 가까이할 수 없다고 여겼는데 실상은 우리와 조금 다를 뿐인 존재일 수도 있다. 그렇다면 우리도 그렇게 될 수 있다는 뜻이기도 하다.

책 속으로 난 길 | 색 인

＊인용한 글과 책의 저자들

 * 인용한 글과 책의 저자들

이 훈

1955년 제주도 서귀포 출생
서울대학교 국어국문학과 졸업
목포대학교 국어국문학과 교수

논문
「1930년대 임화의 문학론 연구」(서울대 박사논문), 「「풍금이 있던 자리」 자세히 읽기」 등

홈페이지: http://dorim.mokpo.ac.kr/~ihun/

책 속으로 난 길 | 이 훈 산문집

초판인쇄 2006년 10월 27일
초판발행 2006년 11월 7일

저자 이 훈
발행처 제이앤씨

서울시 도봉구 창동 624-1 현대홈시티 102-1206
등록번호 · 제7-220호
TEL (02) 992-3253
FAX (02) 991-1285
E-mail jncbook@hanmail.net
URL http://www.jncbook.co.kr

ISBN 89-5668-450-2 03810
정가 10,000원